布萊德・費爾德
傑生・孟德森
詹德弘、黃沛聲 ——
繁體中文版專業審定

陳鴻旻、林麗雪——譯

Brad Feld
Jason Mendelson

創業
投資聖經

『STARTUP 募資』『天使投資人』『投資契約』
談判策略全方位教戰法則

VENTURE

BE SMARTER THAN YOUR LAWYER AND VENTURE CAPITALIST

DEALS

地球觀 32

創業投資聖經

Startup 募資、天使投資人、投資契約、
談判策略全方位教戰法則
【暢銷 10 週年·最新增訂版】

作者	布萊德·費爾德 Brad Feld
	傑生·孟德森 Jason Mendelson
譯者	陳鴻旻、林麗雪
專業審訂	詹德弘、黃沛聲
繁體中文版在地觀點	詹德弘
選書策畫	蔣顯斌

野人文化股份有限公司

社長	張瑩瑩
總編輯	蔡麗真
責任編輯	徐子涵
校對	魏秋綢、林昌榮
行銷企劃	林麗紅
封面設計	十六設計16design studio、周家瑤
內頁排版	洪素貞

出版	野人文化股份有限公司
發行	遠足文化事業股份有限公司（讀書共和國出版集團）
	地址：231新北市新店區民權路108-2號9樓
	電話：（02）2218-1417　傳真：（02）8667-1065
	電子信箱：service@bookrep.com.tw
	網址：www.bookrep.com.tw
	郵撥帳號：19504465遠足文化事業股份有限公司
	客服專線：0800-221-029
法律顧問	華洋法律事務所　蘇文生律師
印製	博客斯彩藝有限公司
初版首刷	2016年9月
二版首刷	2021年10月
二版三刷	2023年12月

ISBN：9789863845836（平裝）
ISBN：9789863845881（PDF）
ISBN：9789863845904（EPUB）

國家圖書館出版品預行編目 (CIP) 資料

創業投資聖經：Startup 募資、天使投資人、投資契約、
談判策略全方位教戰法則 / 布萊德·費爾德 (Brad Feld),
傑生·孟德森 (Jason Mendelson) 著；陳鴻旻, 林麗雪譯.
-- 二版. -- 新北市：野人文化股份有限公司出版：遠足文
化事業股份有限公司發行, 2021.10
　　面；　公分. --（地球觀；32）
譯自：Venture deals : be smarter than your lawyer and
venture capitalist
ISBN 978-986-384-583-6(平裝)

1. 創業投資

563.5　　　　　　　　　　　　110014014

  創業投資聖經

野人文化　野人文化　線上讀者回函專用 QR CODE，你的寶貴意見，
官方網頁　讀者回函　將是我們進步的最大動力。

目錄

4 Overview of the Term Sheet
投資條件書中最重要的事

5 Economic Terms of the Term Sheet
投資條件書的經濟條款

6 Control Terms of the Term Sheet
投資條件書裡的控制權條款

7 Other Terms of the Term Sheet
其他投資條件書要點

11 Venture Debt
創業債權募資

12 How Venture Capital Funds Work
創投基金的運作方式

13 Negotiation Tactics
談判策略

14 Raising Money the Right Way
千萬不能做的八件事

15 Issues at Different Financing Stages
各階段的考量

16 Letters of Intent : The Other Term Sheet
另一種投資條件書：收購意向書

17 How to Engage Investment Banker
如何延攬投資銀行

18 Why Do Term Sheets Even Exist?
為什麼要有條件書？

19 Legal Things Every Entrepreneur Should Know
創業法律須知

作者簡介

布萊德・費爾德
（brad@foundrygroup.com、@bfeld、www.feld.com）

是柯羅拉多州圓石市（Boulder）的早期創投基金 Foundry Group 的共同創辦人暨常務董事。Foundry Group 的投資涵蓋全美的資訊科技公司。

費爾德在共同創辦 Foundry Group 前，曾與人共同開設 Mobius 創投公司，更早之前還曾協助發起及營運軟體公司的 Intensity 創投。費爾德也是 TechStars 的發起人及《如虎添翼》（*Do More Faster: TechStars Lessons to Accelerate Your Startup*）一書的作者之一。

費爾德早期曾在 AmeriData Technologies 當技術長。AmeriData 買下他在 1987 年創立專門做訂製軟體應用的公司 Feld Technologies，在公司被收購前，費爾德已經讓 Feld Technologies 成為波士頓的領導軟體顧問業者。另外，AmeriData 在他的主導下，軟體顧問業務變得更多元，並在 1995 年被 GE 資本收購，當時市值達 15 億美元。

除了投資上的歷練，費爾德也活躍於數家非營利組織，目前是國家女性暨資訊科技中心（National Center for Women and Information Technology）的主席。費爾德也是全美知名的創投及創業領域講師，同時經營頗受好評的人氣部落格 www.feld.com 和 www.askthevc.com。

費爾德為麻省理工學院理學學士及管理科學理學碩士，熱中收藏藝術品和長跑，他立志跑完五十州的馬拉松，如今已跑完其中的 22 場了。

傑生・孟德森

（jason@foundrygroup.com、@jasonmendelson、www.jasonmendelson.com）

　　是柯羅拉多州圓石市的早期創投基金 Foundry Group 的共同創辦人暨常務董事。Foundry Group 的投資涵蓋全美的資訊科技公司。

　　孟德森在共同創辦 Foundry Group 前，是 Mobius 創投公司的常務董事及法律總顧問，也是監督公司所有營運的首席行政合夥人。

　　還沒加入 Mobius 創投公司前，孟德森在科律律師事務所（Cooley LLP）當律師，執行公司和證券法的業務，主要代理新創公司的公開上市、私募、併購等業務。當時孟德森做成超過 20 億美元的創投案及 50 億美元的併購案，對基金設立、僱傭法與一般訴訟經驗豐富，經常在這類相關領域擔任專家證人。

　　在成為律師之前，孟德森曾是埃森哲（Accenture）的資深顧問及軟體工程師。

　　孟德森是創投業者最早的全職受僱法律總顧問，向來是重要的意見領袖；他與人共同主持美國創投協會（National Venture Capital Association, NVCA）的法律總顧問小組，同時積極參與財務長小組，是起草 NVCA 示範文件的專案小組要角，曾擬定業界首見的標準化創投募資文件，大大提升了創投募資生意的效率。他目前是 NVCA 董事會的成員。

　　孟德森是密西根大學的經濟學學士、法學博士（J.D.），還是好幾個樂團演奏鼓和貝斯的樂手；他喜愛居家改裝、美食和旅遊。孟德森也常在部落格 www.jasonmendelson.com 和 www.askthevc.com 中分享創投業的個人體驗。

美國版推薦序

真希望我創業時就讀過這本書

迪克‧科斯特洛（Dick Costolo）／ Twitter 前執行長

　　真希望我第一次開公司時就讀過這本書。現在回想起來，當時我根本不知道特別股（preferred stock）*好在哪裡，還以為「優先決定權」（right of first refusal）是用在美式足球聯盟讓渡名單上的呢！

　　如今我是推特（Twitter）的執行長**，之前我曾經創立過三家公司，第二、三家被上市公司收購，第一家則被未上市公司買下，我也因此跌跌撞撞學會了許多本書中的觀念。雖然有許多投資專家與顧問相助，最後還是得靠自己弄懂各種把戲和陷阱。

　　我跟別人合夥開的第一家公司是 Burning Door Networked Media，那時我們都很菜，犯下了許多錯誤，後來我們在 1996 年設法將公司脫手，賣掉公司的錢只夠我們每天早上喝中杯星巴克咖啡一整年。

　　幾年後，我和 Burning Door Networked Media 時期的夥伴又創立了 Spyonit。這家公司的成績就好多了，並在 2000 年 9 月被上市公司 724 Solutions 買下。我們的股票被鎖了一年（當時我們對登記權不太熟），到了 2001 年 9 月中，我們終於摸到股票，沒想到網路卻開始泡沫化，加上 911 事件餘波，股票縮水後，所得的錢只夠我們一整年早上都只能喝中杯星巴克脫脂那堤。

　　後來，就像每個創業家都會做的事，我們很快又重起爐灶，在 2004 年成立了 FeedBurner。這次我們累積了大量的知識，也比以前更謙卑，同時募集了好幾輪創業投資的資金，包括 DFJ Portage 投資的種子輪、Mobius 風險資本（當時費爾德跟孟德森兩人還在）跟 Sutter Hill 投資的 A 輪、Union Square Ventures（USV）投資的 B 輪。

---

* 編注：特別股比普通股有兩種優先權利，在分配獲利時，特別股分配在先，而且股息率固定，而普通股的紅利則視公司獲利而定；公司解散分配剩餘財產時，特別股也在普通股之前分配。
** 迪克‧科斯特洛已於 2015 年 7 月 1 日卸任。

　　由於 FeedBurner 發展快速，不知不覺就被好幾家公司盯上了，包括谷歌（Google），它在 2007 年買下我們，這次我終於不用再以咖啡來比喻公司賣出的金額了。

　　在 Google 待了幾年後，我受聘加入推特，如今當上了執行長。在我任內，推特的發展有目共睹，規模從 50 人增加到 430 人以上，完成了兩輪大型募資，募到的資金超過 2.5 億美元。

　　回想現在我已熟悉的創投事業，包括收購、創投運作、談判，我很滿意自己從 1990 年代初共同創辦 Burning Door Networked Media，直到今天的進步。讀這本書時，我腦中不停浮現一句話：「這本書怎麼不早點出現啊？」書裡的知識不知可以讓我省下多少時間和金錢！

　　費爾德和孟德森合寫的這本書，對任何有抱負的企業家、學生、創業新手都極為重要。不僅以上讀者受用，就連已經身經百戰的我，也得到了寶貴的指點。如果你是創投人，或有志躋身創投業，一定要好好拜讀本書，確認完整掌握業內的動態。最後，靠這行吃飯的律師，不讀本書是你的損失，因為你白白錯失了對付對手的裝備。

2011 年 3 月

這是個小眾的圈子，
所以你更要讀這本書

佛瑞德・威爾遜（Fred Wilson）／聯邦廣場創投公司合夥人

　　我還記得踏入創投業的第一週。當時是 1986 年，我 25 歲，剛在一家創投公司找到暑期工作機會。我在一家叫做歐幾里德合夥公司（Euclid Partners）的小型創投公司，為三名很有經驗的創投高手服務，後來，在這家公司任職了 10 年。這三名合夥人中的布里斯・麥克倫（Bliss McCrum）有一天把他的腦袋伸進我的辦公室（是的，25 歲的我，在洛克菲勒中心也有一間辦公室），並對我說：「你能以募資前估值 900 萬美元，募資目標 300 萬美元，以及有未發行認股權池 10％這些條件，替 XYZ 公司建立一個募資模型嗎？」說完後，他就回到公司後方那間他與另一位創辦合夥人密爾頓・帕帕斯（Milton Pappas）共用的大辦公室去了。

　　我坐在桌子後面開始思考他提出的要求。我能理解「募資 300 萬美元」這部分。我想我也能弄清楚「10％未發行認股權池」是怎麼回事。但「募資前估值」到底是什麼？我從沒聽過這個字眼。當時比網景（Netscape）和網際網路搜索引擎的發明還早十年，所以網路搜索不是我的選項。於是，在花了大概十分鐘鼓足勇氣後，我走到那間大辦公室，把我的腦袋伸進去，對麥克倫說：「你能跟我解釋一下募資前估值嗎？」

　　就這樣，我開始了在創投業 31 年的學習，而且直到我撰寫本文時，這個過程還在持續著。

　　創投業在 1985 年的時候還算是一個小型行業，只在俱樂部中完成交易，並有自己的專業術語。犬儒主義者可能會說，如此設計是為了讓所有人都搞不清楚狀況，這樣創投業者在與創業者談判時就能掌握有利的籌碼。我不全然認同這種說法。我認為，創投業是從在波士頓、紐約跟舊金山的幾間小公司，以及數十名，可能最多一百名主要參與者，加上他們的律師，共同打造出對他們而言合理的結構。接著他們便發展出

能彼此溝通的一種簡單術語。

　　無論這個故事的起源為何,創投業的術語對許多人來說確實陌生,而且直至今日仍然不清不楚與令人費解。這對業內人士確實有益,但對剛投入新創公司與創投業的人也的確有許多不利。

　　2000 年代初期,在我第一家創投公司福雷提艾倫合夥公司(Flatiron Partners)順利發展,而我們還沒成立聯邦廣場創投公司(Union Square Ventures)之前,我開始經營部落格。我成立 AVC 部落格(www.avc.com)的其中一個目標,就是把透明度帶到我從業近 20 年的不透明行業。我的朋友與經常的共同投資人布萊德‧費爾德(Brad Feld)參與了我的部落格經營。在俱樂部進行投資交易這件事仍然存在,而這是件好事。透過定期閱讀 AVC 與費爾德見解(Feld Thoughts)上的文章,創業者得以趕上新創公司與創投業的速度。布萊德與我在建立創投業透明度的努力,獲得了非常多的正面回饋,所以我們持續進行下去。現在如果你搜尋「可參加特別股」(participating preferred),將會在搜尋結果的首頁,找到我與布萊德在部落格發表的相關文章。

　　布萊德和他的合夥人──從新創企業律師轉任創投界的傑生‧孟德森(Jason Mendelson)──更進一步,於 2011 年撰寫了《創業投資聖經》這本書。本書已經成為經典,現今在美國已發行第三版。如果《創業投資聖經》在 1985 年就已經出版的話,我便不需要被迫向麥克倫承認我不知道募資前估值是什麼了。

　　如果有一本指南手冊,能引領你釐清創投資金與創投募資結構神祕又令人困惑的文字,那就是《創業投資聖經》。所有對新創公司、創業、天使投資人,以及創業募資感興趣的人,都該幫自己一個忙,好好研讀本書。

2016 年 7 月

我 16 年來的募資經歷，
居然可以用一本書講完！

詹姆斯．帕克（James Park）／ Fitbit 公司共同創辦人兼執行長

我還記得第一次在 280 高速公路上看見沙丘路出口的時候。當時是 1999 年，我 22 歲，剛從哈佛大學輟學，是一家位於波士頓新創公司的共同創辦人兼技術長。我與公司共同創辦人決定廣泛撒網為公司募資，所以飛去了矽谷與創投業者見面。在我看見沙丘路出口指示牌時，就開始感到極度緊張不適。我立即注意到這種缺乏準備與知識的明顯表徵。我在讀書的時候，如果要考試但還沒有完全把書念好做足準備，就會有這種感覺。念高中的時候，在參加越野賽跑前，如果我沒有事先跑幾英里路做好準備，也會有這種感覺。到了現在，難道我還沒學會要事先做好準備的教訓，以及明白沒做好準備對我的消化系統會有怎樣的影響嗎？為什麼我要出席這麼重要的會議，卻對我要見面，以及試圖募資的人及這個業界，如此缺乏了解？在 1999 年，對一個 22 歲首度創業的人來說，這些資訊還真的很難弄清楚。

我們後來成功為那家新創公司募到了資金，但由於我們自己的失誤，以及當時惡劣的環境，我們幾年後就結束了公司。不過，我還是透過那家新創公司，交了幾個很好的朋友，包括艾瑞克（Eric）與郭克罕（Gokhan），我們很快又振作起來，迅速開了另一家叫做 Windup Labs 的公司。經過四年非常辛苦的奮鬥後，我們在 2005 年把公司賣給了 CNET 電視網，也就是現在的 CBS 互動網，而隨著那次的併購案，我們都搬到了舊金山。

2007 年，艾瑞克與我離開 CNET 創辦了 Fitbit。老實說，艾瑞克與我當時對新公司的野心不大，但隨著這些年過去，我們越來越有雄心壯志。從 2007 年到今天，公司人數已經超過 1,500 人，我們最近提供給投資人的數字顯示，在 2016 年，公司收入約有 25 億美元。我們透

過私募創投籌到了 6,600 萬美元，其中包括費爾德與孟德森的 Foundry Group 創投公司。在 2015 年，Fitbit 公開上市，籌到的資金超過八億美元，成為史上最大的消費電子業掛牌上市案。從公司成立到今天，我都擔任執行長。

在閱讀本書時，我對於它如此簡明扼要地掌握到我 16 年來累積的募資經驗，以及和創投業者及企業律師交手與合作的歷程深感訝異。我希望能夠回到過去，將這本書交給 22 歲時緊張又病懨懨的自己（當然，也順便給他一支 iPhone 手機與創辦臉書的點子）。

而身為讀者的你，可得到好處了。讀完這本書後，你就能跳過多年痛苦的體驗、嘗試與錯誤，以及在工作中從昂貴的律師那裡學習教訓的過程。本書提供的商業知識，就讓你相當於電影《駭客任務》（The Matrix）中，尼歐瞬間進入母體系統學習工夫一樣。當你發現自己沿著 280 高速公路（或者如果這篇前言能存在得夠久，你可能就會坐著你的自駕電動車）前進，在看見沙丘路出口出現時，你可以充滿自信，因為你已經從我所知最好的創投業界人士這裡獲得了建議，做了充分的準備。

2016 年 7 月

入行前必讀的知己知彼創投兵法

馮昌國 Roick C.K. Feng ／中銀律師事務所 共同主持律師

　　在台灣，企業的募資管道有很多，除了大家熟知的證交所上市、櫃買中心上櫃，及前兩年較熱門的海外上市外，還有回饋式群眾募資、股權式群眾募資等國外已行之多年的募資方式，近來這股風潮也漸漸吹到台灣，前者如 Flying V、嘖嘖，後者如創夢市集股權群募平台；此外，「創櫃板」也是近年政府鼓勵微型創新企業募資的途徑之一。但在許多新創事業發展到一定規模前，選擇的募資管道仍多是向天使投資人、Venture Capitalist（下簡稱「創投」）募資。然而，作為新創事業的主要募資對象，新創業者對創投的了解程度，常常是遠低於創投對新創事業的理解。

　　不理解如何跟創投募資，對新創業者來說，輕則可能錯失良機，失去讓合適投資人加入的機會，慘一點的，甚至可能影響共同創辦人的權益。我曾看過在個別產業領域稱霸一方的新創業者，因為沒有小心處理與創投股東間的關係，而面臨可能失去自己篳路藍縷打拚出來的公司經營權危機。

　　新創業者也必須明白的是，從創投手中拿到錢只是公司飛翔的起點，並非終點，在起飛後，公司的經營與內部治理等各方面，都可能受到當初投資合約內容的影響。我曾看過在募資過程中，新創事業的創辦人完全跟著創投的節奏走，除了共同創辦人可以有幾席董事、股權占比多少外，在其他投資條件幾乎都還沒搞清楚的情況下，就急著跟創投簽約的；其他諸如簽完約、拿到錢幾年後，對於共同創辦人在什麼條件下可以轉讓持股、創投股東出脫持股時有哪些限制、公司後續再募資時共同創辦人與創投股東分別有哪些權利……等，毫無所知的情形也是屢見不鮮。

　　本書的兩位作者在創業及創投都有豐富經歷，從創投圈的各種角

色、新創事業募資前的準備，到投資條件的談判，都作了詳細介紹，且兼具公司經營實務及法律權益的觀點，對於新創事業、尤其是創辦人來說，絕對是絕佳的學習機會。當中雖有些內容談論的是美國法的規範，但在企業向創投募資的領域中，此類交易合約的主要架構多遵循同一套規則，加上現今許多新創事業的發展放眼國際，常須向海外市場的創投募資以取得目標市場的資源，因此跨國募資頻仍，在此情況下，新創業者更需要了解各階段募資的操作方式及「眉眉角角」。我相信，從本書對於如何進行募資前準備及與創投交涉的經驗分享中，可以讓新創業者對公司未來的發展能有更清晰的規畫。

　　另外還值得一提的是，除了一般投資合約重點條款及談判技巧的介紹外，本書也談到新創事業該找哪些創投募資、如何和創投打交道、如何給出合理的估值……等新創業者在募資時常有的疑問。因此，除了新創事業的創辦人外，我也很推薦對於企業募資、資本市場有興趣的新進投資及法律從業人員閱讀本書，尤其在台灣傳統教育缺乏對這塊領域實戰介紹的情形下，本書確實是一本值得一讀的入門書。

繁體中文版推薦序

創業者懷中的法律指北針

黃沛聲律師／立勤國際法律事務所主持律師

　　第一次接觸創投，是 2000 年左右能源危機，自己家族的企業被台灣八間創投聯合投資（Syndicate），當時剛成為律師，自然作為家族代表與所有創投代表人周旋談判，後續在增資、對賭、買回、上市、合資、併購等等的經驗，成為我未來走上投資法律領域的契機。由於個性熱愛創業，雖然從事的是法律專業，但自創辦律師事務所以來，經手的案件，都會盡量選擇創業、投資、經營權爭奪等有關案件，鑽研學習。

　　近 20 年來，台灣顯然在科技半導體經濟時代出盡鋒頭後，跨越至網路經濟時有些水土不服，國內並沒有發展出足以代表網路時代的企業。好在國內創業風氣總算自網路泡沫後再度興起，標榜網路創業，或是互聯網思維，來翻轉傳統產業。甚至 2014 年起，「創業」正式成為政府的政策及 KPI，年輕人爭相創業，公共資源開始不斷補貼。不過中間卻發生了產業前輩的斷層；在網路業界，國內並沒有類似原本科技領域的前輩可以請益，這真的非常可惜。

　　我最喜歡與創業者在咖啡店、酒吧中天南地北的聊他們的商業模式及營銷策略，幫忙補充股權、財務知識，他們也很願意分享他們的創業理念，談到興致一來，常常我恨不得捲起袖子跟他們一起去募資，追逐獨角獸。不過很常見的是，這些年輕創業者雖然胸有大志，甚至已經在某領域科技獨步群倫，但卻對於公司的資本及股份的計算認知錯誤，又受公司法實收資本額制度的誤導，因而受限於沒有現金資本、又不敢讓人投資，以致不能發展。

　　公司經營所需要的知識至為廣泛，幾乎涵蓋各種專業領域，不過在後勤部分，其實法律與財務，才是每一間公司都需要的主要脊樑。而結合法律與財務的交界，便是公司資本的募集。一般非專業律師初遇到創投提出的投資條件書與投資合約、附件合約內容就可能洋洋灑灑幾十

頁，從投資行話寫到美國掛牌上市時1933年、1934年證券法的登記權，無一不是需要配合公司發展方向好好檢視的議題，若是不能完全掌握投資行業內的邏輯，光啃英文法律辭典，恐怕很難做好募（投）資的職責。更別說一般不熟悉法律文字的創業者，面對一份將永遠影響你公司經營權、發展方向乃至整個經營歷程的合約，其影響恐怕僅次於與另一半簽署婚姻契約，創業者在簽署前的心理忐忑程度可想而知。於是創業者為了爭取權益，便常常道聽塗說、到處上課學習片段、破碎的投資合約理論，忘記創業目的在於公司自己的商業模式，卻花費最多的時間在研究投資理論，如何找創投、與創投交涉，真的是本末倒置。

正因長期看到上述這些國內創業家的困境，所以我常想總有一天要好好花時間整理一本專門白話舉例、解釋歐美行之有年的投資合約（Deal Terms）的書。不過在我知道野人文化有意翻譯為中文版後，真讓我省了大筆工夫，因為原著作者本身的創投經驗，配合常見投資條款的文字解說，真正已經體現我心目中原本想寫的。雖然譯本必然限於語言本身的問題無法完全傳遞原作的幽默，不過對於投資合約的重點提醒已經足以解決大多數國內創業家的需求。故做為一個專業從事投資領域的律師，很榮幸為之作序推薦！也更推薦有募資需求的讀者可以在閱讀譯本後購買原作來細讀，畢竟若是公司成長順利，募資到下一輪時，多半就會遇到英文的投資條件書，花費在閱讀這本書的幾小時也會是你年度最有價值的時間。

難得無私的創投實戰教材

溫肇東／創河塾塾長、政治大學科技管理與智慧財產研究所兼任教授

　　雖然我父親創立過好幾個事業，我也和他一起創業過，不過那已是將近 60 年前與 40 年前的事了，當時台灣還沒有創投。後來校園內的創業計畫競賽，我也算是先鋒之一，帶學生參加國內外比賽也常得名，評審委員中大部分是創投業者。2000 年網路最旺時，我和吳思華為了成立「網路築夢學園」，向七家創投業者各募了九十萬，也算體驗了「台灣錢淹腳目」的年代。一直到今天和創投公會都陸續有互動，在學界算是對創投業相對不陌生的人。

　　2 年半前我的小孩也自己創業，一路跌跌撞撞，不過也很幸運，前後有拿到幾輪創投的資金。他們團隊中沒有一個是學財務或管理的；但在實務中，已和美國的加速器、國內外創投業者交手過多次。他們也從前輩、同輩、律師、會計師、不同的創投業者「學會」了很多東西，包括公司估值、特別股、可轉換債、股票授予（vesting）、如何不被稀釋，還有如何善用各方資源……。所以他們團隊在產品開發的同時，也在公司結構及財務策略方面很快上手。

　　古諺云「生意子難生」，其實把年輕人直接放到創業的情境，如果他們有強烈的動機，能遇到對的團隊夥伴，吸引對的投資人，也能很快上手。年輕人的學習能力很強，尤其是網路原生族（digital native），什麼事都能從網路上學習，像我兒子就對本書作者之一布萊德‧費爾德（Brad Feld）的部落格很熟悉，也是他街頭智慧（street smart）的來源之一。甚至能從費爾德過去的實績，辨識出他的天使成分較多。

　　經常在網路上分享創業投資（Venture Capital）心得的前輩，還有 Netscape 創辦人馬克‧安德森（Mark Anderson）等。本書作者持續在網路上寫作，現在集結成「教戰手冊」來出版，比較完整，我希望中文版也能嘉惠於習慣紙本的閱讀者，不過不曾創業的年輕人，似乎較難從「書

本中」直接搞懂這些東西。

　　回頭看在校園內的創業教育，老師的教材主要來自教科書或研究論文，很少老師能直接拿「投資條件書」（Term sheet）在課堂上拆解，讓同學了解向創投籌錢的實務。一方面，台灣的公司法落後於新創公司的實際需要，此事已被討論很久，因此在以往，「投資條件書」也派不上用場；但新政府預計在今年修法與國外的無面額（no par value）做法接軌，之後「投資條件書」就會變成創業者、投資人之間最重要的法律及財務文件，關係到各利益關係人的權益，甚至公司治理的框架。

　　台灣的創業教育過去只著重在營運計畫書的撰寫，對未來公司的價值及股權結構的安排著墨較少，也很難讓創業團隊有所體認。本書作者自身的幾次創業，以及從事創投的經驗，使他在寫作時可以同時關照創業團隊的立場、對各方的角色、募資的「時機」與「條件」，甚至談判策略、控制權的攻防，都可讓創業團隊少走一些冤枉路。

　　本書的內容很豐富、很務實，但因本書的背景脈絡是美國，尤其在矽谷創業氛圍很濃的社區中，大部分的人對書中的名詞多半耳熟能詳、琅琅上口。在台灣，創業還不是多數年輕人的選擇，即使創業也多是一股熱情或對技術專精的團隊，但要新創事業有所進展，管理和資金都要同時到位。這本書或許能多少補充這個缺口，尤其想跨出台灣，面向全球化的市場或資金，熟悉書內的一些概念與實務，才能迅速接軌。

營造雙贏的投資文化

詹德弘／ AppWorks 之初創投合夥人

　　台灣的電子業在微軟與英代爾的帶領下，過去經歷了約 30 年的 PC 時代。從早期的電路板、主機板、系統組裝，逐漸往上游的關鍵零組件、材料、晶片發展。投資架構則以曹興誠先生發明的員工分紅制度為核心，巧妙的運用面額制度、免證券交易所得稅建立了「後付制」的創業者持股制度——公司草創時，創業者有技術沒資金，最初持股可能不到 5%，每次增資用「賣老股認新股」方式提供「技術股」，待公司獲利後再配合每年的分紅配股，可以逐漸提高團隊持股至三成以上。團隊出力，投資人出錢一起努力建立了許多成功企業，今天許多在檯面上的高科技公司，都是當時的產物。隨著 2007 年員工分紅費用化以及相關措施，再加上 PC 產業的成長不再，全球獨一無二的台灣高科技創業生態圈劃下了終止符，台灣面臨如何建造適合下一代知識產業生態圈的課題。

　　當舊有的台式技術股、分紅制度不再適用，美國數十年累積淬煉出的創投投資架構，非常值得我們參考，除了美國發展領先之外，實務上，美式架構即是當今世界標準。本書是極少數以創業者的觀點，經由募資的歷程，一步一步說明創投實務及創業者與創投業者之間不同的觀點與需求，解析各個角色關心的事務及權責。舉個簡單的例子：投資人的特別股優先清償權，平衡了創業團隊主導權及投資人財產權益保障的問題，書中系統性的介紹各種條款，無論投資條件因主客觀環境偏向創業團隊或投資人，都可以有足夠的彈性因應，也可預先將各種未來可能僵局的處理方式，置入章程及合約，避免屆時公司空轉。

　　書中提到的架構與背後的思考，值得創業者募資前必讀。在國際對反洗錢、跨國稅務更加重視，導致在境外公司設立及使用的限制大幅提高之時，活用 2018 年台灣公司法大幅修訂後增加的彈性空間，建立台

灣投資架構實務，便成為重要的議題。也推薦行政、立法、律師、會計師、投資人等相關人士，經由本書了解國際實務引導台灣建立創業團隊與投資者雙贏的投資文化。

矽谷律師人手一本的創投聖經

蔣萬安／立法委員、萬澤國際法律事務所合夥人

　　2005 年夏天，我因為暑期實習第一次來到美國矽谷，到總部位於帕羅奧圖（Palo Alto）的 Wilson Sonsini Goodrich & Rosati（WSGR）律師事務所工作。那年暑假，除了感受到矽谷濃厚的創業氣氛，也開始接觸創投融資（venture capital financing）。2006 年開始在矽谷執業，協助許多新創公司、天使投資人及創投機構完成多項融資，不論是種子輪、A 輪、B 輪、C 輪……或過橋融資（bridge financing），每一次幫助新創團隊完成一輪募資，都讓我感到非常有成就感，這成就感不是因為經手的投資金額有多大，而是因為能在創業團隊資金匱乏的艱困時刻，確保團隊在法律上各項利益不受侵害的前提下與投資人談判並獲得資金。從一開始協助新創團隊設立公司架構、分配股權、撰擬合約、談判投資條件，到最後完成融資，過程中充滿許多挑戰，因為每一件融資案，都會因不同的創業家、商業模式、產品、投資人，以及不同階段矽谷整體氛圍的改變而不同。

　　記得我剛參與創投融資時，除了向資深的律師學習、大量閱讀資料、不斷在與對手律師談判的過程中累積經驗外，一直沒有一本有系統、完整介紹創投融資的書可以參考。直到我事務所裡的一位資深合夥人 Yokum Taku，介紹我閱讀《創業投資聖經》這本書，才讓我對創投融資有更深入且透徹的了解。《創業投資聖經》內容之完整、精確，瞬間成為矽谷所有新創律師人手一本的必讀書籍。回到台灣後，我在許多場合也強力推薦這本書給創業家、投資人，以及所有想了解創投融資的人。今天很高興野人文化願意翻譯並在台灣出版。

　　《創業投資聖經》一書，是目前我看過所有介紹創投融資的書籍中，分析最完整、也是最全面的一本。從一開始介紹創投融資的參與者

及各自扮演的角色，到討論創業團隊如何募資，例如：該募多少資金、準備哪些文件、如何選定投資人，以及從投資人的角度如何決定投資團隊……等。接著，也是我認為本書的精華，在第三章到第六章中詳細介紹「投資條件書」中的每一項投資條件，不僅介紹詳實、條理分明，更舉出許多實務案例加以搭配分析，使讀者極易理解每項投資條件背後的原因和立論。這本書更難能可貴之處，在於除了以清楚易懂的方式介紹艱澀深奧的投資條件外，更介紹了創投基金（venture capital funds）如何運作，如此讓一向神祕的創投基金運作方式更「公開透明」，使新創團隊在面對投資人時能「知己知彼」，讓雙方站在更公平的基礎上談判。本書的另一大特色，是特闢一章節，討論創投融資中談判的技巧及策略，並列舉出幾項創業團隊在談判過程中應該避免犯的錯誤。雖然《創業投資聖經》這本書介紹的是美國矽谷創投融資的過程，但我認為台灣的法律必須在短期內能夠與國際接軌。去年我國公司法增訂「閉鎖型公司」專章，根本的思維和出發點就是為了讓新創公司在募資時遵循的法規能跟上國際的腳步，比照美國矽谷的做法，例如：實施股票無面額制（no par value）、發行附加特殊權利義務的特別股（preferred stock）、發行可轉換債（convertible debt）……。

在美國矽谷執業多年後回到台灣，我依舊鍾情創投融資，持續幫助許多台灣新創公司完成募資。比較矽谷和台灣的創業環境，我最大的感觸是：在美國，法律沒有禁止做的事，你都可以做；但在台灣，法律沒有說你可以做的事，大家都不敢做。台灣產業轉型必須朝向新創科技發展，不只法規要全面鬆綁與國際接軌，心態上亦應改變過去保守的思維，以「興利」取代「防弊」。《創業投資聖經》這本書，不僅是從事新創事業或創投融資的各界人士必讀的一本書，在今天政府積極推動新創產業的同時，更適合所有想積極推動台灣產業轉型的人一讀，讓各界真正了解美國矽谷創投融資的模式，並清楚認識到正因為法規的彈性和心態的開放，形成這些極富創意和彈性的投資條件，提供創業家和投資人強烈的誘因和培養不怕失敗的精神，造就了今日美國矽谷在新創科技發展無可撼動的地位。

作者序

向創投業募資的教戰手冊

布萊德・費爾德／傑生・孟德森

　　企業募資的方法之一是從創投下手，雖說成功募到資金的公司只是少數，不過許多出色的科技業者，包括谷歌（Google）、蘋果（Apple）、思科（Cisco）、雅虎（Yahoo）、網景（Netscape）、昇陽（Sun Microsystems）、康柏（Compaq）、迪吉多（DEC）、美國線上（AOL）等，在成立之初都曾募到創投資金。就連發跡速度最快的新創公司，如臉書（Facebook）、推特（Twitter）、領英（LinkedIn）、星佳（Zynga）、酷朋（Groupon）等，也都是創投的受惠者。

　　十七年來，我們兩人從事了上百件的創投募資，七年前，由於一次極富挑戰性的案子，我們決定設立部落格，提筆寫下一系列文章，為創投募資過程揭祕；結果創作出在費爾德部落格的投資條件書等系列文章，後來成為本書的靈感來源。

　　每當新一代創業家發跡，人們對創投業的好奇，就會重新被點燃。我們因為開設創投公司 Foundry Group（www.foundrygroup.com），也參與了 TechStars（www.techstars.org）的業務，遇到過很多創業新手。我們一直都認為，關於創投交易，目前並沒有明確的教戰手冊，因此我們決定自己寫一本。

　　本書除了深入說明創投這一行，也試著為創投業的當事人、動態、資金如何運作等，塑造出脈絡。同時也花了些篇幅講談判，以提出另一個創投業者看待「談判」的觀點。此外，也會解釋幸運的創業者可能會遇到的另一個投資條件書，也就是收購公司的意向書（letter of intent）。

　　我們努力在創業者與創投業者的立場之間，找到一個平衡的觀點。由於我們是初期投資人，自知會傾向初期投資的觀點，所以我們也提出適用於任何募資階段的內容。當然，我們更會把握每個取笑律師的機會。

希望本書對讀者創立一家好公司，能大有助益。

▍你對創投業好奇嗎？

本書一開始是為了創業新手而寫。我們兩人資助創業新手並與他們共事，已經有一段很長的時間，但從他們身上學到的，比我們給出的還要多。由於和 TechStars 的合作關係，我們從創業者口中聽到形形色色有關募資與創投的問題，因此本書試著來個綜合解答。

但在寫作期間我們發現，這本書對創業老手同樣受用。許多讀過初稿、或聽說我們正在撰寫本書的創業者都曾告訴我們，他們真希望自己當初第一次開公司時，手上能有這本書。我們忍不住問他們：「這些對你現在還有用嗎？」很多人紛紛回答：「當然！」

書中好幾處內容，包括談判與創投資金運作的篇章，靈感是得自於晚餐時與創業老手的漫長對話，對方要我們把內容寫下來，放到部落格或本書。現在我們做到了。

當然，第一次創業的人，事前往往胸懷大志。本書對各年齡的有志之士同樣重要。另外，對創業精神有興趣的學子，不管是讀商學院、法學院、大學部或更高階的研究者，也都能從中獲益。我們兩人也都曾以書中各章節為主題講過不少課，希望本書能列為創業課程的必備讀物。

過去我們也沒有創投經驗，很多本事都是從留心資深創投業者、積極交涉生意學來的。希望本書能成為年輕人或創投業者的基本參考工作書籍。

雖然我們的目標是瞄準創業者，不過希望集結成書後，連律師（特別是沒多少創投業經驗者）及資深創投業者也能受益，至少可以推薦本書給資淺的同事參考。

本書初稿的代名詞性別並不固定，原本從頭到尾大量用到「她」，不過在編輯本書時，發現混用性別會讓人混淆，影響可讀性，所以決定一律用男性的「他」，當做兩性的通稱。我們一向很注意電腦科學和創業的一般性別議題，費爾德也曾在國家女性暨資訊科技中心（www.ncwit.

org）當了幾年主席；希望女性讀者別介意，也希望有人早點想出性別中立的代名詞。

　　最後，本書始料未及的受惠者是創投業者、律師、創業者的配偶，特別是活躍於創投業界上的創業者。費爾德的妻子艾咪曾脫口而出說：「所有關於創投的事，我都是從你們講電話時旁聽來的。」希望有更多創投業者的伴侶能不時翻閱本書，如此一來，聽到另一半抱怨創投業者要他吞下參與式特別股（Participating Preferred）＊時，多少就能感同身受了。

▌揭開創投業的神祕面紗

　　本書內容一開始談的是：創投投資條件書的來龍去脈，以及參與創投交易的各方人馬。

　　接著談到如何從創投籌錢，包括判斷應該募多少錢、募資之前需要拿到哪些東西，並且說明許多創投業者決定投資時應遵照的程序。

　　再來是深入創投投資條件書的細項，此處分成三章：經濟利益條件、控制權條件、其餘條件。在細項條件部分，本書力求觀點平衡，加上策略的輔佐，以求交易公道，雙方互不吃虧。

　　後續會談到各種條件，諸如可轉換證券，以及創投公司如何運作，包括其動機和報酬；接著討論現實結構面如何影響一家公司募資的成敗，或在投資完成後如何影響創投業者、創投公司、創業者三者的關係。

　　募資的過程涉及大量的談判，因此本書也會提到初階談判技巧，以及特定策略在創投界是加分還是扣分。同時，本書也會幫助創業者避免常見的錯誤或圈套，並圓滿完成創投募資的交易。

　　世界上沒有所謂標準的創投募資，各項議題會在公司不同階段募資時納入考量。

　　本書特別用一章談創業者必須知道的其他重要投資條件書：向你收購公司的意向書。

＊ 編注　指除了按規定分得固定股息外，還有權與普通股股東一起參與剩餘獲利分配的特別股票。

最後以大多數新創公司通常會面臨到的法律層面問題作結。本書或許無法像論文那樣洋洋灑灑，羅列所有創業須知，但也納入了好幾個我們認為創業時應該注意的重點。

我們找來一位友人兼老資歷的企業家——Return Path 的執行長麥特・布倫伯格（Matt Blumbcrg）——並在全書穿插他的看法。讀者看到標題為「創業老鳥觀點」的插文，就是麥特對此部分內容的評論。

▌補充免費官網資源

除了本書，我們還備有你可能會想閱覽的額外資料；這些內容都可以在 AsktheVC 網站上瀏覽，網址是 www.askthevc.com。

AsktheVC 已開設數年，是我們管理的發問／釋疑網站。最近我們又增設了「資源區」，提供許多創投募資時會用到的制式文件表格，其中有投資條件書，還有從投資條件書衍生而來並構成創投募資一部分的表單。

其中也包含了 Foundry Group 自家使用的制式表格（沒錯，跟我們公司往來就用得到），以及現今業界最常見的制式文件連結，附帶若干使用上的優缺點說明。

教師們也可以索取更多可以用於課堂上的資源，詳情請上：www.wiley.com/WileyCDA/WileyTitle/productCd-1118443616.html

孟德森／費爾德
2012 年 10 月

獻給地球上最棒的父親：羅伯‧孟德森及史丹利‧費爾德

導言

協商投資條件書的藝術與技術

　　迪吉多（DEC）是最早為人所知的創投案件先例。1957 年美國研發公司（American Research and Development Corporation, AR&D）投資迪吉多 7 萬美元，1968 年迪吉多上市，這筆投資價值超過 3.55 億美元，投資報酬率超過 5000 倍。AR&D 的投資是創投業者最初打下的一場漂亮勝仗。

　　創投業在 1957 年才剛形成。那時候，美國的投資人社群對電腦公司興趣缺缺，最後一波電腦領域的新創公司表現乏善可陳，連大公司都不太能在這行賺錢。可以想見，迪吉多的創始人肯‧奧爾森（Ken Olson）和哈蘭‧安德森（Harlan Anderson）初出茅廬，卻屢遭投資人拒絕的挫折感；也能想見，他們收到美國研發公司創始人喬治‧杜利奧（Georges Doriot）出資的 7 萬美元時，當下的欣喜。

　　歷經一連串的會談跟開會，杜利奧捎了封信給奧爾森及安德森，表達投資的意願，附帶提議的條件。如今，這份文件被稱為投資條件書。

　　這份文件有三種可能的樣子：第一種是一頁的信函，上頭寫著：「我們要投資 7 萬美元到您公司，並買下 78％的所有權。」第二種是兩頁的紙，上頭法律條款的意思是說：「我們要投資 7 萬美元到您公司，並買下 78％的所有權。」第三種是八頁的文件，上頭載明各種保護性條款（protective provisions）、股票授予安排（vesting arrangements）、領售權（drag-along rights），與證券交易委員會的登記權（registration rights）。

　　我們猜想，迪吉多收到的應該不會是第三種。五十年來，投資條件書逐漸演變和擴充，才成為如今八頁（左右）的範本。這八頁內容遠超乎「我們要投資○○美元到您公司，並買下○％的所有權」。不過說真的，協商投資條件書其實只有兩件事最要緊：經濟利益條款和控制權條款。

　　以迪吉多的例子來說，手握 78％所有權的美國研發公司，可以有效控制公司，價碼很清楚；從 7 萬美元買下 78％股權，可推知公司增

資後估值（postmoney）為 9 萬美元。

今天的創投投資活動有更多的細微差異。個體創投業者通常最後持有公司不到 50％的所有權，手上並無有效的投票權，但往往會透過協商，取得重大決策的掌控權。許多公司到後來引入一個以上的創投業者，並在不同時間點入股，因此也有不同的所有權比例、權利與動機。

創始人不見得會在公司撐到最後，有時在相當早期就因故離開。公司狀況通常有起有落，而創投業者更在意的是，公司狀況不佳時如何自保，狀況好時又如何插上一腳。管理問題向來複雜，談判桌上坐的人愈多，愈是如此。

創投生意能以明快的議價、握手、簡短的法律協議成交，當然是再好不過，但這不太可能。這幾年來，儘管許多人試著要把投資條件書標準化，然而律師、創投業者、創業者眾多，加上投資案穩定增加，投資條件書要標準化實在不容易。

諷刺的是，實際拍板定案的文件，卻有愈來愈制式化的趨勢，原因可能是網路時代資訊四處傳播，或客戶不願支付法務費用，而搜尋網路資料套用。總而言之，如今文件呈現的雷同性更甚以往，我們也因此能夠分享典型的創投募資成交經驗。一旦談妥投資條件書，最難的部分就大功告成了，這也是本書著墨最多的地方。

現在我們就先從各方角色介紹開始，對創投募資一探究竟吧！

01

CHAPTER

創投業中的各種
角色與應對技巧

"The Players"

募資乍看之下只是創業者與創投業者兩種人之間的金融操作，事實上並非如此，中間還牽扯到天使投資人（angel investor）、律師和創業導師（the mentor）。歷經多輪募資經驗的創業者就會知道，整個募資過程牽涉的人數很容易失控，尤其是當你不清楚每個階段實際做決策的人時，更不容易控制參與人數。

參與募資活動的人，彼此的經驗、動機、相對權力都相當複雜，結果也往往無法捉摸。就讓我們從了解誰會參與其中、他們又會有什麼動作，開始認識創投的募資活動吧。

▌創業者是創投業的核心

創業者是創業活動的核心人物，但不見得所有投資人都明白這一點。少了創業者，也就不會出現投資條件書或新創公司的行業生態。

本書會交替使用創業者和創辦人。有些公司的創辦人只有一位，有些是兩、三位，或有好幾個創辦人。有時候，共同創辦人的彼此地位相當，但有時則有落差。無論創辦人有幾位，對公司設立與任何募資活動來說，每一個人都是關鍵角色。

創辦人不能也不該將募資重任託付給律師。募資談判牽涉到許多只

有創業者才能解決的問題。就算你僱傭了再全知全能的律師，也別忘了，如果請來的律師與未來的投資人合不來，以後你要收拾的問題就更大了。所以，創業者請務必指揮及掌控全程。

一開始創業時，創辦人之間的關係通常都還不錯，根本用不著想什麼投資條件書和募資。但創辦人之間的關係往往隨時間趨於緊張，可能的原因很多：經營壓力、能力適任、性格，甚至人生規畫有變動，譬如新婚或生子等。

一旦發生上述狀況，往往會有一或多位創辦人離開，其要求的條件有好有壞。所以最好一開始就想好這類問題，預先擬好解決這類情況的條款。投資人往往是站在保護各方創辦人的立場，確保事情爽快落幕，才不至於讓離開的創辦人造成更大的分裂。

我們在這方面會談到股票授予（vesting）、領售權和共同出售權（co-sale rights）等名目，並同時從投資人與創業者的觀點討論，這種作風將貫穿全書。

▍創投業者掏錢有自己的算盤

創投業者（venture capitalist, VC）是投資條件書的另一個角色。創投業者有形形色色的來歷、財力和歷練，大多數人都會聲稱全力支持創業者，但很多根本不是這麼回事，在談判投資條件書期間，這些人往往就會露出馬腳。

創投業者通常有自己的盤算，創業者最好清楚這一點。本書接著會深入創投業者黑心的一面：動機、經濟利益及貪圖的誘因等。現在姑且把他們與常人一概而論。

創投組織最資深的一員，通常是掛著常務董事（managing director, MD）或一般合夥人（general partner, GP）的頭銜，有時職稱前面還會加上其他字眼，像是執行常務董事（executive managing director）或創辦一般合夥人（founding general partner），以便與其他常務董事分出高低。而替投資拍板定案、入主投資事業董事會的就是這些人。

　　合夥人（Partner）有可能但通常都不是這個頭銜象徵的意義。如今許多創投人士的名片上，都印著「合夥人」的頭銜，但他們卻不是創投公司的合夥人。相反地，他們經常只是資淺的投資案件專業人員（也稱為**主要經理人**〔 principal 〕或**董事**〔 director 〕），或者可能只參與投資流程的特定層面，例如尋找投資案件或者盡職核實調查等。在某些我們稱為全包式的創投公司裡，這些合夥人會幫公司處理各種層面的事，包括召募、營運、技術、銷售與行銷等，但他們並不是投資流程中的決策者。有些創投公司無論員工有沒有決策權，都會給他們「合夥人」的頭銜。這是投資銀行業的老把戲（每個人都至少掛個副總裁的頭銜），目的在於模糊一般合夥人與非一般合夥人的界線，讓創業者弄不清楚和他們互動的人的資歷等級。在我們的公司 Foundry Group 裡，我們對虛浮的常務董事與一般合夥人氾濫的狀況感到厭倦，所以現在就把所有決策者稱為「合夥人」。

　　是不是更一頭霧水了？這樣很好。身為公司創辦人，你本就該對你與任何創投公司交涉人員的身分做盡職核實調查。找出你正在花時間交涉的人，究竟有沒有決策權可以讓你的公司取得正在募集的資金。另外，雖然我們在本書中經常使用「常務董事」（managing director）與「一般合夥人」（general partner）等名詞，來描述創投公司中最資深的合夥人，但請了解，這些人在真實世界中的頭銜，可能就只是合夥人。或者不是。

　　主要經理人或董事（principal 或 director）通常地位稍低，是資淺的生意合夥人，還在朝常務董事的地位前進。主要經理人通常握有若干權責，但難免要看常務董事願不願意促成生意。所以說，主要經理人手上雖有些權力，但事情可能無法在他手上拍板定案。

　　投資副總（associate）一般不是投資案決策者，而是在一或多個投資案決策者（通常是常務董事）手下工作。投資副總做的事情很雜，包括物色新的生意、幫忙做現有案件的盡職核實調查，還有寫不完的未來投資案件報告。在全公司股權結構表（capitalization table 或 cap table）上花最多時間的人，可能就是他們了。

　　所謂的「股權結構表」是界定投資案各方經濟權益的試算表。許多

創投業者會為投資副總規畫，通常為期兩年，結束後離開公司到投資的公司上班，或去念商學院，或自行創業。有些優秀的投資副總則會晉升為主要經理人。

分析師（analyst）是最底層的階級。他們是資歷最淺的人員，通常剛從學校畢業，坐在沒有對外窗戶的辦公室，成天埋首於數字、猛打備忘錄。有些公司的分析師和投資副總地位相當，功能也差不多；有些公司的投資副總則以投資案為重。總而言之，分析師一般來說都是聰明人，但職權極為有限。

有些公司會指派各類型的創投合夥人（venture partner）或營運合夥人（operating partner），大公司尤其常見。這些人通常是到創投公司兼職的創業老手，雖然有能力出資，不過想要做成生意通常還是需要常務董事的明確支持，與主要經理人的情形有點像。有些公司的營運合夥人不出資，而是以董事長或董事的席次積極介入投資管理。

駐點創業者（entrepreneur in residence, EIR）是另一種創投業者的兼職身分。駐點創業者是兼職進駐到創投公司的有經驗創業者，他們一面思考下一個創業，一面在 3 到 12 個月的期間，幫忙做些引見、盡職核實調查、搭建關係網等事務。有些創投業者會付薪水給駐點創業者，有些則只提供免費辦公空間，加上日後募資的默契。

如果是小創投公司，實際出面打交道的人，可能就是常務董事。像我們公司 Foundry Group，一共有六名合夥人（先前稱為常務董事），彼此職責、授權、權力一模一樣。但在大創投公司，創業者得與各式各樣的人打交道，像執行董事、主要經理人、投資副總、分析師、創投合夥人、營運合夥人、駐點創業者等。從我們於 2011 年撰寫本書第一版以來，創投業界的頭銜一直有大幅膨脹的現象，從前被稱為副總或助理級合夥人的人，現在可能都被稱為合夥人了。

創業者對往來的創投業者要做功課，以便摸清合作對象的背景、決策權、核准投資的流程。過去與同一家創投業者交手過的創業者，是最佳的情報來源，其實光是拼湊創投業者在其官網的內容，可能就有不少收穫。最後一招是直接詢問創投業者，不過，與創業者接頭的人層級愈

低，情報就愈難準確掌握。

▲ 創業老鳥觀點 ▲

常務董事或一般合夥人在創投公司裡可以呼風喚雨。如果到新創公司試探或談生意的是其他人（投資副總、資深投資副總、主要經理人、創投合夥人或駐點創業者），新創公司既不能失禮，也不能放棄直接和常務董事和一般合夥人建立關係。

除了常務董事和一般合夥人，其他人長期來看都有可能另謀高就；而常務董事和一般合夥人握有生殺大權，創業公司的指望全看他們的決定。

▎募資輪的命名法則

除了個別創投業者，市場上還有各種不同的創投公司。了解這些不同型態的公司，能幫助你在募資時找到正確的目標。

大部分的創投公司會根據他們投資於公司的哪個階段，來定義自己公司的性質。你可能聽過募資輪與不同字母連結在一起，例如 A 輪、B 輪、B-Prime 輪、G 輪、種子輪，甚至還有 Pre 種子輪（Pre-Seed Round）。你也可能會聽到 B-2 輪跟 D-3 輪這樣的說法。創投業的特色就是不斷改變募資輪次。今日當紅的話題，明天可能就退燒。隨市場改變，你可能會聽見 A 輪投資緊縮或 B 輪投資緊縮的說法，甚至可能會聽見「A 輪就是新的 B 輪」這樣的概念。這些究竟代表什麼意思？由於許多關於新創公司的觀念隨時都在變化，所以你不妨去谷歌搜尋一下，或者如果你堅持，去用 Bing 搜尋也可以。只要記住，隨著時間改變，命名法也會跟著改變。

為各輪募資命名這件事，沒有魔法或法律定義規範。我們很希望將

它們按照我們在波德市健行步道的名字來命名，但這樣會讓太多人感到困惑，所以我們就按照字母來命名。以前的命名方式，就是第一輪募資叫做 A 輪，下一輪則叫 B 輪，再下一輪就是 C 輪。在 C 輪之後，接著進行的就是 D 輪。現在你了解是怎麼回事了吧。

在某個時間點，投資人在進行非常前期階段的投資時，也稱為種子輪（seed round），這些人就決定必須要有一個在 A 之前的字母。但由於根本沒有字母在 A 前面，人們就開始稱這些募資為種子輪。雖然我們一直覺得，這些種子輪完全可以稱為 A 輪，但當時出現新的一波從事種子輪投資的創投公司，這個說法也就跟著出現了。與此同時，許多先前自視為 A 輪或第一輪投資人的創投業者，就讓這些新創投公司從事第一輪投資。其他公司仍然喜歡自稱為初期階段投資人，於是舊的 A 輪成為了種子輪，而舊的 B 輪就開始被稱為 A 輪。現在，你甚至還會聽見 Pre 種子輪的說法，這只是標示在種子輪之前就發生的一輪投資。

同時也要注意，公司通常不希望募資輪進展到太後面的字母。當你進行 K 輪募資時，創投業者第一個好奇的事情就是，你的公司究竟出了什麼問題？由於越來越多投資輪其實承續了與先前相同的條件，只是與先前投資輪的價格不同，於是每輪後面的衍生數字就開始出現。當同一批投資人在 B 輪投資了 1,000 萬美元後，又以相同條件在不同價格下再度投資公司 500 萬美元時，這就變成了 B-1 輪投資。如果相同的投資人再度投資 500 萬美元，條件相同而只是價格不同，這一輪就成為 B-2 輪投資。當新的投資人帶頭進行下一輪 2,200 萬美元的募資時，才會稱為 C 輪，而不是稱為 E 輪。如果要稱為 E 輪，這裡的 B-1 輪就會稱為 C 輪，而 B-2 輪就會稱為 D 輪。

為不同募資輪命名可能令人覺得相當複雜，但重要的是，這能夠讓各方人馬有明確的語言，來討論公司處於多初期或多後期的階段。這在決定哪一家創投公司可能是某輪的合適投資對象時相當重要。一般來說，Pre 種子輪、種子輪跟 A 輪都算是公司的初期階段，B、C 與 D 輪則算是公司的中期階段，而 E 輪及後續輪次，則是公司的後期階段。雖然如此，其中的分界往往是模糊的。

▌創投公司的種類

　　既然已經談過了投資輪次的命名法，我們就來談談哪種類型的創投公司會在哪些輪次投資。

　　微型創投基金（micro VC fund）通常是只有一名一般合夥人的小型創投公司。這些一般合夥人剛開始的時候都是天使投資人（我們在下面章節中會詳加說明天使投資人），在取得幾次成功的投資結果後就設立基金，用其他人與他們的錢一起進行投資。這些基金的規模大小不一，但通常每個基金的總資本都不超過 1,500 萬美元。這些公司幾乎都只在種子與初期階段進行投資，通常會與其他微型創投公司、天使投資人，以及朋友或家人等投資人一起投資。

　　種子基金（seed stage fund）通常比微型創投基金規模更大，可能擴充到每個基金 1 億 5,000 萬美元的水準。種子基金專注在成為第一筆投入新創公司的機構性資金，而且幾乎不會在 A 輪之後投資。種子階段的創投公司往往也會為你的新創公司帶來第一個非公司指派的董事會成員，所以要考慮清楚，因為這段關係的發展，將遠不止於一筆投資而已。

　　接下來就是**初期基金**（early stage fund）。這些基金規模通常在一億至三億美元之間，投資在種子輪與 A 輪的公司，但偶爾也會擔任 B 輪的領投資金。這些公司也經常會持續在公司的後續募資活動中投資，而且往往是按照他們占公司的股權比例，在後續投資輪中投資，這部分我們會在本書後面章節說明。

　　中期基金（mid stage fund）則是通常投資於 B 輪與之後輪次的基金。這些基金稱為成長型投資者（growth investor），因為他們開始對一家公司投資是在公司已經成功，但現在需要資金來加速或持續成長的時機點。這些基金規模通常介於 2 億至 10 億美元之間。

　　後期基金（late stage fund）的進場時機是，一家成功獨立運作的公司正在進行最後一次募資，接著就要準備掛牌上市的時候。此類基金包括一些特定的後期創投基金，但也可能是避險基金、主要在公開市場操

作並跨足到這領域的投資者、與大型銀行有關係的基金，或者主權財富基金（sovereign wealth fund）。

　　與所有創投業的事務一樣，你無法嚴格分類每家創投公司。有些設有十億美元基金的公司，也會有投資剛成立的公司的初期投資計畫。有些公司則有各種基金，在一家公司的不同階段投資。在我們自己的 Foundry Group，我們傳統上募集投資於初期的初期基金（種子輪、A 輪，偶爾 B 輪），並另外設立獨立的後期基金，在成長輪次投資，類似於一般中期創投公司的做法。最近，我們只募集一個在各個階段投資的基金。

　　有些創投公司有特定的投資計畫或合夥人，專精於各個不同的投資階段，其他創投公司則會順著公司的發展階段進行投資，而沒有特定的區別。還有一些像我們這樣的公司，則是由所有合夥人對所有投資案一起合作。

　　有件事很重要，你要看準會對你公司所處階段投資的創投業者，再去進行募資。新創業者常犯的一個錯誤，就是專注在與公司現階段沒有關聯的創投公司。別犯這種把精力放在不會對你公司目前成長階段企業投資的創投業者，這是常見的錯誤。

▎天使投資人算是個體戶

　　除了創投業者，投資方也可能包含個體戶的投資人，稱為天使投資人，或簡稱天使。天使投資人是初創期的關鍵資源，活躍於首輪投資或種子輪。他們可能是專業的投資人、成功企業家、舊識或創業者的家族成員。

　　許多創投業者很放心與天使投資人聯手，而且往往慫恿他們在企業初創時積極介入，所以天使投資人可以說是募資戲碼的重要角色。不過，每個天使投資人的來歷不同，創投業者也不見得與天使投資人的看法一致。

　　天使投資人可能在各種時間點出手，話雖如此，但他們通常都在前

期的募資輪出手，較少參加後期的回合。如果一切順利，這種做法問題不大，不過當新創公司碰到撞牆期，又籌不到錢時，天使投資人出不出手就是個關鍵了。

本書提及的若干條件，如加碼參與權（pay-to-play）或領售權（drag-along），就是在募資不順的情況下，幫創投業者逼迫天使投資人（和其他創投業者）做出特定行動。

天使投資人通常是高資產人士（high-net-worth individual，簡稱HNWI）*，但事實上證券交易委員會對合格投資人（accredited investor）有特別規定，而新創公司應該確保天使投資人符合合格投資人條件，或擁有相應的豁免權；最保險的方式就是請教律師。

有些天使投資人會做一堆小型投資，近來這類極活躍，或者說亂槍打鳥的天使投資人，被稱為超級天使。這些人往往是歷練過的創業者，曾經或多次決定把錢投資到新創公司。大多數的超級天使很熟悉創業圈，往往能幫上新創公司的大忙。

超級天使做的投資愈多，就愈常會找朋友、其他企業家或機構一起募資。募到的資金與創投基金（VC fund）類似，實際上就變成了機構化的超級天使，也就是所謂的微型創投（micro VC）。

這類微型創投不願被貼上創投業者的標籤，寧可被視為天使投資人，不過一旦找了外人籌錢，就像創投業者那樣對投資人負有受託人責任，其實就是創投公司了。

重點是，天使投資人無法被歸為一類，把它們混為一談、視為單一集體，並不是保險的做法。千萬別以為他們之中誰與誰一樣，這些人有各自的誘因、壓力、來歷和修養；比起談判的條件，要維繫好雙方的工作關係，其個人特質往往更重要。

---

* 編注　指個人淨資產（自住住宅除外）在 100 萬至 500 萬美元之間。

▲ 創業老鳥觀點 ▲

別讓天使投資人予取予求。天使投資人固然重要，但這群人很少決定公司方向。天使投資人名單若是一連串親友，可由其中一人統籌管理及代表所有投資人，否則遇到募資或變現時，要收齊七十五份簽名，可不是開玩笑的。

還有，真正的朋友和親人，需要特別的關照；所以務必記得兩件事：
一、他們應該把投資當做買彩券。
二、他們在節日聚會和你碰面時，不能當成投資人說明會。

創投業者也會組成投資結盟團隊

有些創投業者是單打獨鬥，有些則會攜手合作，而一群投資人聯手可以稱為投資結盟團隊（the Syndicate）。

通常提到投資結盟團隊，講的是募資的主要參與者，其身分可能是創投業者，也可能不是。投資結盟團隊的成員可能是各種投資人，包括創投業者、天使投資人、超級天使、策略型投資人、企業、律師事務所等，只要出資購買股票的都算。

多數投資結盟團隊都有個領投人（lead investor），通常是一名創投投資人。有時會由兩名創投業者一起擔綱，偶爾交由三人共同主導。

誰來當領投人，並不是不能曝光的事，如果只有一個領投人，創業者談判起來就更容易專注。因為，投資結盟團隊裡的領投人通常會為全體投資結盟團隊負責談判交易的條件，而不需要一次一次個別和投資人談判。

創業者必須確定，投資結盟團隊的每位投資人都能得知所有訊息，這與領投人是誰或投資結盟團隊的架構無關。領投人也許會幫忙打理其

他投資人，但不要以為這樣就不用和大家溝通，該做的還是要做，創業者要謹記這一點。

　　要當心別造成廚房裡太多大廚的狀況。在過去幾年間，所謂「派對輪」（party round）的情形越來越常見到，這是指在初期投資輪中有許多投資人，而每個投資人都只投資相對很小額度的情況。我們不難見到在一輪 200 萬美元的種子輪投資中，有十家創投公司跟二十名天使投資人。雖然在記者發布會上，能列出這麼多亮麗的投資人名稱，看來很不錯，但新創業者卻無法得到這些投資人的關注，因為與這些創投一般的投資金額相較，這種投資相對都太少了。在這些公司要募集下一輪資金時，就會發現自己陷入了最糟的困境，那就是擁有許多創投公司投資方，卻沒有任何一家願意做出有意義的投資承諾。

▲ 創業老鳥觀點 ▲
雖然你必須和全體的投資人溝通，但你也應該堅持：投資人都要同意（至少口頭上），在有關投資條件書的內容上，領投人有權代表全體投資結盟團隊發言。同樣的交易內容，千萬不要一直重複談。如果投資結盟團隊傳出異議，也應該請領投人出面協調。

▎善用律師專業，但別被牽著走

　　至於律師嘛……我敢打賭你會認為沒有也沒關係。但在做生意時，好的律師帶你上天堂，不好的律師會讓你倒大楣。

　　創業時有個懂創投募資的幹練律師，是莫大的福氣。創投業者以投資為業，創業者偶爾才要籌錢，縱然是有經驗的創業者，也可能被卡在某個地方動彈不得，但創投業者對其中風險早就想過好幾百遍了。

　　除了協助談判，好律師還能讓創業者把心力放在真正的重點上。本

書不厭其煩指出：真正要緊的條件是經濟利益和控制權。沒錯，創投難免會花時間額外談 S-3 登記權（稍後會提到的不重要條款），但派上用場的機會卻微乎其微。

談判就是這麼回事，總有數不清的瑣事要吵，有的理由很愚蠢，卻是技巧性讓對手分心的手法。創投業者是這方面的專家；而好的律師能讓創業者不輕易上鉤。

不好或對創投募資生疏的律師，經常成事不足，敗事有餘。除了讓創業者在談判時落居下風，沒經驗的律師還會打錯靶，在無關緊要之處奮戰，徒增雙方的成本。這種情況我們就遇過很多次，碰到想找擔任離婚律師的親戚出馬的創業者，我們會強硬要求，先找個有頭緒的律師，雙方再開始談判。

別忘了，律師是代表創業者的人。創業者在新創圈子的名聲，可能會因差勁或生疏的律師蒙塵。再者，生意一旦做成，創業者和投資人就是合夥人，所以，你會讓差勁或生疏的律師，將談判期間不必要的緊張，延續到日後的合夥關係嗎？如果你就是律師，那麼在你代表公司與未來可能的董事會成員應對時，要審慎思考，不要做出不理性的行為。雖然你在目前的談判中，對你代表的公司有責任，但你在洽談的投資人，將會是公司未來的所有人。要審慎思考並長遠布局，因為公司未來的投資人，很可能認識他們可以放心溝通的其他律師，如果他們認為你是不理性且沒有用的談判者，就可能在投資後要求更換律師。

▲ 創業老鳥觀點 ▲

除了不讓生手律師為談判製造不必要的緊張，也別因為律師的事務所沒有名氣，或不投創投業者的緣，就對律師人選沒了主意。你是為自己而不是為創投業者請律師，確切地說，你對溝通內容要夠清楚，確定你的律師言之有理、傳達清楚，而且不會打壞雙方的關係。

　　律師通常會收取鐘點費，許多有經驗的創投律師，會預先為費用訂出上限。在本書付梓的 2012 年，只要 5,000 到 15,000 美元的律師費，就能搞定非常早期的募資，典型的募資則介於 25,000 到 40,000 美元。大都市的律師會比較貴；新創公司如果之前有任何官司要處理，成本自然會增加。

　　假如你的律師和創投業者合不來，你又置身事外，帳單可能就會不斷飆高。律師若不願講定一個上限，你就該質疑對方知不知道自己在做什麼。

　　這麼說好了，十年來鐘點費雖然漲了一倍以上，但前述的數字大致沒變，也就是說標準化確有其事，但平均來說，律師花在每筆生意的時間比以前（1990 年代）縮短了。無論如何，創業者必須為最終成果負責。

> ▲ 創業老鳥觀點 ▲
>
> 別不好意思開個低一點的上限，甚至從生意的收入支付律師費也可以。如果你和你的事業都很有前途，就算是一流的律師事務所，也沒理由不先擱著帳單，等生意做成後再結清。

▌對稅務有疑問就立刻找會計師

　　在早期階段的募資活動中，一般很少用得到會計師，除非有跨界議題，或者公司要從有限責任公司（Limited Liability Company, LLC）或其他轉換稅務實體，轉型成 C 型公司（C Corporation）。不過，如果你對募資所產生的稅務議題有疑慮，那就找一名會計師來協助你的律師。隨著公司開始在後期階段募資，關於股票選擇權定價、繳稅，以及租稅優惠待遇等會計議題，就會開始普遍出現。雖然傳統方式都是找八大會計師事務所（現在已經合併成四大）來幫忙，但我們鼓勵你尋找熟知新創公司事務

的中小型事務所來為你服務。

投資銀行並不總是幫得上忙

投資銀行在公司初期募資時非常罕見，但在後期需要籌募 5,000 萬美元以上資金時，就可能是代表公司主導大局的人。每當收到來自投資銀行家的募資邀約，並得知對方是代表一家還在初期階段公司，來詢問我們是否有意投資時，我們總是感到相當困擾。我們知道投資銀行會從公司募資所得裡收取相當大的費用。許多天使投資人與初期創投公司，在初期階段募資時，與投資銀行的往來經驗都不好。最重要的是，我們很好奇，為什麼這家新創公司不與我們直接聯繫。

我們的一般觀察就是，如果一家在初期階段的公司僱用投資銀行協助募資，不是它的募資過程並不成功，因此希望投資銀行可以在最後努力嘗試時幫忙，就是這家公司的顧問提出了不好的建議。無論是哪一種情況，我們從投資銀行那裡收到的募資邀約，最終都會進入循環檔案存檔而不了了之。

投資銀行在後期階段募資時比較有所發揮，尤其當募資對象是策略或非傳統投資人的時候。當募資交易涉及由私募股權投資公司這樣的金融贊助商所提出的部分資本重組需求時，投資銀行可能特別幫得上忙。

你有自己的導師嗎？

創業的人應該要認識一些經驗豐富的「導師」（mentors），這些導師在募資時能幫上大忙，尤其是他們和創投業者剛好認識時，更是如此。

這類人我們稱之為導師，而非顧問（adviser）；顧問往往和公司有對價關係，尤其初創公司在籌錢時，很少會花錢找顧問。不過，有些顧問會自己找上創業者，主動幫創業者籌錢，日後再抽成做為報酬；甚至有些臉皮厚的顧問，會先索討預付金才肯幫忙，最好不要和這樣的顧問

有任何瓜葛。

　　反觀導師之所以特地出手幫忙新創公司，是因為以前有人對自己伸出援手。不少導師最後會成為新創公司早期的天使投資人，或收下少數股份，留在董事會或顧問團任職；總而言之，這些人很少一開始就索討報酬。

　　雖然導師並不是必要的，但我們強烈建議創業者要找到自己的導師，並與之結交共事、建立長期關係，其中的好處說不完，而且往往出乎你的意料之外。據我們所知，有不少導師是因為喜歡才出手幫忙，這樣的動機往往能與創業者發展出不錯的關係。

▲ 創業老鳥觀點 ▲

　因為導師對你有益，所以沒道理不付費給真正能幫你募到錢的人
　（隨便寫信向派對上見過一面的創投業者介紹的那種不算）；只要
　你對授予選擇權多少有些控制權，那麼依導師後續的諮詢表現，以
　選擇權做為報酬，也是合理的做法。

在地觀點

第一章是人物介紹，說明在美國創投參與的投資案中，所存在的各種角色，包含彼此各自的分工及應有的專業與動機，進而鋪陳全書中各方的行為及思考模式。必須注意的是，或許在個案中，投資人及創業團隊在談判上互有優劣勢，但實際上，制度至今已發展得相當健全，在制度面，對各方都是公平對等的。

經過 2018 年的公司法大幅修訂和極低面額函釋之後，台灣公司有機會引用本書介紹的美式架構。但過去的公司法極端偏袒出資者，連帶使所有慣例都對創業團隊不利，三不五時便有第一次出資一、兩千萬新台幣，就想占過半股權的情形發生，也有團隊用了技術作價搞到稅務纏身。新公司法也沒有太多應用實例，在這樣的環境下，找到真正了解美式創投案精神及架構的會計師和律師，再綜合考量本地商業條件、財務會計、公司法、稅務等方方面面，才能對投資人及創業團隊真正發揮效用，也期望台灣在新修公司法的架構下，能有自己的共同實務做法。

過去的獨特台式制度已走入歷史，創投模式正處於重生期，角色也在重新定位，讀者可以參考本章，思考各方應扮演的角色。

02

準備進行募資

"Prepaing for Fundraising "

雖然直接展開募資聽來相當誘人，但要循規蹈矩，做好準備，才能避免嚴重問題。一名知道該如何向創投募資的能幹律師，是這個過程裡的關鍵。我們在庫利有限責任公司（傑生 20 年前曾是該公司的合夥人）的朋友，慷慨地提供了本章部分內容，協助我們幫助您準備進行募資。

選擇對的律師

新創公司的法律顧問是不可或缺的夥伴，他將在公司從成立到合併，或者掛牌上市（initial public offering）的過程中提供指導，並擔任可信賴的顧問，以及讓公司及投資人與其他資源連結的角色。在挑選律師方面，新創業者有許多選擇，從獨立執業律師，到跨國大型事務所都有。評估諸多選擇並找出最適合的人選，需要管理團隊花費時間與精力。但初期花費的這些心血，可以確保公司免於落入讓新創公司營運脫軌的常見陷阱。

在評估公司法律顧問時，新創業者應該考慮一些因素，包括經驗、成本與對該律師溝通方式的接受度。對創立初期的公司，與有代表其他新創公司處理法律事務成功經驗的律師或事務所合作，將會特別有價值，因為有經驗的新創公司律師，更能理解新創公司可能面對的各類法

律障礙。此外，他們也經常與早期投資人、加速器（accelerator），以及其他資金來源有良好的關係，而這些對新創公司的成功，有著舉足輕重的影響力。

我們強烈建議你找有個人交情的律師。你最機密的業務細節，將需要與你挑選的這個人或事務所分享，所以你需要找一個你完全信任，並享受與他共同合作的律師。此外，代理你公司法律事務的人，將影響你的聲譽，因為他們將會是你公司的代表。仔細研究，從你信任的顧問、朋友與同事那裡尋求推薦，並在做最終決定前，先花些時間了解你想要合作的律師。

雖然專注在律師費用成本是自然且適當的，但別太拘泥於律師的每小時收費標準。雖然你收到的帳單數字，是根據每小時費用，乘以律師花費的時數而得出，但帳單結果最重要的因素一定是律師的效率。一名熟悉新創公司事務的律師，要比一名專精於房地產規畫，但每小時費率只有一半的律師有價值得多。

▌主動與被動

「最佳的防守就是攻擊」這句陳腔濫調，對一家打算進行創投募資的公司而言，就跟對一支想要贏得冠軍獎盃的球隊一樣重要。任何曾經經歷過一輪從提案、洽商到成案的募資過程的創業者，都能證實創業募資是一個吃力的過程，其中涉及許多意料之外的挑戰。創業的管理團隊可以在接到第一份投資條件書前，預先採取一些主動步驟，以確保自己的公司走在成功的正確道路上。

一開始就是要讓公司準備好，以符合投資者的期待。這些期待中的一項，就是任何想取得創業投資資金的公司，都要把組織結構架設成在德拉瓦州登記設立的 C 型公司。以有限責任公司或其他型態登記設立的初創公司，應該尋求專業顧問協助，在與投資者接觸前，先將公司轉型為 C 型公司。創投業者不喜歡，經常也不能對包括有限責任公司以及 S 型公司（S Corporation）的轉換稅務實體進行投資，所以 C 型公司結

構就是與創投業者接觸的先決條件。至於為何選擇在德拉瓦州登記設立，我們目前遇到的投資業者，都沒有拒絕對在該州登記設立的公司進行投資。我們確實也遇到一些投資公司，願意接受來自加州、紐約州與其他州登記設立公司的投資申請案，但在德拉瓦州登記設立公司是不會出錯的選擇。

投資人會期待，申請投資的新創公司在該公司進行營運的各州，都取得合法資格，並能提供證實該公司在這些州完成登記的法律文件。你應該與顧問查詢，確認公司在要求外州公司（foreign corporation）需取得營業資格的各州，均已取得這些資格。

盡職核實調查在任何創投投資案中都是關鍵要素。在盡職核實調查過程裡，你公司的法律與財務紀錄將會由潛在投資人進行檢視，以找出可能讓投資無法完成的事項。要做好充足準備，你應該建立資料平台（data site），並與顧問合作，將公司的法律及財務紀錄加以整理，讓投資者易於檢視。資料平台可以是適用於大型併購案件的企業等級高成本資料平台，或者更好的是如 Dropbox、Box、谷歌或 Carta 之類的雲端儲存平台，因為它們更便宜，更適於分享。

投資人會期待新創企業提供原始設立文件的影本，包括公司登記執照（Certificate of Incorporation）、章程（Bylaws），以及董事會與股東大會的所有行動與會議紀錄。此外，新創公司也應該準備好關於公司股本的文件，以供隨時查閱，包括擁有公司股權或者有權取得公司股權的個人或法人實體清單，以及提供股東優先認購權（preemptive right）或其他優先處分權（preferential right）的合約文件。

在這些紀錄文件中，新創業者應該特別留意公司的資本結構表（capitalization〔cap〕table）。資本結構表是一張試算表，詳列出公司各項經濟權益，及其歸屬的名單。公司的顧問可以協助準備及更新資本結構表，但新創業者應該詳熟這份文件的內容，以備與潛在投資者溝通。

投資人還會期待公司在資料平台上提供財務紀錄、預算、主要客戶名單，以及員工合約。在準備資料平台內容時，公司團隊應該花時間檢視各項文件，確認它們都有被切實執行。詳細檢視文件，也可以讓公司

事先找出法律文件問題與其他議題，以免在討論創投投資條件的過程中，才突然面對這些問題。

▍智慧財產權

對許多投資人而言，能讓一家公司在競爭者中脫穎而出，具備引人注目的投資機會的，就是這家公司智慧財產權（intellectual property）的價值。有些新創業者與投資人將「智慧財產權」限制在專利一項，但我們的定義則包含了專利、著作權（包括軟體的原始碼）、商標（品牌），以及（幾乎所有的）商業機密。

在準備融資案時，新創企業要能提供清楚且有各類法律文件的智慧財產產權鏈（chain of title），這點非常重要。創始團隊應該確保，任何與公司智慧財產有接觸的人，都簽署了保密協定（agreement with confidentiality）與智慧財產轉讓條款（IP assignment provision）。此外，你還應該與公司顧問規畫，以及在適當時機執行智慧財產權保護策略，以確保公司最有價值的資產，在創投資金撥款前都獲得適當的保護。當公司共同創始人在公司取得創投資金前便已離開公司時，這些保護措施尤其重要。

由於公司的智慧財產十分重要，你應該嚴格控管，確保所有與公司智慧財產有接觸的人，都簽署保密協定與智慧財產轉讓條款。這些相關協定中，至少需要載明涉及的智慧財產、有關的人員，以及與智慧財產轉讓相關的內容。我們就曾見過只因為一份智慧財產轉讓條款沒有簽署，而導致創投投資案無法順利完成的情況。

新創公司在智慧財產方面常見的爭議是，公司創始人還受僱於原先另一家公司時，便已著手開發新公司的智慧財產。創始人與原先公司簽訂的資訊與發明所有權協議（Proprietary Information and Inventions Agreement），有可能會對新公司造成相當大的影響。此類協議大部分都會載明，員工所創造的與既有或可合理推定將會產生的業務相關的智慧財產，均歸其雇主所有。即使員工所創造的智慧財產與公司的經營業務

無關，而且是利用員工自己的時間開發完成，前述條件仍將適用。對投資人而言，新創業者必須能夠與原先雇主有明確的切割點，以避免發生任何智慧財產所有權的爭議。如果可能，新創企業的創始人最好能夠從先前雇主那裡，取得一份雙方簽字的協議，以消除後續可能發生的智慧財產所有權爭議。如果無法取得簽字協議，創始人就該盡早離開原先任職的公司。

新創公司的所有員工，包括創始人及公司的所有主管，都必須簽署資訊與發明所有權協議，以保護新創公司的智慧財產權。在理想狀態下，公司發出的每份員工聘請書，都應該附帶一份資訊與發明所有權協議。

同樣重要的就是，新創公司要確認，對它提供服務的所有廠商都要簽署某種協議，明確載明將所有源自他們與公司關係而產生的智慧財產，轉讓給新創公司，而對於承包商，則可以將智慧財產轉讓條款納入個別承包合約中。

在創業期間，新創公司經常找外部顧問來指導產品開發與上市等複雜工作。考慮到這些顧問都會接觸新創公司的智慧財產，他們也應該簽署協議，以維護公司智慧財產的機密性，並確保這些智慧財產為公司獨享。如果顧問沒有簽字轉讓智慧財產權，就有可能產生問題，顧問可能被列為公司智慧財產的共同發明人。你或許信任你的顧問，但我們見過極端的情況，有些公司顧問偷取智慧財產，並在公司不知情的情況下申請專利。顧問有時可能對要簽署與雇員與承包商相同內容的智慧財產轉讓協議表達異議。在這種情況下，新創業者應該請教公司的法律顧問，以打造一份讓顧問願意接受的協議，但絕不可讓智慧財產所有權有任何模糊不清之處。如果你對智慧財產相關議題感到迷惑，我們將在第十九章更深入地討論一些法律議題。

在地觀點

「好律師很重要、好律師很重要、好律師很重要！」本書改版時章節有部分調整，但從頭到尾就是強調好律師很重要。相對於美國，台灣對新創有實務經驗的律師極為稀有，創業者一定要儘早掌握這個關鍵資源。本章提到另一個重點是大局和節奏，提醒創業者心中隨時要有一張大藍圖，才不會迷失在程序或條款的枝節中。

03

CHAPTER

如何向創投業募資？

"How to Raise Money"

不管你在進行哪一輪的募資，你的目標都應該是：要拿到好幾份投資條件書。一般來說，募資有各式各樣的管道，並沒有單一的做法。創投業者也形形色色，成功打動某一個創投業者的案子，拿到另一家創投業者面前，可能完全沒轍。各家創投業者的情況都不一樣，所以，最好搞清楚你要打交道的業者、對方的手法，還有過程中要用到的資料。以下是目前已有的幾個基本規則，以及一些不該做的事，你可要看仔細了。

▎只有做或不做，沒有「試試看」這回事

尤達是電影《星際大戰》中一名嬌小、綠色、長毛的角色，也是一位智者，「只有做或不做，沒有試試看這回事」這句話是他對年輕的路克・天行者說過的話，也是每位創業者在走上募資之路以前，都必須了然於胸的態度。對於自己說出口的要求，必須抱持「志在必得」的心態。

「來試創投」、「試水溫」，或「試探各種選項」之類的話，不僅讓創投業者倒胃口，而且往往顯示創業者做得不夠好。一開頭就要拿出相信會成功的態度，不然投資人也看得出來；要小心，創業者本身「沒把握」的態度會表現在一言一行之中。

不是每個找錢的創業者都會順利募到錢。歷經失敗本來就是創業精神的一部分，人生有很多事會因為態度影響結果，募資就是其中一例。

請注意，這個忠告並不適用於你與投資人討論目前進行哪些工作的非正式會談。我們會與許多並不進行募資的創業者見面，目的只是為了認識他們。不過，一旦關係轉變為積極的募資過程後，你就必須全心投入。

▍先決定要募多少錢？

創業者在募資時常犯的一個錯誤，就是找錯了潛在投資人。出門找錢之前，先想清楚自己打算募多少錢，金額會影響你打交道的人選。譬如說，打算募到 50 萬美元的種子輪，可以去找天使投資人、種子輪階段創投、超級天使、微型創投，以及早期階段的投資人，包含大型創投基金底下的業者。但如果要募到 1000 萬美元，則要找大型創投業者，這時你需要的是有能耐吃下 500 萬美元的領投人。

你也許有辦法做出精巧的財務模型（financial models），算出讓現金流由負轉正要用到的每一塊錢資本，但你的模型百分之百不準；與其這樣，不如專注在下個階段目標的資金需求時間。才剛起步的公司，多久能出第一批貨？或產品上市後，多久能達成一定的用戶數或營業額？假設收入沒有成長，過渡期間的月開銷（或總體燒錢速度）要多少錢？如果新事業的八人團隊要花六個月讓產品上市，可以很快算出月開銷約要 10 萬美元，為期半年；在每個月燒錢 10 萬之前，還有一段前置時間要過，這當然也要花錢；加上為自己留點緩衝（例如一年），那至少要募個 100 萬美元。

時間需求根據行業的不同落差很大。種子階段的軟體公司，一年左右應該看得出進展；藥物通過美國食品藥物管理局（Food and Drug Administration，FDA）核准，至少要花上七年。如同你的財務模型一樣，別太在意要估到多精準，因為結果很可能不準（頂多是近似）。不如先確認你手上銀彈充足，撐得到有實績，見人再說。雖然如此，也要小心別

把目標點說得太清楚，所以在募資文件上，不要把必須達成的目標寫死。

還有，小心別要求超出需求的金額，募資最糟糕的情形就是，讓投資人對你的案子感興趣了，但募資金額卻差距目標太大，最後卻胎死腹中。例如，種子階段的公司需要 50 萬美元，但你對外放話要募到 100 萬美元，在過程中，創投業者和金主可能會問你：「這輪募到多少錢了？」如果你回答：「已經募到 25 萬美元。」金主通常會認為，你的募資會達不到目標，而打退堂鼓。

但如果你回答：「要募 50 萬，已經承諾出資的有 40 萬，另外還有一到兩名投資人可能出資。」兩種回答聽起來截然不同，畢竟超額認購的募資輪，大家都想參一腳。

最後，別相信金額範圍這回事。如果有人說要募 500 到 700 萬美元，一般人聽了馬上會問：「到底是 500 還是 700 ？」只說個區間，若募不到上限，能募到下限也好，聽起來好像沒什麼問題。但這種說法容易給人「沒魚，蝦也好」，或創業者沒想清楚真正需求金額的感覺。與其這樣，不如募一個具體的數字，若想參一腳的創投業者數量超乎預期，金額可以隨時往上加。

還要謹記在心的是，儘管 500 萬美元與 700 萬美元之間的差距，對你而言可能不是很大，但在創投界卻可能影響很大。如果一家創投公司最初給你開的支票最大金額為 300 萬美元，那麼一輪 500 萬美元的投資，意味著他們可能成為領投人。但是，在一輪 700 萬美元的投資輪中，他們可能只是共同領投人或跟投人。雖然你絕對不該為了吸引某家創投，而更改要募集的資金數字，但請記住，將募集資金目標設為一個範圍，可以讓你在找到目標投資人與洽談的時候，留有模糊空間。

▍要準備哪些資料？

到底會用到哪些資料，因創業者業別而異，差別可能不小，不過有幾樣東西在投石問路之前，就應該搞定。募資至少要準備公司簡介、執

行摘要（executive summary）＊，以及 PowerPoint 簡報，儘管有許多我們的同行，如今都已經開始使用 Google Docs 了（順帶一提，我們還沒聽說有誰真的在使用 Keynote）。有些投資人會索取營業計畫書（business plan）或私募備忘錄（private placement memorandum, PPM），這類資料較常見於中後期階段的投資。

　　紙本資料一度舉足輕重。1980 年代的做法是：找專業影印店印製精美的營業計畫書，再分送給各創投業者，現在幾乎都用電子郵件寄送。品質一樣重要，要旨通常以恰當的形式呈現。資訊不要過度包裝，我們有好幾次收到精心編排的執行摘要，版面設計得很漂亮，卻缺乏實質的內容，令人大失所望。所以，重點在內容，這部分務必扎實地呈現在讓你的簡報資料可靠且站得住腳這方面，請專注於內容本身。

　　你發送給投資人的內容應當清晰、簡潔、有趣，讓他即使是在清晨時坐在家裡不太明亮的書房裡也能輕易理解。如果你必須與投資人就內容見面詳談，就已經未戰先敗了。別犯下自以為可以先送出粗略的預告，然後在會議中討論細節這樣的常見錯誤。請充分了解，不管你送給創投什麼資料，往往都會是你給他們的第一與最終印象，所以要把握機會。

　　最後，雖非必要，但不少投資人很喜歡能拿來把玩的東西，所以，即使公司處於很早期的階段，如果能做個產品原型或展示樣品送給創投業者也不錯。

1. 公司簡介

　　公司簡介指的是幾段簡短、簡潔，而且寫得很好，可以用電子郵件對外傳送的內容，又稱為「電梯簡報」（elevator pitch），意思是說：簡介的內容必須在電梯從一樓升到投資人辦公室樓層的時間內講完。其篇幅介於一到三個段落，直接說明產品、團隊、事業；不一定要另外寫成文件，附加到電子郵件中，而是直接當做信件的主文。通常前面是介紹，

＊ 編注：精簡版的營業計畫書。

例如你和對方的關係，或你是由誰引薦而來，結尾則要清楚說出下一步想做什麼。

2. 執行摘要

篇幅介於一到三頁，說明你的構想、產品、團隊及事業。這是最早的往來實質文件，內容必須簡潔流暢。由於對象可能是素昧平生的潛在投資人，因此可將執行摘要當成是你要給對方的第一印象，若引發對方的興趣，就可能在創投業者間流傳開來。

執行摘要一定要好好寫，內容寫得愈扎實；創投業者就愈相信你對創業深思熟慮。從中也能直接看出你的溝通技巧，寫得太差、漏掉重點資訊的執行摘要，會讓創投業者以為你沒好好想過某些議題，或有意隱瞞負面的營業事實。我們公司內部咬文嚼字的人建議，最好找一個與你公司無關的人，幫你校對一下你準備的資料。

你可以把自己正在解決的問題，以及解決的價值寫進摘要裡。解釋你的產品好在哪裡、勝過市面其他產品之處，以及你的團隊是最佳推手的原因。結尾放進幾個預計達到的高標準財務數據，顯示你非常積極且合理地期待日後的經營績效。

你和創投業者最早的聯繫，通常開始於自己或推薦人發送的介紹性電子郵件，上面包含公司簡介，並附加執行摘要。若第一次是當面會晤，例如在會議室、咖啡廳或電梯裡，創投業者有意思的話，會說：「你先寄個執行摘要來看看。」這個要求你一定要當天就辦妥，才有邁向下個步驟的動能。

3. 簡報

搭上創投業者後，對方很快就會要求你提出簡報，或直接要你過去當場做簡報，通常是十到二十張的 PPT 檔，內容在呈現公司的實際概況。簡報的風格與手法有很多種，至於要用哪一種，取決於受眾人數，對方可能是一個人、一家創投的合夥人，或一場 500 人的投資人活動。簡報傳達的資訊即為執行摘要，只不過是換一個視覺化的方法而已。

　　時至今日，簡報的風格已有所區別。到各地推廣活動的簡報只要三分鐘、加速器（accelerator）＊投資人日簡報要八分鐘、對創投合夥人簡報則要三十分鐘，三者不能相提並論，你必須根據受眾情況調整簡報。此外，簡報雖然涵蓋類似的題材，但電子郵件的概要版本，也可能異於簡報版。

　　總之，你得在簡報的流暢度和格式上，下一番工夫。此時「形式」很重要，投影片一定要好好設計編排，獲得的正面響應絕對會出乎你的意料，尤其是著重使用者體驗的消費性產品，效果更是明顯。如果團隊裡沒有優秀的設計師，那就花錢找個認識的接案設計師，幫你把簡報改頭換面一番，出來的效果絕對物超所值。

> ▲ 創業老鳥觀點 ▲
>
> 簡報的重點在「少即多」。多數創投業者在了解一筆生意，並產生興趣之後，想了解的不外乎幾個重點：創業者正在解決什麼問題、機會的規模、團隊的強項、競爭的強度或競爭優勢、搶占市場的計畫及現況。財務數字摘要、收入用途、階段目標也很重要。好的簡報多半在十張投影片內就能講完，有的甚至更快。

4. 營業計畫書

　　雖然我們已經有二十幾年不看營業計畫書了，但平時還是收到不少。如果是我們熟悉的投資領域，對方的營業計畫書根本無關緊要，我們比較有興趣的是對方的展示和現場的互動。幸好，現在的營業計畫書幾乎都附在電子郵件裡，而非紙本實體，否則很容易被丟在一邊。不過，

＊ 編注　新創公司從創業到能推出符合市場產品的時間很漫長，創業加速器是一種創投業的輔導機制，目的是協助新創公司加速完成這個階段。

雖然現在多數投資人都有廢掉營業計畫書的觀點，但有些創投業者還是很重視營業計畫書，因此了解你的募資對象非常重要。

營業計畫書通常是三十頁左右，章節齊全，商學院會教你怎麼寫這份文件。內文詳述公司的各個層面，從執行摘要延伸擴充內容，一一羅列市場、產品、目標顧客、上市策略、團隊以及財務評估等。

雖然我們認為，特地為了向創投業者募資而寫營業計畫書，根本是浪費時間，但我們也不否認，營業計畫書對創業者在設想公司如何運作時提供許多價值。現在營業計畫書的寫法繁多，很多是圍繞著使用者或顧客來鋪陳，然而，把你的構想、為公司做的假設，以及你認為會發生的情況寫下來，還是很有用的。此外，你也會留下一份未來讓你與團隊可以說明的書面紀錄。

現在先不管傳統的營業計畫書，想募資的軟體公司不妨思考一下精實創業（Lean Startup）的方法，也就是最小可行產品的打造、推出、測試等等；或摒棄冗長的文件，改用投影片組織公司的構想，將它化為清晰的段落，但別忘了，這可是和傳統的簡報大不相同。

總之，偶爾會有人要你拿出營業計畫書，所以一定要有所準備，也要知道萬一被問起時，要如何回應，以及提供什麼做為回應。

5. 私募備忘錄

私募備忘錄說穿了就是傳統的營業計畫書，再放進差不多篇幅的法律免責聲明。準備私募備忘錄很花時間而且所費不貲，通常得花筆錢找個律師替你審核文件，並放入一堆法律文字，讓自己免於日後吃上官司。

正常而言，有投資銀行要參一腳，而且募資對象有大型機構與投資銀行時，才會用到私募備忘錄；過去幾年來，銀行家也經常轉而使用Power Point 型態的呈現內容，裡面採用一堆重點提示，而不再使用敘述方式的呈現，因為這些重點提示更容易做，也更容易消化。

我們見過許多起步沒多久但找投資銀行幫忙的公司，他們不是募資不順而寄望投資銀行，就是聽信了餿主意（或許有人還順便收個出主意的費

用）。許多做後期階段的投資人，固然喜歡看投資銀行送上的種種文件，但對階段尚早的公司，這個方法通常不太管用。

6. 詳細的財務模型

我們很確定新創公司的財務預測數據絕對不準。如果對方真的那麼厲害，能準確預測未來，何必冒險開家新公司，他有很多別的事可以做。而且階段愈早的新創公司，數字愈難準確預測。雖然知道收入的預測一點都不準（偶爾有收入意外提前的情況，我們還是很開心），但開銷這部分的數字，多少還是能傳達出創業者對經營的看法。

收入會如何，你鐵定說不準，既然如此，開銷就應該遵守計畫。財務數字的意涵，因不同投資人而異，但重點只有兩個：

一、收入預測所根據的假設（不需要用到試算表，口頭說就好）；

二、企業每個月的燒錢速率，或現金消耗。

既然收入預測不準，同樣的道理，現金流量也不會準，不過算盤打得好的經理人，知道這時要讓現金開銷的成長，少於預期的收入成長。

創投業者很看重試算表，有些創投業者甚至會做到現金流量折現的程度，以判斷新創公司的企業價值：有些創投業者會逐一檢視項目，好好鑽研一番；有些則不會鉅細靡遺，而是注重要緊的部分，例如接下來幾季的人數、預期的用戶／客戶成長的速度。創投業者一定不如創業者了解自家公司，他們在行的是辨認模式，而且會將經驗及參考架構套用到你的財務模型，盤算你對自家公司財務動態的掌握度。

在比較後面的募資輪中，你公司的歷史財務績效、潛在的單位經濟、成本結構、關鍵指標，以及未來財務計畫等，對潛在的創投公司具有更大的意義。在那個時候，你已經開業一段時間。你將會憑藉公司的實際經營情況，以及基於這些情況對未來的外推預測來募集資金，而不再是依賴一個想法、一個夢想，以及一個創業的幻想而已。

7. 樣品展示

多數創投業者喜歡看樣品展示。動筆寫本節不到四十八小時前，我

們才把玩了一具工業用機器人、戴上一副偵測焦慮程度的裝置、用了一套「測量影片觀看期間發笑次數」的軟體、目睹一架真實度奇佳的彎曲牆面投影系統，還試用了一套利用社交圖譜關係找出個人偏好新聞的網站服務。

　　樣品展示比較有意思，特別是把玩產品過程的樂趣，絕對是看書面資料比不上的。而且從每一次的樣品展示中，可以得知創業者對自家產品當前及未來的看法，也能清楚看出對方投注其中的熱血和熱忱。

　　對於一家階段尚早的新創公司，展示樣品（demo）、原型（prototype）或試作版（alpha），都遠比營業計畫書或財務模型重要。樣品展示是以雙方能互動的手法，展現新創公司的願景；更重要的是，它讓投資人親眼看到你做得出該產品。

　　展示的樣品最好是功能陽春、作工粗糙，又不怕摔壞，因為等真正的成品做出來，樣品可能早就弄丟了，而且最後的產品可能幾經演變，和原來的樣品差了十萬八千里。不過，投資人就是想有得玩，所以你就做吧。

　　樣品展示對已上軌道的企業也同樣重要，譬如公司有樣複雜的產品，想在短時間內凸顯其特色，樣品展示就是最好的方法。創投不需要知道自家產品的每樣功能，而是藉由樣品展示，可以清楚說明產品瞄準解決的問題，以及如何操作就好，畢竟投資人並不想被晾在一旁看戲。

　　募資公司只要觀察投資人把玩樣品的過程，就可以看出很多訊息，例如對方臉色好不好、目光興不興奮、是不是真的聽懂了公司想表達的東西等等，是個值得把握的機會。

▎誠實應對盡職核實調查（due dilligence）

　　接下來，創投業者會開口要更多資訊。當創投業者提出投資條件書之後，對方的律師會前來索取一堆東西，像是股權結構表、合約、重大協議、僱傭協議、董事會的會議紀錄。這一連串的文件準備（通常會先簽了投資條件書再索取，但也不一定）可能相當耗時，例子可參考 AsktheVC.

com 的 Resources 頁面，但實際上用到多少文件，取決於你的公司營運了多久。

即使公司才剛創辦，在出門找錢之前，還是要先搞定這些文件，才能趁早交給有望的募資夥伴，不要等對方索取時才開始準備。

切記，不要在向創投公司募資的資料上動手腳，試圖有所隱瞞。雖然你想讓對方盡量看好你的公司，但還是要清楚揭露所有掌握到的問題。從難搞的地方開始做起，若創投業者之前忘了索取某些資料，也別心存僥倖，以為能偷渡成交；如果等到募資完畢，創投公司才發現漏掉什麼，代誌就大條了，你的透明度（trausparency）會因此蒙上陰影，雙方的關係也會受到嚴重的影響。

好的創投業者很看重募資公司是否及早充分揭露缺點，若真的有意思投資，還會主動幫你把麻煩搞定，或至少讓你知道問題點在哪兒，必須事先解決。

▎做好功課，才能找對創投業者

找對創投業者最好的管道是：向友人或其他企業人士打聽，從他們口中聽取交好的創投業者的第一手資料，以及創投業者如何幫助他們。這也是最有效率的方法，因為由雙方都認識的企業人士，為你引介創投業者，肯定比冒昧寫信接洽公關信箱要管用許多。

如果人脈不廣怎麼辦？想想早期的創投業，創投業者連地址都很難找，也很少將資訊放上電話簿，即使工商服務版也很難看到。如今，創投業者有自己的網站、部落格，也常發推特，甚至把自己的聯絡信箱放在網站。

關於創投夥伴人選，創業者能發現的資訊絕對不止聯絡資訊。你可以找到對方投資哪類公司、偏好的發展階段、實績、挫敗、方法及策略（至少知道行銷手法），以及重要人物的背景。

若創投業者有使用社群媒體，你還能到上面找各種情報，並且臆測對方的嗜好、對投資的想法、喝哪個牌子的啤酒、彈奏哪種樂器，以及

他們想贈送當地大學什麼樣的建物或設施——例如廁所。如果對方還會上 Foursquare*，那甚至連他愛吃什麼菜都能挖出來了。要知道有些創投公司會花費大筆金錢與時間在行銷上，以打造出你對他們的印象，所以你的人脈，以及從曾經與他們合作過的創業者告訴你的故事，通常是最有價值的資訊。

　　不難想見，從社群媒體找上素昧平生的創投業者，是建立關係不錯的起點。除了增加創投擁有許多推特追隨者（提示一下，如果你還沒有的話，現在該是追隨 @jasonmendelson 跟 @bfeld 的時候了）的心理滿足感外，如果你在這些創投部落客發表的文章底下逐篇留言，就能讓他們對你留下印象，以及更重要的，與他們建立關係。鼓勵你在個人層次上建立關係，不必全部都談業務。提供建議、互動，並遵守建立關係的最佳法則，那就是「施比受更多」。別忘記這個簡單的想法，如果你想得到投資，就先尋求建議。試著開展一段會隨著時間演進的關係，不要把募資視為一次性的交易經驗。另外，為了避免困惑，補充一下，大量蒐集電子信箱，並對你所能找到的所有信箱擁有者發出群組郵件，並不是我們在這裡討論的行為。

　　募資之前要先做好功課。以我們為例，如果我們收到醫療科技業者的營業計畫書，或對方堅持要簽保密協議（nondisclosure agreement，NDA），才肯給我們看營業計畫書，那我們就知道，對方在找上我們之前沒做好功課。如果對方夠幸運，我們會讓資料齊全、服務周到的募資公司優先，而這種不用功的公司就排在後面慢慢等；倒楣的話，我們連理都不會理。

　　一般創投業者每年會收到上千次的徵詢，絕大多數都是來自不熟的人或陌生人的探聽。所以如果想提高收到創投業者回覆的勝算，可以上網查詢、找人推介，而且要用有望打中對方心坎的方式出手。

　　最後，如果你的公司是當紅炸子雞，也適用這個道理，只是場景換

---

* 編注　一種美國手機應用程式，使用者可用手機將自己所在地點發布到 Foursquare 上，分享附近有哪些好店家、好去處；Foursquare 則將這些紀錄換算為點數、積分。

成創業者繞著你打轉而已，但你一樣要做功課，才能找出為自己加分最多、作風最投契、最有望長期合夥的業者。請創投公司提供參考名單，但也要尋找他們沒有列在名單上的那些創業者，這樣你才能得知潛在投資人的完整樣貌。請記住，創投與創業者關係維持的平均時間長度，在美國是跟婚姻維繫的平均時間一樣長的。

▎找出主導的創投業者

假設有好幾家創投業者找上你，通常你可以將他們分成三群人：主導者、支持者、其他人。你得知道怎麼和這三種對象交手，否則不僅事倍功半，也可能無功而返。雖然你可能認為，可以靠著堅持與銷售能力來改變他們的想法，但這個念頭幾乎永遠都是錯的。

你的目標是找出主導的創投業者（lead venture capitalist），也就是出來擺平投資條件書、帶頭籌募資金、投資人關係最活絡的業者；募資也可能採取共同領導（通常由兩家主導，偶爾會有三家）。此外，讓數家創投業者挺身而出，競逐主導的地位，對你而言是件好事，但前提是這些創投業者不能互通聲息。

創投業者找上門來，一般會留下四種印象。首先是對方興趣濃厚，挺身帶頭；其次是對方無意帶頭。這兩種人都容易對付，有意者就積極接洽，無意者就別理會。

比較棘手的是「可能會」及「再看看」這兩種。「可能會」好像會，但又沒真的加碼介入。這種創投業者像是在觀望，想看到生意的好處再說；這類人你可以與他保持關係，持續碰面，不要斷了聯繫。不過你心裡要有個底：對方並不會一手促成投資案。等案子有創投業者出來帶頭，並打算組成投資結盟團隊時，這種業者就會變成很好的募資對象。

「再看看」是最難摸透的一種。這種業者不明說謝謝再聯絡，你找他時，他偶爾有回應，卻又看不出來有什麼動作；你的力氣像打到空氣，但沒推動什麼事。遇到這類人，建議你就當對方說「不」，別在他身上多花時間了。

　　在溝通過程中，要懷抱希望並維持樂觀。我們知道要找到領投的創投公司的過程有多讓人沮喪。當我們遇到作風不透明、總是模稜兩可，而且行為很像是在慢慢拒絕你的創投時，也會感到沮喪。我們在向投資人尋求資金時，也會面對一樣的處境，並且感到困惑跟沮喪，不知道這會不會讓你感覺好過一點。從你得到的所有回饋中學習，也別把這些回饋當成是在針對你個人。

▎創投業者如何做投資決策？

　　創投業者是怎麼決定投資一家公司？一般流程又是如何呢？創投業者千百種，我們就從最一般的講起吧。

　　找上創投業者的途徑，會影響接下來的流程。有些創投業者只募資給本來就有聯絡的企業人士，有些則偏好同業引介，有些只投資增資的標的，謝絕初次的創業者，也有像我們這種，會募資給各種階段及生命週期的企業人士，也幾乎不回絕任何找上門來的創業者。不管怎樣，重點是：無論經由適當的管道牽線，或從零開始，一旦和創投業者搭上線，一定要迅速做出判斷。

　　接著，搞清楚創投業者主要聯絡窗口的角色。如果你接到投資副總的電子郵件，先想想對方的工作是物色生意，生意做不做得成，不太可能由他決定，但不是說這個人不見也罷，而是別高興得太早，等到有一般合夥人或常務董事出現，而且真的理你時，再高興也不遲。

　　你和創投業者最早的少許互動，由對方的作風及一開始的窗口而定，通常待遇差別很大。不過，等到創投業者終於不再只是一時興起，就會著手盡職核實調查的流程；這道手續並不是正式法律上或技術性的關注，而是代表「我要邁向下一個階段」。

　　你可以從創投業者盡職核實調查的方式，看出不少對方的態度及文化。例如，在第一輪募資面對沒收入也沒產品的公司時，卻要求拿出五年期的詳細財務預測，接著又拿著數字釘你的創投業者，可能不是很有經驗，或對早期階段投資不放心。就像前文提過的，面對處於收入前期

的公司，唯一確定的事就是：財務預測不準。如果你才剛起步，而創投抱怨說你沒有足夠的資歷，那麼不論這家創投或他們的行銷資料上怎麼說，你找的創投可能並不投資初期階段的公司。

在盡職核實調查階段，創投業者會問起很多事，像是簡報、預測、客戶管道、目標、開發計畫、競爭力分析、團隊背景等，這些都很正常。有些創投業者比較老經驗，你拿什麼東西募資，他們就看什麼；有些創投業者會交代很多工作，讓你忙到雞飛狗跳。不管如何，提供資訊前，要確認自己是在和合夥人（常務董事或一般合夥人）層級交手，而不是對方的投資副總在探底細，或者只是在做資料的蒐集，唯一的目的只是想取得你公司的資訊，然後納入創投公司的資料庫裡（或者更糟糕的狀況，就是把這些資訊泄漏給這家創投已經投資，或者考慮投資的你的競爭對手）。

▲ **創業老鳥觀點** ▲
當你覺得創投業者是來摸你底細時，就趕快閃人。

創投業者進行盡職核實調查的同時，記得要討回人情，要求創投業者介紹其他經手過的企業創辦人；你可以和對方合作過的創業者聊一聊，打聽到的消息會最清楚實在。別擔心問到創投業者沒做起來的企業人士；創投業者心知肚明，既然他們會四處打聽你，自然不會顧忌其他創業者對他們的看法。

▲ 創業老鳥觀點 ▲

好的創投業者會主動或被動給你過去合作過的企業人士名單，而且
要你不妨去打聽打聽。最好是打聽到一度陷入困境的公司，例如拉
下創辦人、換一個執行長，或甚至關門大吉，因為這樣一來，就可
以知道創投業者如何處理混亂不利的局面了。

　　接下來你會有不少會議要開、信件要往返、電話要打，再接著開
會……。你可能會碰到創投業者的其他成員，也可能不會；你可能在某
個星期一到創投業者公司向所有合夥人簡報，這在業界稱為「星期一合
夥人會議」。如果合作局勢愈來愈看好，有些創投業者，譬如我們公司，
很早就會找你來和每位合夥人碰面，可能是一對一，也可能是一起來。

　　隨著流程的推進，你會不斷與創投業者挖掘機會，或創投業者會開
始放慢往來的腳步。要特別當心先是一頭熱、接著降溫、後來冷淡，卻
遲遲沒明說不要的創投業者。有些創投業者喜歡速戰速決，沒意思就和
你明說，但很多創投業者卻不是這樣，也許是沒看見投資的理由，或想
保持彈性，不想先把事情說死，或只是不會做人、不尊重對方，而不願
肯定地收手。這些創投不是想保持所有的機會，就是不願意斷然錯過投
資機會，因為他們不想徹底關閉機會的大門。在某些情況下，他們純粹
就是對創業者不禮貌且不尊重。這與在日常生活中首次與人相遇的情況
並無不同，所以即使你是募資新手，仍然可以運用你在個人生活中的本
能來做判斷。

　　到頭來，創投業者還是會決定要不要投資，如果願意投資，下一步
就是提出投資條件書了。

▲ 創業老鳥觀點 ▲

如果創投業者決定不做你的生意，不管對方是態度很好，或乾脆不回信或不回電話，你都要盡量客氣地請對方告訴你原因。這是創業者極為寶貴的教訓，而且對募資的交手過程特別有用。別擔心遭人嫌棄，放膽開口要求對方的回饋意見，然後取得意見、吸收並從中學習。

利用多家創投業者製造競爭局面

選擇權就是力量。如果有多家創投業者對你的公司感興趣，將能讓你觀察到不同創投業者如何做事，並提供你談判的籌碼，以改善交易的條件。

如果你想打造一個具競爭性的流程，那就規畫至少三至六個月的募資期間。如果你啟動這個流程過早，你將不會有想完成募資的動力，而你潛在的投資者同樣也會缺乏動力。但如果你啟動募資流程的時間過短，你可能無法在公司現金燒光前，順利取得資金。募資期限過短，可能導致許多創投業者放棄，因為他們沒有足夠的時間來評估你的公司。在一些案例中，創投業者可能察覺你的公司只有幾個月的時間可以募資，否則就會燒光營運資金，這對你的談判立場一點幫助也沒有。

在你開始與特定創投業者接洽後，請確認你了解他們的流程。有一些創投業者會主動告知，但大部分的創投業者不會。在你與他們舉行第二次會面後，要詢問他們接下來的流程。雖然你有可能得到一個含糊的答覆，但通常都會得到一些線索，知道接下來的步驟與決策點在哪裡。如果創投業者不依循他們列出來的流程進行，那就可能代表他們對你的公司不感興趣、他們不按照自己說的去做，或者他們只是非常忙。無論是何者，這都是個值得注意的訊號。

　　時機非常關鍵。雖然要得到多家創投業者對你的公司有興趣，已經夠困難了，但你也需要確認，這些創投業者的流程能保持在相同的進度上。如果你得到三家創投業者的關注，但彼此之間卻分隔了 18 個月，這對你並沒有幫助。如果你能了解他們的流程，就能對流程拖得比較久的創投業者多下一些工夫，好讓這些業者提出投資條件書的時程趨於一致。

　　要特別小心去理解流程緩慢背後真正的原因。雖然這讓人困擾，但有些創投業者的流程緩慢，是因為他們不太會拒絕人，而且偏向於讓新創公司等著，好在某個投資交易開始熱絡時，讓創投業者把握所有選項。如果某家創投業者無法提供清晰且及時的回饋，那麼與你對話的人，可能在他的公司裡沒有權限決定投資案是否可以通過。這也是我們建議你盡可能與創投公司的常務董事，或者有更高職權的一般合夥人直接互動的另一個原因。

　　有些創投業者會問你是否還聯繫了其他的創投公司。如果你的目標是要建立競爭過程，那就別回答這種問題。因為如果你回答了，這家創投業者接下來發出的電子郵件，就會是發給你告知他們正在聯繫中的其他創投公司的人，並詢問他們對於你以及正在談判中的投資案有什麼看法。有時這種情況會對你有利，但只在這些創投業者相互激烈競爭，或者密切合作的情況下才會成立。無論如何，剛開始的時候，最好不要透露你還在跟其他創投公司聯繫，而且，直到投資條件書快要準備完成時，也只和公認有合作關係的創投公司聯繫。

　　在募資方面，要跟經營你的公司一樣有策略性。向所有人請教該找哪一家創投公司，別浪費時間找不投資於你公司當下狀況或經營領域的創投業者。談判的態度要主動且直接，在募資過程裡也要盡可能獲取最多資訊。

▍成交階段的流程

　　募資程序最重要的部分是：成交、募到錢、回去經營公司；但實際

上是怎麼成交的呢？

　　這要分成兩部分：第一，先簽訂投資條件書，再簽訂最終文件，然後拿到現金。本書主要談的是簽訂投資條件書，以我們的經驗來說，只要投資條件書簽字生效，就能成交。有名氣的創投業者禁不起「投資條件書簽了，卻沒把生意做完」的尷尬，這會大大影響他們的聲譽。

　　這對後期階段的公司可能不太一樣，通常你會簽訂一份投資條件書，儘管它並不具約束效力。到目前為止你其實還沒走完整個交易流程。許多後期階段公司在真正完成交易之前，都會由投資委員會進行最終的正式批准步驟。這麼多年來，我們看到許多簽訂了投資條件書，最終卻被投資委員會否決的案例。在這些案例中，創業者與創投就像認定一旦通過投資條件書，交易就會成立一般，進行了大量的盡職核實調查與繁瑣的法律文件起草，然而最後投資委員會拒絕了這場交易，創投拍拍屁股走人，這種情況通常都將創業公司置於一個相當難堪的境地。

　　另外，募資會出差錯最可能的原因是：創投業者簽了投資條件書後，臨時發現公司的不堪事實。但只要公司沒被挖出前科、投資人表現專業，且最終文件沒亂寫一通，你大可放心地認為：簽到投資條件書就表示錢會進到銀行。

　　成交的第二部分是：擬定最終協議，此事一般多交由律師代勞。律師會處理好投資條件書，以及協商的上百頁文件。

　　最好的情況是：你回應盡職核實調查的要求，然後某一天接到通知，要你去簽署文件；接著錢進到銀行，新面孔進到董事會。

　　最糟的情況則是：生意吹了，或生意成交，雙方卻留下嫌隙。所以你一定要全程關注，以免律師言行失當，傷害日後的投資人關係；確認有求必應，且千萬別因律師火大地指責創投業者很糟糕／愚蠢／惡質／沒有價值，就以為對方有所隱瞞。

　　我們有好幾次看見律師團隊在某個地方槓上創投業者，想置對方於死地，但創投業者和新創公司雙方根本不在意，或壓根不曉得哪裡引發爭執。所以，在你脾氣上來之前，請先打個電話或寫封電子郵件給創投業者，搞清楚真相。

在地觀點

　　不管在台灣或美國，說服投資人永遠是創業團隊的一大課題，在美國不見得比較容易獲得投資。書中提到的方法和心態都是正道，是很好的參考。在台灣，人際網路非常緊密，透過 Google 或是各種社群媒體，很容易便能打探到投資人的背景。創業團隊在引進投資人之前要好好做功課，可先請教其他由投資人擔任董事的公司創辦人，了解投資人的行事風格和特性，不可草率行事，俗話說：「請神容易送神難。」引入錯誤的投資人，未來負擔的心力與時間，以及產生的負面影響，很可能十分長久。文中也提到不要被律師主導談判，畢竟除非律師非常有經驗，而且跟創業者有深厚的合作經驗與默契，否則律師的重點，會放在當下合約的紙上利弊而非大局。

04

投資條件書中
最重要的事

"Overview of the Term Sheet "

2005 年年底，就在創投業處於極度失寵的黑暗時期，我們參與了一樁本不該那麼困難的股權融資案。所有的參與者都該被責備，而在融資案討論過程中忽略了真正重要的事情，也讓案件浪費了更久的時間才完成。我們後來討論了該做什麼，並冒著奉上極機密創投神奇技巧的風險，最後決定在布萊德的部落格（費爾德見解，www.feld.com）撰寫一系列文章，解析投資條件書（term sheet）的內容，並逐一加以說明。

那一系列的部落格文章就是本書的靈感。接下來的幾章，將討論創投股權投資條件書裡最常談到的條件。許多創投業者喜歡對每個條件談斤論兩，彷彿自己小孩的未來健康，有賴他們把這些條件談妥。有時這是創投業者缺乏經驗，但更經常只是一種談判戰術。

我們在這些章節中提到的特定條件，都是來自實際的投資條件書。除了描述與說明這些特定條件外，我們還將提供範例，指出該專注於哪些地方，以及這些條件從公司、創投業者以及創業老鳥觀點而言，有哪些含意。

> **▲ 創業老鳥觀點 ▲**
> 投資條件書非常重要。其中的內容往往決定了融資案最終的交易結構。別把它當成一份意向書。要把它視為你與投資人未來關係的藍圖。

關鍵概念:經濟利益與控制權

　　一般而言,創投業者在從事投資時只在意兩件事,那就是經濟利益與控制權。**經濟利益**指的是在變現時,投資人最終拿回的報酬,通常是出售公司、清算(wind down),或者掛牌上市,以及對這筆報酬造成直接影響的條件。**控制權**指的則是明確允許投資人對公司行使控制權,或者否決公司部分決策的機制。如果你在討論一椿投資案,而投資人卻對一項對經濟與控制權都沒有影響的條款窮追猛打,那他們往往是在放煙幕彈,而非爭論實質議題。一般來說,經濟與控制對你進行的任何一種融資交易都很重要,無論是股權、債務、高利貸,或者首次代幣發行(Initial Coin Offering)皆然。在本書中,我們將討論除了高利貸以外的這些融資結構。

> **▲ 創業老鳥觀點 ▲**
> 經濟利益與控制權是需要注意的重要事項。它們主掌了一切。沒有經驗的創投業者將毫無必要地針對特定條款喋喋不休。你可以選擇是否讓步,但專注於討論不重要條件的創投業者,也顯示了未來他以公司所有人、董事會成員與薪酬委員會(compensation committee)成員身分與你共事時,可能持有的態度。

　　當公司成立時，創始人取得**普通股**（common stock）。但當創投業者對公司收購股權時，他們幾乎總是取得**特別股**（preferred stock）。我們要討論的特定條款，是針對特別股，而非創始人或員工通常持有的普通股。雖然特別股有其特殊之處，但特別股持有者通常可以片面決定將其轉換為普通股，並放棄這些特殊權益。但一旦特別股轉換為普通股後，就無法再轉回特別股。

　　如果你的公司發行可轉換債，而非發行股權投資輪，用意就是這筆債務將在日後轉換為股權。很重要的一點是要了解，這筆發行的債務，從各種意向與目的而言，直至下一輪募資前，都只是暫時的債務狀態，所以我們將先討論股權融資，然後才討論可轉換債。

　　如同我們先前討論過的，個別募資通常會以帶著英文字母的輪來描述，例如 A 輪。第一輪通常稱為 **A 輪募資**（Series A financing），但最近在 A 輪之前，又出現了一輪新的募資，稱為**種子輪募資**（Series Seed financing）。英文字母在後續每輪募資時疊加，所以 A 輪募資之後就是 B 輪募資，而 B 輪募資之後則是 C 輪募資。你偶爾會看見在英文字母後面，加上了一個數字，用來描述後續的募資，例如 A-1 輪或 B-2 輪募資。這是要控制使用的英文字母，而且經常在同一群投資人共同對公司進行後續投資輪時使用。我們不太注意私人公司募資次數的世界紀錄，但我們確實見過 K 輪募資。

　　在後續幾個章節中，我們將帶你了解每個投資條件的文字內容，並介紹詳細範例。我們將從探討經濟利益方面的各個條件切入。

在地觀點

　這章開始進入正題了。前兩章提到新創事業發展時的各方角色定位，而協商 Term Sheet 的內容，就是各方商討經濟利益分配和釐清控制權的過程。美式制度的大原則，可以分成下列三點：

一、公司發展順利時，創業團隊有主導權，可分配到較多的經濟利益。

二、公司陷入困境時，投資人有保護條款，有機會保住本金或小有獲利。

三、投資人與創業團隊在重大決策上有彼此制衡的機制，且能避免僵局阻礙公司運作。

　過去台灣的公司法，原則上只認錢，連帶使會計和法律實務也依循「出錢者權力最大」的思考模式。有經驗的創業者，可以依據新修公司法，試著依循上述三個原則，思考如何實作美式 Term Sheet 制度的各項設計。

05

投資條件書的
經濟條款

" *Economic Terms of the Term Sheet* "

談到創投交易的賺頭，常會有人問：「什麼是『估值』啊？」如果你有看《創業鯊魚幫》（*Shark Tank*），或者從它衍生的許多相關節目的話，你就會知道，估值就是那個很不合理、低到讓我們每次看節目都會感到難堪的數字。但即使估值是投資案中的重要成分，在考慮投資案的經濟效益時，如果只專注於這個數字，也是一個錯誤。

本章要討論經濟利益的所有條件，包括價格、優先清算權、加碼參與條款、股票兌現條款、員工認股權池 * 與反稀釋條款（antidilution clause）等。

▌ 估值與價格

你與創投業者同意的估值，將決定你公司的售價，以及你在這次募資中要承受多少股權稀釋。估值也將決定你出售公司股票的每股價格。

有兩種不同的判定估值方法，分別是**募資前估值**（pre-money）與**募資後估值**（post-money）。募資前估值就是投資人在投資前的今天，對公司的估計市值。募資後估值，就是募資前估值，加上預計的總投資額。

---

* 編注 在募資前為未來引進高級人才而預留的股票，用於激勵員工。

換言之，如果你在募資前估值 600 萬美元的情況下，募集 200 萬美元的資金，那麼募資後估值就是 800 萬美元。由於投資人投入了 200 萬美元，而公司在投資後的價值為 800 萬美元，這一輪的投資人買進了你公司的 25％股權（2,000,000/8,000,000）。

要小心別掉入創投業者經常引誘新創公司跌入的第一個陷阱。當創投業者表示：「我將以估值 2,000 萬美元，投資 500 萬美元」的時候，創投業者通常指的是募資後估值，也就是創投業者對你公司提出的募資前估值為 1,500 萬美元。

在這個情況下，創投業者的預期是用 500 萬美元的投資，購入一家募資後估值為 2,000 萬美元公司的 25％股權。但與此同時，新創公司可能聽成以募資前估值 2,000 萬美元的價值，獲得一筆 500 萬美元的投資，也就是只購買到募資後估值為 2,500 萬美元公司的 20％。文字其實一樣，但雙方的預期卻大有出入。

投資條件書中通常會將這些文字詳細載明。然而，在你與創投業者談判的初期，雙方往往會口頭討論價格。你的態度將為後續的大部分談判定調。藉著直接指出模糊之處，你展現了自己對於基本條款的理解。我們接觸過最好的新創業者，是具備推斷能力，而且會說出類似：「我推斷你的意思是募資前估值為 2,000 萬美元」這樣的話。這將迫使創投業者對自己說的話加以釐清，而如果他實際上就是認為募資前估值為 2,000 萬美元，這在談判過程中也不會對你造成任何影響。

雙方同意的估值將決定投資者每股所支付的價格。在第九章裡，我們將討論這個數字該如何計算，但現在你只需知道，這兩個概念是相互關聯的。傳統上來說，價格在投資條件書中會以下列方式載明：

價格：每股 ＿＿＿＿ 美元（初始購買價格）。初始購買價格代表完全稀釋後募資前估值為 ＿＿＿＿ 百萬美元，以及完全稀釋後募資後估值 ＿＿＿＿ 百萬美元。上述計算及本投資條件書所指的完全稀釋，包括假設公司所有已發行特別股均已轉換、所有已授權及已兌現的股票選擇權（stock option）和認股權證（stock warrant）全數實施，以及在本次募資前公司現

有認股權池內之 X 股全數轉為普通股。

　　價格還有另一種陳述方式，就是先定義募資的金額，再回推價格，舉例來說：

　　募資額：總額為 X 百萬美元，代表完全稀釋後 ＿＿＿％的股權，這裡的完全稀釋包括已預留的員工認股權池股份。在交割前，公司將保留部分普通股，以保證公司在發行 A 輪特別股後，仍有 ＿＿＿％的完全稀釋後股份，能於後續發行給董事、高階主管、普通員工和顧問。

　　時下的投資條件書，對於估值部分更直接寫為：

　　募資前估值：＿＿＿＿ 美元。

　　又被稱為購買價格的每股價格，通常會以模糊方式來表達。只要雙方同意了估價與認股權池，那麼稀釋程度就此決定，而每股價格大致上就無關緊要了，因為這只是計算出來的數字。下面是你可能會在時下投資條件書中看見的範例文字。

　　特別股每股價格（以下稱為「購買價格」）之計算方式，為條件一覽表中載明之募資前估值，除以成交前充分稀釋後之資本額（含員工認股權池）。

　　在說明這些定義時，還有兩個額外觀念經常出現。第一個就是**完全稀釋**（fully diluted），這是指在決定每股價格時，公司流通在外的所有股份都要用來當作計算基礎。這包括任何團體手中持有的公司股份，以及任何團體在未來可以取得公司股份的權利。這些未來權利，可以包括提供給銀行或商業夥伴的認股權證，通常也一定會包括已經提供以及還保留，放在公司員工認股權池裡的股份。

　　第二個重要的觀念，就是員工認股權池（employee option pool），這

與估值概念密不可分。這個觀念需要專段說明，我們接著來詳細解說。

員工認股權池

如果你讀過本書先前的版本，你可能已經準備好在此討論優先清算權（liquidation preference）。雖然優先清算權確實重要，但員工認股權池的大小，對估值的影響更大。

公司與投資人都希望確認公司擁有足夠的股權（或者**股票選擇權**），保留給公司員工，當作薪資與激勵。這通常稱為**員工認股權池**或**認股權池**。這個池子越大越好，對嗎？別這麼快作答。雖然大的認股權池確實能在僱用新員工時，很容易提出較好的選擇權條件，但這個認股權池的大小在決定公司估值時會納入考量。一個很大的員工認股權池會降低實際的募資前估值，這也是另一個常見的估值陷阱。

我們回到先前那個以 500 萬美元，投資在募資前估值為 2,000 萬美元的案例。假設你的公司有認股權池，其中的選擇權代表了 10％還未發行的保留股份。創投業者提出，他們希望認股權池占 20％的股份。在這個案例中，額外的 10％將會由募資前估值支付，這會造成實質募資後估值為 1,800 萬美元。

認股權池沒有什麼神奇數字，而且經常是募資價格談判時的關鍵。典型的初期新創公司的認股權池，都會介於公司股份的 10％至 20％之間，而比較後期公司的認股權池所占比率較小。如果投資人認為公司的認股權池應該增加，他們將會堅持認股權池的增加要在募資資金到位前完成，這會導致現有股東的股權會因新增的選擇權而遭到稀釋，但新股東則不被影響。

重要的是，要知道創投業者談的是未發行的選擇權。你可能已經提供選擇權給公司員工。這些都不包括在創投業者要求的認股權池裡，所以你也要記得將認股權池視為未發行的認股權池。

你有幾個談判方式：你可以爭取認股權池的大小，盡力讓創投業者最終接受 15％，而非 20％。你也可以接受 20％的認股權池，但爭取增

加募資前估值。以之前的案例來說，就是爭取募資前估值為 2,200 萬美元。或者你也可以建議將增加的認股權池，放入募資後估值，讓募資前估值維持不變，而募資後估值增加。請認清在這三種情況下，你都只是在協商價格。

一旦募資完成，認股權池內的未發行股份，就會定期分派給新來與既有的員工。認股權池的主要分配者通常是公司執行長，不過發放選擇權需要公司董事會通過。因此即使認股權池的規模達到 20％，執行長仍然可以將提撥給員工的比率調整為 10％，讓公司併購時，由使用認股權池而造成的稀釋效果，實質上僅為 10％。在這個情況下，尚未發出的選擇權將會就此消失，讓大家持有公司的占比增加 10％。這是按比例增加的，如果你擁有公司 1.0％的股份，但 10％的選擇權消失了，你現在就會擁有公司股權的 1.11％。

估值與認股權池的規模，應該在募資談判過程中放在一起討論。在投資條件書中，它有三種常見的出現方式，可能會在估價與談定價格的地方，或者以下列段落呈現：

員工認股權池：在募資成交前，公司將保留其普通股，將 A 輪特別股發行後公司完全稀釋股本 ＿＿＿％之股票，留供日後發放予其董事、主管、員工及顧問。「員工認股權池」一詞，包含上述保留供未來發放之股票，及目前已發行之選擇權，合計約占 A 輪特別股發行後，公司完全稀釋股本之 ＿＿＿％。

隨著募資條件書的演化，現在的募資條件書裡只會這樣記載：

未發放之員工認股權池：＿＿＿％。

我們再舉一個例子，來說明估值與認股權如何一起運作。假設公司以 1,000 萬美元募資後估值，募集 200 萬美元的資金。在這個範例中，新投資人以 200 萬美元，取得公司 20％所有權，而實質募資後估值則

為 1,000 萬美元。在募資前，公司有 10％尚未分配的認股權池。然後，在募資條件書中，投資人定下條款，規定募資後未分配之認股權池應占 20％。這將造成募資後公司股權分配成為新投資人占 20％、原股東占 60％，而未分配的員工認股權池則占 20％。

相較之下，如果公司原來占 10％的認股權池，在募資後維持不變，則募資後公司股權分配將成為新投資人占 20％，但原有投資人則將獲得 70％，而未分配的員工認股權池則占 10％。

雖然在這兩種情況下，新投資人最終都取得公司 20％股權，但在認股權池占 20％的情況下，公司原有股東的募資後所有權將減少 10％。雖然這額外的 10％最終將會分配到未來員工手裡，但這卻是出自於原有股東，而非由新舊兩批股東共同分擔。這會造成新股東每股價格較低，並導致較低的募資後估值。

如果創投業者試圖爭取從募資前估值分配出更大的認股權池，但新創公司卻覺得認股權池中的股權已足夠因應本輪募資後所需，那麼新創業者就該表示：「這樣吧，我真的認為我們已經保留了足夠的選擇權。我們先按照我提議的選擇權水準進行，如果到下一輪募資前，我們真的需要擴充認股權池，那我們將提供你們完全反稀釋保護，以應付這樣的情況。」

▲ 創業老鳥觀點 ▲

創投業者會在一開始就將認股權池設定得越大越好，以盡量降低未來股權被稀釋的風險。當你進行這種談判時，你應該帶著**選擇權預算（option budget）**進行談判。列出你從今天至預期下次募資之間，打算聘請的人力，以及你認為需要用多少選擇權，才能吸引到這些人才。你應該做好準備，讓認股權池的規模大於你預算加總所需的選擇權數，但差距不需要太大。選擇權預算在與你潛在投資人的談判過程中，將非常重要。

┃ 認股權證

　　另一個你會在募資，特別在公司後期募資時遇到的經濟條款，就是**認股權證** (Warrants)。與員工認股權池一樣，這會是投資人企圖降低公司估值的手法。認股權證與股票認股權相似，是提供給投資人在未來固定年數內，以議定價格購買特定股數的權利。舉例來說，一個以每股一美元，認購十萬股 A 輪股票的十年期認股權證，就是在未來十年間，提供權證持有人，在任何時候以每股一美元的價格，購買公司 A 輪股票的權利，而不受投資人在決定認購（也就是行使認股權）時，公司股票當時實際價格之限制。

　　將認股權證納入募資範疇，尤其是在公司尋求投資的初期（但這種情況很罕見）這種操作，可能會在後續期間製造許多不必要的複雜度與會計處理的困難。如果只是價格問題，那我們建議新創公司與投資人洽談一個較低的募資前估值，來試圖移除認股權證。這偶爾跟既有股東的想法有點各說各話，因為他們可能想人為衝高公司估值，因為認股權證在推算估值時很少納入計算，雖然在後續發生清算事件時，它會影響所得分配。

　　有一種稱為**過橋貸款**（bridge loan）的募資方式，在這種情境下，認股權證是很常見的。過橋貸款發生在投資人有計畫進行融資，但還要等待其他投資人加入。在過橋貸款的情境中，現有的投資人將以可轉換債（convertible debt）的方式來進行投資，這些債將以後續募資的價格轉換成股權。由於過橋貸款的投資人承擔了額外風險，他通常會在後續股權認購價格上得到折讓（通常高達 20%），或者獲得提供實質折扣（這個折扣也是高達 20%，偶爾還會更多）的認股權證。在有過橋貸款的情況下，只要結構合理，就沒有必要多做爭執。我們將在第八章深入討論可轉換債。

　　想談出募資最高價格最好的方法，就是讓多家創投業者有意投資於你的公司。這是最基本的經濟學原理。如果對你公司的需求（創投業者對你公司的興趣）高於供給（你公司打算出售的股權），那麼價格就會上漲。

在公司初期的募資輪中，你的新投資人可能會盡量壓低價格，但仍然保留足夠的股權，讓創辦人跟員工持有。在公司往後的募資輪裡，公司既有的投資人通常就會爭執，要讓新加入的投資人支付最高的價格，以限制現有投資人遭到稀釋的程度。如果沒有新的投資人有意願投資你的公司，那麼既有的投資人通常會將價格定在與上　輪募資相同（**平價募資**，flat round）或者更低（**折價募資**，down round）。最後一點，新投資人會一直堅持以能讓他們完成募資的最低價格進行交易，因為既有投資人對於掏更多資金投入公司這件事已經不感興趣。身為新創業者，你在募資過程中將面對許多互相矛盾的動機，容我們再次強調睿智挑選公司初期投資人極其重要這件事的真實性，因為他們會大大協助或破壞這整個過程。

> ▲ **創業老鳥觀點** ▲
>
> 最好的計畫，就是準備好一個備援計畫。只要能找到越多有興趣投資你公司的潛在投資人，你談判的立場就越有利。盡量花時間準備好你的**次佳替代方案**（**best alternative to a negotiated agreement, BATNA**）。

▎估值如何評斷出來

現在，你可能開始好奇，創投業者如何評估公司的價值。不論期間涉及多少試算表，估值都不是一個精確的科學。創投業者在判定如何定價一個潛在投資時，會考慮許多因素。有些是量化的，有些則是完全質化的因素。下面列出部分因素，並附上簡短說明：

• **公司所處階段**。還在初期階段的公司，其估值範圍通常是由創始

團隊的經驗、想要募得的資金,以及外界對公司創業能否成功的感覺而定。隨著公司逐漸成熟,過去的財務表現與未來財務預測,就會開始影響估值。對於經營已至成熟後期的公司,對募資的供給與需求,加上財務表現,將會主導公司估值,因為投資人已經開始尋求即將來臨的退場事件。

- **與其他資金供給來源的競爭**。對新創業者而言,「競爭越多越好」是經過時間考驗的簡單法則。當創投業者感覺他們正與其他創投公司競逐同一筆交易時,他們願意出的價格就會提高。但是容我們提醒一句話,別誇大並不存在的競爭。如果你這麼做而且被發現了,你將損害自己當下的談判地位、可能失去正在與你談判的潛在投資人,而且至少也將喪失你在談判過程中的所有其他籌碼。我們認為你應該一直誠實地談判。誇大你的情況往往都不會有好結果。

- **創始人與領導團隊的經驗**。創始團隊的經驗越多,風險就越低,估值也就相應地更高。

- **市場規模與未來趨勢**。你公司所處市場的規模與未來趨勢,將會影響價格。

- **創投的自然進入點**。有些創投業者屬於初期階段投資者,只會在公司初期價格偏低的時候進場。舉例來說,我們就認識一個知名的初期階段投資人,公開宣稱不會對募資後估值超過 1,000 萬美元的公司投資。在公司比較後期進場投資的投資人,就比較不在意特定的價位水準,而比較在意公司是否達到特定狀態。雖然創投業者通常有公開的投資策略,但有時也會偏離這些策略,尤其是市場熱度升高的時候。

- **數字、數字,還是數字**。數字很重要。不論是過去的績效、未來的預測、收入、稅前息前折舊前攤銷前利潤(earnings before interest, taxes, depreciation, and amortization, EBITDA)、每月現金淨支出,或者公司人數,這些數字在推算價格時都會納入考量。話雖如此,也請不要盡信你 MBA 教授所說關於現金流折現法(discounted cash flow, DCF）的所有內容，尤其對創立初期的公司更是如此。請記住，你在公司初期所做的財務預測，只有一件事情可以確定，那就是它們都是不準確的。

• **當前經濟情勢**。雖然這點不是新創業者所能掌控，但這在決定價格時卻非常重要。當總體經濟低迷時，估值便會下修；當總體經濟迅速成長時，估值也會增加。說得更清楚一些，當對於未來總體經濟有樂觀預測時，估值通常就會擴大。不過，這些事件並不是緊密相關的，尤其是在高科技行業。

無論投資人對你公司的估值提出什麼理由，請認清這只是由許多因素影響而做出的估計。雖然數字在公司發展後期更重要，但別因為你與創投業者之間有不同估值而感到受辱，因為你們只是有不同角度。我們對新創業者就極大化價格的忠告，就是專注於你所能控制的事項，以及多找幾家對你的募資案有興趣的創投業者。

▲ **創業老鳥觀點** ▲

我鼓勵新創業者別太把估值放在心上。當創投業者表示，他們認為你的公司價值 600 萬美元，而你認為公司價值 1,000 萬美元時，這並不表示他們對你身為執行長的能力，或公司的未來潛力缺乏信心。這只是表示，他們在設法替自己在談判時爭取利益，就和你一樣。

▎創投公司通常都要優先清算權

「優先清算權（liquidation preference）」是繼價格之後的經濟利益條款重點，會影響新創公司清算時的收益分配，通常在賣掉公司或出售多

數公司資產的情況下，公司賣價不及當初投入的資本額時，這項權益尤其重要。

　　一般人說的優先清算權有兩個構成要項：實際優先清算權及參與分配權。更精確地說，優先清算權僅涉及優先在其他系列股票之前，把錢退給某一系列的股票。例如可能寫成下文這樣：

　　優先清算權：A輪特別股持有人於公司清算或停業清理之時，有權在普通股持有人之前，優先收到相等於〔x〕倍初始購買價，並加計任何已宣告但未支付股利的每股金額（優先清算權）。

　　這就是所謂的實際優先清算權。按上述用語，在普通股收到任何對價之前，就會把某個倍數的每股原始投資額退回給投資人。多年來的慣例是1倍的優先清算權（1×），也就是投資的數額；後來因為2001年網路泡沫化，使投資人頻頻拉高倍數，甚至曾經高達10倍（10×）之多，後來又恢復正常，大體上回到了1×。在這種情況下，投資人在公司清理出售時，會在其他人能取得任何收入前，先收回100%的投資金額。這是合理的，因為投資人不會願意對一家公司投資500萬美元，而在投資次日就將公司以500萬美元的價格出售，然後還要將出售所得分給公司的所有股東。

　　2001年，隨著網際網路泡沫崩潰，投資人經常將這個乘數增加，有時甚至增加至十倍（也就是投資金額乘以十）。隨著時間經過，理性思維占了上風，這個數值一般會回歸至一倍，但你仍經常會在後期或財務發生危機後的募資案中，找到較高的乘數。

　　接著要看投資人的股份是否參與分配。許多人以為優先清算權是指優先且參與分配，實際上這要分開來看；參與分配也分三種：全部參與、上限參與、不參與。

　　在我們探討參與的詳細內容前，要先討論轉換這個觀念。我們先前提過，特別股股東可以將他們手中的特別股在任何時間轉換成普通股。特別股可以轉換成多少普通股，是由轉換比例來決定。一般而言，轉換

比例都是 1：1，也就是每一股特別股，可以轉換成一股普通股。不過，由於稀釋調整，這個轉換比例也可能改變，我們將於本書後面的章節討論。在轉換比例為 1：1 的情況下，擁有公司 20％ 股權的特別股股東，可以將其轉換成普通股，而繼續持有公司 20％ 的股權，但不再享有原先持有特別股的權利，包括例如清算優先權。但可轉換權確實讓特別股股東在公司清算時可以得到最好的回報，這在我們探討三種不同種類的參與時將予以說明。

無參與就意味著這些股份在獲得清算優先權後，不再擁有參與權。這種權益也被稱為「簡單特別股」或者「無參與特別股」。意思就是當清算事件發生時，此類投資人取得清算優先權利之後，其他什麼也得不到。慢著，這是什麼？是的，你沒聽錯。如果投資人以 500 萬美元購入一倍清算優先權的無參與特別股，而公司以 1 億美元出售時，這名投資人在選擇取得其清算優先權利時，就會收到剛好 500 萬美元。

不過，別被這個假象騙了。要記住，這名投資人可以隨時將特別股轉換為普通股。我們假設這筆 500 萬美元的投資購入了公司股權的 20％，而且轉換比例為 1：1。在這種情況下，投資人可以轉換成普通股，並取得公司出售收入的 20％，也就是 2,000 萬美元。這個優先權有效地為投資人提供了下限保護（在 20％ 的股權價值低於原始投資額時），並且讓投資人取得有利的離場獲利安排，因為他們可以選擇轉換為普通股。

1. 完全參與：

在光譜另一端的就是完全參與特別股（fully participation preferred stock）。在這種情況下，特別股將取得清算優先權利（通常是一倍，我們先前已經討論過），然後依照「視同轉換基礎」，分享公司清算所得。「視同轉換」的定義，就是將這些股份視同依照約定轉換比例轉換成了普通股。相關條款通常如下：

參與：在支付 A 輪特別股東清算優先權利後，公司剩餘資產將以共同相當基準，依比例分配給普通股與 A 輪特別股股東。

簡言之，這就是一種「連吃帶拿」的情境，特別股股東先取回他們的清算優先權利，然後還能以視同已轉換為普通股的方式，分享剩餘的出售收入。以上面所提的案子為例，投資人將可先從公司出售收入中取走 500 萬美元，然後取得剩餘 9,500 萬美元中的 20％，總共可取得 2,400 萬美元。完全參與股票保證了特別股股東將永遠不會轉換為普通股，除非轉換比例在其他事件中，發生了重大的變化。

2. 上限參與：

最後一種參與型態就是上限參與（capped participation）特別股。這意味著這些股份將取得清算優先權利，然後根據視同轉換前提，參與分享剩餘的清算所得，直到達到原始購買價格的一個固定乘數為止。一旦收入大於上限，參與權就停止了。相關條款如下：

參與：在支付 A 輪特別股東清算優先權利後，公司剩餘資產將以共同相當基準，依比例分配給普通股與 A 輪特別股股東，但 A 輪特別股股東將於收到每股清算值相當於原始購買價格 X 倍，加計任何已宣告但尚未發放的股利後，停止參與分配。之後剩餘的資產將依比例分配予普通股股東。

在本節有件很有意思的事情，那就是原始購買價格的乘數（也就是 X）的實際意義。如果參與乘數為三（也就是原始購買價格的三倍），就代表特別股將在獲得原始購買價格的 300％，包括任何已支付的清算優先權利，加計已宣告但尚未發放的股利之後，停止參與分配。這就不是額外三倍的報酬，而是額外兩倍的報酬，假設清算優先權利為一倍金額取回的情況。或許這種與實際優先權利的緊密關聯性，就是清算優先權利這個字眼包含了優先權與清算兩個名詞的原因。如果本輪投資屬於無參與，就不會出現上列的那段文字。

我們用例子來說明這個概念如何在真實案件中運用。為了簡易起見，我們假設公司只有一輪 500 萬美元的募資（A 輪投資），募資前估值為 1,000 萬美元。本例中募資後估值為 1,500 萬美元。A 輪投資人持有公司 33.3％的股權（計算方式為 $5,000,000/$15,000,000），而創業者則持有公司 66.7％的股權。我們將檢視下列四種情況：

案例一 A 輪特別股擁有一倍清算優先權，不參與；
案例二 A 輪特別股擁有二倍清算優先權，不參與；
案例三 A 輪特別股擁有一倍清算優先權，完全參與（無上限）；
以及
案例四 A 輪特別股擁有一倍清算優先權，參與至三倍上限。

為了計算方便，我們將公司持有股權四捨五入為 33％與 67％，以免計算不斷循環的小數位。在真實世界中，試算表此時就會很方便。

接著，假設公司收到開價 500 萬美元的收購提議。那麼特別股股東，只要擁有一倍清算優先權，無論參與條款為何，只要原始投資金額為 500 萬美元，就有權取走全數的收購金額，因為這筆收購金額，無法抵償全部的投資金額。當公司募得許多資金時，任何無法滿足所有投資金額的收購，都會讓普通股股東排除在分配收入之外，因為特別股股東擁有清算優先權。你會聽到一個名詞叫做清算優先權反轉（liquidation preference overhang），意思就是在普通股股東能夠獲得公司出售收入分配前，需要歸還給投資者的所有清算優先權。

接著，假設公司收到了以 1,500 萬美元收購公司的提議。

案例一 一倍清算優先權，不參與。

A 輪特別股股東可以領取 500 萬美元的清算優先權利，或者轉換為普通股，並領取出售收入的 33％，在本例中也是 500 萬美元。請注意

在此例中普通股東可取得 1,000 萬美元。

案例二 **二倍清算優先權，不參與。**

A輪特別股股東可以領取二倍的清算優先權，也就是 1,000 萬美元，或者轉換為普通股，並領取出售收入的 33％，在本例中即為 500 萬美元。在本例中，A輪優先股股東拿走 1,000 萬美元，剩餘的 500 萬美元則留給普通股股東，普通股股東獲得的僅為案例一中的半數。

案例三 **一倍清算優先權，完全參與。**

在本例中，A輪特別股股東將先獲得 500 萬，然後取得剩餘金額的 33％，也就是 330 萬美元（1,000 萬美元的 33％），總報酬為 830 萬美元。普通股股東將得到 1,000 萬美元的 67％，也就是 670 萬美元。請注意，在完全參與的情況下，特別股沒有任何理由進行轉換。再重複說一次，這就是連吃帶拿的案例。

案例四 **一倍清算優先權，參與至三倍上限。**

在本例中，特別股並未觸及設定的上限（1,500 萬美元），因此結果會與案例三相同。

接著，假設公司收到了以 3,000 萬美元收購公司的提議。

案例一 **一倍清算優先權，不參與。**

在本案例中，A輪特別股將轉換並得到 33％，也就是 1,000 萬美元，而普通股股東將得到 67％，也就是 2,000 萬美元。如果 A輪特別股不轉換的話，就只能拿到 500 萬美元，所以會轉換。

案例二 **二倍清算優先權，不參與。**

在本案例中，A輪特別股將得到 33％，也就是 1,000 萬美元，而普通股股東則得到 67％，也就是 2,000 萬美元。請注意不論轉換或者不轉

換，都將得到相同的分配結果。

案例三 **一倍清算優先權，完全參與。**

在本案例中，A 輪特別股股東將先獲得 500 萬，然後取得剩餘金額的 33％，也就是 830 萬美元（2,500 萬美元的 33％），總報酬為 1,330 萬美元。普通股股東將得到 2,500 萬美元的 67％，也就是 1,670 萬美元。

案例四 **一倍清算優先權，參與至三倍上限。**

在本案例中，特別股並未觸及設定的上限（1,500 萬美元），因此結果會與案例三相同。特別股不會轉換，將取走 1,330 萬美元，而普通股股東則將得到 1,670 萬美元。

最後，假設收購價為一億美元。

案例一 **一倍清算優先權，不參與。**

A 輪特別股股東將轉換並得到 33％，也就是 3,300 萬美元，而普通股股東將得到 67％，也就是 6,700 萬美元。A 輪特別股將會轉換，因為如果不這麼做，就只能拿到 500 萬美元。

案例二 **二倍清算優先權，不參與。**

A 輪特別股股東將得到 33％，也就是 3,300 萬美元，而創業者將得到 67％，也就是 6,700 萬美元。A 輪特別股將會轉換，否則將只得到 1,000 萬美元。

案例三 **一倍清算優先權，完全參與。**

再一次，A 輪特別股股東將先獲得 500 萬美元，然後取得剩餘金額 9,500 萬美元的 33％，也就是 3,135 萬美元，總報酬為 3,635 萬美元。普通股股東將得到 9,500 萬美元的 67％，也就是 6,365 萬美元。

案例四　**一倍清算優先權，參與至三倍上限。**

在本案例中，特別股獲得的報酬已優於三倍上限（1,500 萬美元），因此不再參與分配，特別股將會轉換，結果與上述案例一與二相同。

如你從案例中所見，參與在相對低收入結果時有很大的影響，而在收入結果較高時，則有較低的影響（以所占收購收入百分比而言），因為在公司出售的收入較高時，特別股轉換為普通股的結果會更好。參與條款在募集了更多資金（例如 B 輪與 C 輪），且均有參與條款時，也會很重要。為了了解這一點，我們再來舉最後一個例子，這一次假設公司募集了5,000 萬資金，投資人占 60％，而創業者則占 40％。假設公司以一億美元的價格被收購。

案例一　**一倍清算優先權，不參與。**

A 輪特別股股東可以收下 5,000 萬美元或進行轉換。他們會選擇轉換，因為這麼做會造成他們拿到 6,000 萬美元。而普通股股東則會得到4,000 萬美元。

案例二　**二倍清算優先權，不參與。**

A 輪特別股股東將得到一億美元，也就是出售公司的全部報酬，因為這正是他們投入資金的兩倍。普通股股東則什麼也得不到。好痛啊。

案例三　**一倍清算優先權，完全參與。**

A 輪特別股股東將先獲得 5,000 萬美元，然後取得剩餘的 5,000 萬美元的 60％，也就是 3,000 萬美元，總報酬為 8,000 萬美元。普通股股東則得到剩餘的 5,000 萬美元的 40％，也就是 2,000 萬美元。再一次，還是好痛啊。

案例四　**一倍清算優先權，參與至三倍上限。**

由於特別股股東在這筆交易中獲得的報酬不會超出三倍的上限（1

億 5,000 萬美元），因此結果會與上述的案例三相同。

清算優先權在 A 輪投資條件書階段通常很容易理解與推算。當公司開始成熟且出售多輪股權後，就會變得更複雜而難以理解，因為要理解各輪投資間的清算優先權如何運作，往往在計算與結構上都很複雜。與許多創投相關的議題一樣，多輪股權對清算優先權的處置方式都有不同，而且經常會因為不明顯的原因而顯得過度複雜。

有兩種主要的處置方式：

1. 進行後續投資的投資人，會相互將優先權彼此堆疊，這也稱為堆疊優先權（stacked preferences），在這種處置下，B 輪投資人會先取得優先權，然後才輪到 A 輪投資人。

2. 各輪的狀態相當，這也稱為同等權利（pari passu）或混合（blended）優先權，在這種處置下，A 輪與 B 輪投資人享有依比例分配的優先權，直到行使時為止。

要判斷該使用哪種方法是一種黑魔法，影響因素包括投資人的談判能力、公司在其他地方取得額外資金的能力、現有資本結構的經濟動態，還有當下月亮的圓缺。

我們來看一個例子。這一回，我們案例中的公司取得二輪募資，A 輪有 500 萬美元，募資前估值為 1,000 萬美元，而 B 輪則為 2,000 萬美元，募資前估值為 3,000 萬美元。我們來處理一個低出售價，觸發清算優先權的情形，並假設公司以 1,500 萬美元出售。

如果優先權是堆疊方式，那麼 B 輪投資人將得到全部的 1,500 萬美元。事實上，在這個情況下，不論 B 輪募資的募資前估值為何，都能得到 100％的出售所得。

然而，如果優先權採混合制，那麼 A 輪投資人將得到出售所得的 20％，在本案例中即為 300 萬美元，而 B 輪投資人則將得到出售所得的 80％，也就是 1,200 萬美元，根據各輪的投資金額占比計算得出。

　　在上述任何情況下，無論優先權中有沒有包含參與或無參與條款，創業者最終都是什麼也拿不到，因為優先權利值為 2,500 萬美元，而公司出售的收入為 1,500 萬美元，也就是低於優先權利。

　　要注意的是，投資人可以自行選擇，要得到清算優先權利以及參與值（如果有的話），或是將手中持股完全轉換後所能得到的金額，他們不能兩者兼得。不過，要了解，在完全參與的情況下，投資人將獲得清算優先權利金額，然後還能得到在持股完全轉換為普通股的基準下，所能獲得的分配所得。

　　在初期階段募資中，最符合投資人與創業者雙方利益的，就是安排簡單的清算優先權，以及不含參與條款。在未來幾輪募資時，相關條款往往會延續初期條款設定，因為投資人有喜歡在先前募資輪次中對他們有利的先例。所以如果你在種子輪時便持有參與條款的特別股，就會在後續募資輪中也期待擁有這樣的特別股。在這種情況下，如果種子輪投資人在未來募資輪中沒有參與，那在許多情況下，他擁有參與條款的最終報酬反而會更不利。雖然初期投資人可能以為自己談成了一筆很好的交易，但最後卻會看來像是普通股股東（就最終所得而言），因為他們能取得的優先權利金額非常小。結論就是，我們對創業者與我們創業的共同投資人建議，在初期募資輪時，盡量把這種條款訂得簡單輕巧些。

　　大多數的專業投資人都不會希望因為使用過度的清算優先權，而將公司挖出一個大洞，因為清算優先權越大，公司管理階層與員工股權的潛在價值就會越少。在這個議題上要找到細膩的平衡點，而且每個案例的情況都不相同。不過理性投資人都會希望取得最好的投資價格，但也要確保公司管理階層與員工維持最大的動機。顯然，最後就是一場溝通談判，結果取決於公司所處的階段、談判籌碼，以及既有的股本結構。但一般而言，大多數公司與投資人都能就這些條款達成合理的妥協結果。到最後，有信譽的投資人不太會在清算事件發生，而清算價值低於清算優先權利時，無論當初法律合約如何規範，讓公司管理團隊最終一無所有，這種情況稱為管理團隊除外（management carve-out），我們將於稍後討論。

　　有意思的是，律師可不見得會同意一般的清算定義。記得孟德森有一次回母校的法學院授課時，和一家芝加哥大型律師事務所的合夥人起了爭執，場面又好氣又好笑。當時那位還在上創投課的合夥人主張，掛牌上市應視為清算，理由是掛牌上市就像併購，同樣會讓公司消失，所以投資人應該要拿到收益。但即使讓有意將公司上市的投資銀行買單（我們認為連這點機會都沒有），這種說法仍然說不通，畢竟掛牌上市不過就是另一次募資，而非清算公司。事實上，幾乎所有掛牌上市的例子中，都會讓創投公司的特別股轉換成普通股，等於一開始就排除了清算事件相關的問題。

　　最後，既然要談優先清算權，就要先講清楚什麼叫「清算事件（liquidation event）」，創業者一般會以為清算是件壞事，就和破產或停業清理差不多；但對創投業者來說，清算意味著會發生清算事件，包括合併、收購或控制權變動等，股東正好可以藉機得到持有股權的收益。因此，優先清算權的條文確立了在公司順利及不順利時的收入分配。定義清算情況的一般用語如下：

　　公司遇併購、收購、出售表決控制權，或出售絕大多數公司資產，只要股東未擁有存續公司過半流通在外股份，即應視為清算。

▲ 創業老鳥觀點 ▲

在大規模募資的股權募資中，優先清算權是關鍵的條款。令人遺憾的是，多年以來，參與優先權其實是創投業者設下的新行規，要求新創公司被賣掉後，必須償還創投公司的投資額本金，還要加上普通股權益。

1990 年代中期，企業會談到所謂的解除條款（kick-outs），讓參與權隨著公司對創投業者的顯著回報（2 倍到 3 倍）而消失。創業者應團結起來恢復這個做法！

凡是做法偏離單純的參與優先權，比如多重優先，都只是創投方的貪念作祟，遇到這種投資人，一定要小心應對。

缺錢的經營者要注意加碼參與條款

加碼參與權（pay-to-play）的規定通常與折價募資的募資輪較有關係，而且對缺錢的慘澹經營者相當有用，在加碼參與權條款中，投資人必須維持原來比例，於未來募資（加碼）時持續投資，以免讓他們持有的公司特別股轉換為普通股（參與權）。一般會寫成：

加碼參與：在一輪合格募資（如下文定義）中，任何持有 A 輪特別股股份的投資人若擁有參與權，卻沒有完全參與該次募資、購買可維持原持股比例的股份（在下文「優先購買權」條款下計算）時，其所持有之 A 輪特別股會即時被轉換為普通股。

合格募資是 A 輪募資後的下一輪募資，由公司董事會批准。董事會從維護公司利益的角度決定，遵照該條款，無論購買價格低於或高於

任何系列的特別股價格，公司股東必須繼續等比例購買股份。

這項條款直到千禧年那陣子還很罕見，2001 年網路泡沫化後，就變得稀鬆平常了。比較耐人尋味的是，如果新創公司和投資人都能抱持正確的觀點，大部分也會同意這個條款。

加碼參與權條款規定，投資人必須按比例參與日後的募資（掏錢），好讓手上的特別股不會被轉換為普通股（留在場上）。

加碼參與權條款的規定有不同的強度，前面的版本比較不留餘地，以下是稍微放寬的版本：

如果 A 輪特別股股東沒有等比例（根據募資前其總的權益比例）參與下一輪的合格募資（如下文定義），那麼該股東的特別股會自動轉換為普通股。如果他們參與了下一輪的合格募資，但沒有達到等比例的程度，那麼只有一部分的特別股會轉換為普通股，該部分轉換的比例等於沒有參與募資的那部分比例。

當決定投資人持有的股份數是否滿足加碼參與條款時，在合格募資中通過附屬投資基金持有或購買的股份，應該被合併計入。投資人有權將參與本次募資及後續募資的權利賦予其附屬基金，以及該投資人及其附屬基金的投資人，包括當前未持有該公司股份的基金。

加碼參與權的規定，大致上對公司和投資人雙方都有利，這麼做能讓投資人為原來的投資案出面，在公司的不同生命週期中伸出援手，否則投資人的持股就會從特別股轉為普通股，連帶失去特別股的權利。

遇到推辭的投資夥伴，我們會問對方：「幹嘛不跟？當其他投資人也都答應的話，你們還是不打算出錢嗎？」別忘了，這不是終身保證投資，而是有原投資人決定日後入股，這會慫恿其他原投資人都來投資，否則全部或部分持股就會被轉換成普通股。加碼參與權的條款可確保全體投資人均事先贊成後續募資的參股規則。

在經濟利益效果方面，加碼參與權減低了未參加分配的投資人的優先清算權，而且必須在日後答應入股，才能保住手上的特別股與特別股附屬權利，讓股東基礎重新洗牌，所以也會影響到控制權。

成績好的公司，新投資人會想投入更多資金，加碼參與權往往棄而不用，新創公司應該會很開心，一般會以抬價做成新回合的募資；原本的投資人也會幫忙，讓新回合的條款對新創公司好一點，而投資團隊則因注入新血，實力也會變得更堅強。

也有一些情況加碼參與權可能不適用，尤其在初期募資階段，如果公司有在業務實務慣例上不會在後續募資輪跟投的投資人時，就不適合使用加碼參與權條款。舉例來說，如果有微型創投或者種子基金擔任你公司本輪募資的領投人時，它們往往不會參與未來的其他募資輪次。在這種情況下，加碼參與權條款就很不適當地在未來懲罰了他們，因為他們在你公司初期最需要資金的時候支持了你。請確認你了解創投投資人對後續募資的看法，並據以制定對策。

▲ **創業老鳥觀點** ▲

加碼參與權的規定對創業方算是不錯,至少從本書看來如此。若從大處著眼,轉換為普通股其實也沒什麼;你最不希望看到的是,投資夥伴在新的募資輪不下場,那麼創投業者就有權強迫公司調整資本結構(例如募資前估值為 0,或者非常低)。

這種規定可能對不懂、或沒有資源在後續投資加碼的外行天使投資人不利(如親朋好友),倒楣的話,可能造成親友之間失和。

有很多情況會讓忠於公司的理性投資人無法或不參與募資,例如創投基金收掉、策略或天使投資人沒錢或無照繼續投資,這種狀況不能怪罪任何一方(記住,資本結構調整也會害到你,即使你拿到通常有發配股票的新的選擇權,也會讓你為難),如此看來,因縮手後續投資而轉換為普通股其實並不過分。

股票授予影響深遠

股票授予(vesting)概念雖然簡單,卻可能影響深遠,甚至難以預料。一般股票和選擇權會在四年間授予,也就是你必須四年都未離開公司,才能入手所有的股票或選擇權(創業者和員工收到的權益,統稱為股票,原理適用於選擇權)。

未到四年到期日就離開公司的話,授予還是照算,但只能取得某個比例。所以許多創業者將股票授予,視為創投業者操控公司人事及所有權的手法,這也許沒錯,但只說中了一部分。

股票授予的條款一般會寫成:

股票授予機制:所有成交後向員工、董事、顧問,與其他服務提供者發行的股票與股票等同物,將受到以下授予規定的限制,但經董事會

（至少含一名投資人指派董事）多數董事同意核准（稱「規定核准」）的授予，則不在此限：發行後滿一年即授予 25％，其餘 75％於之後三年間逐月授予。

　　回購選擇權應規定，在股東的僱傭不論是否有原因而終止時，則公司或其代理人（在適用的證券法條件允許範圍內）保留選擇按成本或現行公允市價之較低者，回購其持有的任何未授予股票之權。

　　任何未經認可超過員工池額度的股票發行，須視為稀釋，依規定予以調整轉換價格，且投資人得按比例認購。

　　現時由 ＿＿＿＿ 與 ＿＿＿＿（稱「創始人」）持有的流通在外普通股，應適用類似授予條款的限制。依此邏輯，創始人在成交時應視為授予一年〔一年份〕股份，其餘未授予股份於三年間逐月授予。

　　業界對早期新創公司股票授予的標準做法是：第一年年終授予 25％的股份，接著逐月授予，期間總共四年；也就是說，未滿一年就走人，就拿不到任何股票，非得待滿一年才能取得 25％。接下來才是在剩餘的期間中逐月（或是逐季，或逐年）授予。若是在第 18 個月走人，則可取得 37.5％（18/48）的股票。

　　按慣例來說，創始人和其他員工的待遇有差。條款範例第二項是常見的條款，規定創始人在募資成交時就計為已授予一年，剩下的股票則花 36 個月授予，這種安排對從創業到創投募資超過一年以上，為公司投入很多時間的創始人來說很平常。若創始人從創業到首次創投投資不滿一年，有時也能爭取到從創辦公司起算的時間回溯起算授予期間。

　　未授予的股票一般是隨著人員離職而消失，不再分配而是歸公，創投方、股東、選擇權持有人的所有權都會按比例增加，這情況稱為「反向稀釋」。創始人的股票若不授予則會消失，不授予的員工選擇權通常會歸入認股權池，留待發給未來的員工。

有時創始人的股票是設立公司時買斷而來的，創始人這種行為一般也是解釋為已經授予，但實際上應適用公司的回購權（buy-back right），雖然有一樣的結果，但法律用語不同，且也有不同的稅務考量。

> ▲ 創業老鳥觀點 ▲
>
> 創始人的股票怎麼取得，是一個值得注意的重點，簡單授予固然無不可，但也應考慮其他策略，例如，允許創始人在走人時，可以要求公司按募資的相同價格買下未授予的股票，這是一種在公司若「無故」終止合約時，或讓創始人取得股票時，視同美國國內稅收法 83（b）條選擇下的補償性收入（clawback）保障，後者就能趁早鎖定長期資本利得稅率（稍後會討論）。

股票授予有個要項是：定義併購情況下的授予安排。單扳機加速（single-trigger acceleration）是遇到併購就自動加快授予；雙扳機加速（double-trigger acceleration）是等到第二個事件發生時才會加快，尤其是在公司要被收購加上某些員工遭到收購方開除時。

在創投業者的投資交易中，雙扳機的情況較為常見。控制權變動啟動的加速處理，往往是創始人和創投公司雙方爭持不下的點，因為創始人想藉著當次交易，拿到他們所有的股票，但創投公司則希望盡量減輕流通在外的股權對自己股份賣價的影響。收購方大多盼望創始人、管理階層和員工保有未來的誘因，因此偏好維持未授予的股票，好激勵人員在收購後堅持一段時間，如果沒有未授予的股票，收購方會把單獨的管理階層留任誘因成本，算進交易的價值；管理階層留任成本既然算進交易的價碼，就一定會顯著降低公司股權所有人（包括創投公司及任何淡出公司的創始人）分配到的金額。這情況往往會讓創投公司很不高興，因為這麼一來，創投公司和管理階層雙方會在收購談判時各懷異心；照理說

談判應該要讓全體股東的價值最大化，而非只顧自己的利益就好。此類法律用語雖然不是很有趣，但會寫成：

遇併購、合併、出售資產，或其他控制權變動而於一年內遭公司無故解僱之員工，應獲得額外授予〔一年〕的權利。除前述情況外，不得加速授予股票。

以前股權集合（pooling of interests）是公認的會計方法，明顯限制了授予協議的修改，所以控制權變更的加速架構在 1990 年代是件大事。股權集合的方式在 2000 年初被廢止，依現行的收購會計方法（又稱「購買法」），因併購而變更授予安排（含加快授予）已無實質的會計影響。因此，我們通常建議採取持平的加速方式，例如雙扳機加一年加速，也會提醒創始人，收購期間還會再談到這一點。重點是認清一件事：許多創投業者對此有自己的作風；有些創投業者從來不做單扳機加速，有些則不是太在意。其實談什麼都一樣，只要確定不會違背原則就好。

另外，股票授予機制不只是為了創始人，也可為創投業者所用。我們就遇過好幾次創始人待不久的情況，有些人是自願離開，有些人是被其他創始人逼走。這種情況若沒有授予條款約束，讓離開的創始人也能一併帶走股票，那他的所有權和留下來的人就沒什麼差別了。授予股票促使每位創始人全心工作，積極融入團隊，而不用靠虛無縹緲的道德自律。拿股票的員工也一樣，日後是否能拿到股票，也要靠股票授予的機制。

創始人退出的時間，大大影響了自身的股票授予。1990 年代晚期，退場事件（exit events）經常發生在公司創辦後兩年內，授予的規定和創始人大有關係，特別是加速條款。早期新創公司的育成期多半在五到七年間，多數人在退場事件中，都能全部（或多數）取得股票，特別是創始人和早期員工。

創始人和創投公司很容易為股票授予怎麼訂而爭執不下，建議創辦人士把股票授予當成全員整隊的工具，包括自己、創業的夥伴、早期員

工和未來員工。任何人遭到不公平待遇，心中都難免忿忿不平；「持平」和「前後一致」的做法，是股票授予規定能長久的關鍵。

▲ 創業老鳥觀點 ▲

單扳機加速的主意似乎不壞，不過，有限度的雙扳機加速更行得通。凡是曾在收購案中站在買方立場的人都會認為：給被收購方管理團隊一、兩年的保障期，是收購賺錢與否的關鍵。

▍行使期間

　　一個通常不列在投資條件書，但卻與股票授予（vesting）有緊密關係的，就是**行使期間**（exercise period）概念。一旦股票授予生效後，持有人就能以購買價格支付給公司，而行使這個選擇權。換句話說，如果你擁有以每股 0.1 美元的價格，購買 1,000 股股票的選擇權，你就能支付 100 美元給公司（在所有股票都授予完成後），然後取得股票。通常，公司在職員工不會這麼做，因為他們想看看公司會多成功，然後才動用資金購買股票，但如果行使選擇權的成本很低時，就可以擁有租稅上的利益，因為行使選擇權後，你就持有僅需課徵資本利得稅（capital gains tax）的股票，而不是持有需要課徵一般所得稅的選擇權。

　　不過，一旦員工離開公司後，行使期間就將決定，這名離職員工有多少時間可以來購買這些授予給他的股票。傳統而言，這段期間都是 90 天。無論你是自願或非自願離職，你都有 90 天的時間，拿出 100 美元支付給公司並取得股票，否則這些股票就會被沒入，回歸到股票選擇權計畫中，以便日後提供給其他員工。

　　近來大家開始致力於改變這種情況，因為有些人覺得要求近期離職的員工必須在 90 天內支付款項，以取得他們在任職期間賺得的股票，

否則就要遭到沒收，這件事實屬不公。有些公司已經將行使期間變更為法律規定的最大上限，也就是自提供選擇權日起的十年內。

這是一個當前的熱門話題，這個議題結果究竟會如何，讓人很感興趣。我們感到憂慮之處在於，將行使期間延長，會讓人頻繁更換工作，並取得多家公司的選擇權，這會削弱選擇權留用人才優點。此外，在公司早期加入，但在一兩年內就離職，卻保留他們的選擇權長達十年的員工，與後期加入公司、任職期間更長，卻僅有較少選擇權的員工，他們之間持股的最後平衡狀態也可能遭到破壞。

在目前，我們比較傾向建議以個案方式來處理這個議題。如果離職員工值得獲得這種待遇，公司總是可以決定，是否在解聘合約中延長行使期間。

▍反稀釋是用來保護投資人的

最後一項重要條件是反稀釋條款（antidilution clause），雖然從溝通角度來看，這通常不是一個有爭議的議題，但卻很重要，值得關切。這個名詞可能改變我們在清算優先權章節中討論的轉換比例，並用來保護投資人，避免在特定情況下，造成他們對公司的所有權遭到稀釋。一般會寫成：

反稀釋條款： 如果公司發行新的權益證券，A 輪特別股的轉換價格將根據〔全制輪型／廣義加權平均型／一般加權平均型〕調整，以減輕稀釋作用，但以下股票除外：

（i）保留做為公司員工池之員工股份；

（ii）依董事會通過非以現金為對價之併購、合併、收購，或類似商業結合而發行之股份；

（iii）依董事會通過自銀行或類似金融機構為設備貸款或租賃安排、不動產租賃安排，或債務募資而發行之股份；

（iv）多數流通在外 A 輪特別股持有人放棄其反稀釋權利的有關股份，則不在此限。

股票發行牽涉到分批發行或其他分次成交，則反稀釋調整的計算應如同首次成交時所有股票一次發行。轉換價格亦須依股票分割、股票股利、股票合併、資本結構調整等事件做比例調整。

反稀釋條款確實是「落落長」，這項條款也常讓創業者一時不慎就同意了。反稀釋條款是用來保護投資人的，如果哪一天公司以低於先前募資輪估值發行股票的話，投資人才能免受其害，這時候律師會用到試算表，算法有二：加權平均反稀釋，以及全制輪型反稀釋。

全制輪型反稀釋是指：如果公司發股的價格，低於附有全制輪型反稀釋規定的增資回合，則較早回合的價格會降為新發行的價格。有些人會放寬些，做成半制式或三分之二制式，但這種情況很少見。

全制輪型條款在 2001 到 2003 年間，因常見折價募資而風行起來，不過反稀釋最常見的是依加權平均來算，不只看實際的估值，還會考慮降價發行的規模大小。全制輪型的情況是：公司只要賣出一股比先前回合低價的股票，所有先前的股票都會被重新定價為新發售價。加權平均的情況是：先前回合的重新定價會考慮降價發行的股數，算法是：

$$NCP = OCP \times \frac{(CSO + CSP)}{(CSO + CSAP)}$$

其中的

NCP：新轉換價

OCP：舊轉換價

CSO：流通在外普通股

CSP：以前非折價價格設算本次募資可募到的約當普通股 * 數

CSAP：本次實際發行的約當普通股數（換句話說，是買方實際買下）

雖然是買特別股，算式從頭到尾卻是以轉換（成普通股）為準。公司不多發股份，而是設定先前募資輪股票的新轉換價；雖然公司也可以多發股份，但沒必要這麼麻煩，只是徒增律師的工作量和律師費而已。因此，反稀釋條款通常會出現轉換價格調整。

加權平均反稀釋經常會以廣義（broad-based）來形容；區別廣義與一般（narrow-based）加權平均是看流通在外普通股的定義。廣義加權平均規定要算入公司流通在外的普通股（含特別股在轉換時發行的所有普通股），以及可以從其他選擇權、權利與證券（含員工認股權）轉換得到的普通股數。一般加權平均規定不含其他可轉換證券，只算當時流通在外的證券。股份的數目和算法不能隨便；要確定雙方定義一致，否則你會和律師為了計入的範圍吵個沒完。

條款範本在（i）到（iv）列舉的股份，一般稱為「除外」（carve-out）條款，是一般反稀釋管不著的例外低價供股。對公司及創業者來說，例外是愈多愈好，多數投資人也都對這些除外股份沒什麼意見。

除外股份要特別注意以下條款：

（iv）多數流通在外 A 輪特別股持有人放棄其反稀釋權利的有關股份。

這是最近才有的除外項目，對 A 輪特別股多數投資人同意後續募資很有用，但價格不及 A 輪特別股的原價。

舉例來說，少數投資人不打算跟進新回合，寧可袖手旁觀，只靠反稀釋條款提高所有權持分；此時有分量的投資人（特別股的多數）會跳出

---

* 約當普通股：指那些賦予其持有者可以通過轉換或行使認股權而成為普通股的證券。約當普通股在形式上不是普通股，但通常能使持有人成為普通股股東的證券，因而在實質上等同於普通股。

來，設法讓募資落在反稀釋條款之外，這對公司的普通股東和員工來說是好消息，其股份不至於因縮手的投資人的反稀釋保障而被稀釋。這個做法會鼓勵少數投資人繼續投資，以免自己的股份被稀釋。

　　偶爾也有 A 輪投資條件書沒附反稀釋條款。投資人喜歡蕭規曹隨（例如，新的投資人會說：「前一個人怎麼拿，就從這兒往上加」）；很多時候 A 輪投資人比後來的投資人，更受反稀釋條款之害，比如 A 輪價位落在低點時。舉例來說，A 輪開價 1 美元，B 輪出價 5 美元，C 輪落在 3 美元，那麼，B 輪就可以靠反稀釋條款占了 A 輪投資人一點便宜。反稀釋通常是免不了，反正 B 輪投資人不可能不要，既然這樣，A 輪投資人就會未雨綢繆。

　　除了有利可圖之外，反稀釋條款也可能影響投資人的控制權。首先，顧及普通股股東受到的衝擊，反稀釋條款本身會促使公司以較高價的估值發行股票。有時候，公司也會在較低估值時得到額外的投資，不過通常只發生在公司有其他替代資金選擇的時候。

　　最近流行的方式是把反稀釋的計算，和投資人為公司訂的時程綁在一起，未達一定收入、產品開發或其他營運目標時，再做轉換價格調整；此時除非投資人放棄這項權利，計算會因營運目標落空而發生反稀釋調整。這種做法能帶給公司強大的「使命必達」誘因。但我們一般不這麼做，畢竟盲目滿足募資當時預訂的產品和銷售目標，不見得對長期發展最有利，尤其管理階層與投資人雙方因此對公司走向產生分歧時，更是如此。

　　反稀釋條款在募資時幾乎是免不了的，所以了解其麻煩之處，談判時就知道要談哪些層面，這是創業者的重要手段。建議創業者別在反稀釋條款上花力氣，以為能僥倖豁免，與其這樣，不如把重心放在「減輕影響，拿到錢為企業創造價值」上，好讓這項條款無用武之地。

在地觀點

募資時最忌「談錢傷感情」的心態。這一章除了開門見山的討論估值之外，也介紹與財務回報有關的主要條款。無論是創業團隊或投資方都要了解，經過了幾十年的疊代，條款本身都是中性的，雙方可以根據這些條款，填進適合當下情境的內容，不需擅自更改、設計新的條款，因為一旦這麼做，通常事後都會發現自創的條款不夠完備，使雙方進退兩難，也增加日後引進專業投資人的難度。

隨著台灣公司法引進極低面額股和特別股的觀念，共同創業者的持股比例，不需要再受限於創業當下的財力，搭配創業者之間的 Vesting 約定，可以避免當創業者的生涯規畫發生變化，不得不離開公司時，造成局外人持有大量股權的問題。最後的提醒是千萬不要用技術作價，在會計和稅務上都是後患無窮。

06

CHAPTER

投資條件書裡
的控制權條款

"Control Terms of the Term Sheet "

　　我們在前面幾個章節中討論的條件，清楚說明了募資交易中的經濟利益。接下來的一組條件將清楚說明募資交易中的控制權問題。控制權條款對創投業者相當重要，因為他們不會每天出現在你的公司。如果創投業者會每天出現，你面對的就是不同的問題。但他們希望在可能嚴重影響他們投資的公司行動中擁有話語權。此外，我們也需要一些控制權條款，以防止創投業者牴觸了他們對自己的投資人（也就是他們公司的**有限合夥人**）以及投資標的公司的受託責任（fiduciary duty）。雖然創投業者經常只擁有不到 50％的公司所有權，卻通常擁有各種控制權條款，讓他們得以有效控制公司的許多活動。

　　本章我們將討論下列條件：**董事會**（board of directors）、**保護性條款**（protective provisions）、**領售權**（drag-along）與**轉換權**（conversion）。

▍盡量取得權力平衡的董事會席次

　　一個關鍵的控制機制就是遴選**董事會成員**的過程。董事會是公司管理結構中最有權力的單位，幾乎都有解僱執行長的權力。董事會要批准公司採取的許多重要行動，包括預算、認股計畫、合併、掛牌上市、選擇新辦公室、重大支出、募資，以及聘用 C 級高階主管等。創業者應

該仔細考慮董事會成員在投資人、公司、創始人，以及外部代表之間的平衡。

▲ **創業老鳥觀點** ▲
挑選董事會成員既重要又細膩。你的董事會是你的策略規畫部門、審判法官、陪審團，以及執行者。有些創投業者是很難相處的董事會成員，即使他們是很好的投資者以及很良善的人。

典型的董事會條款如下所列：

董事會：本公司董事會人數定為＿＿X＿＿人。董事會初期由＿＿＿＿人組成，為股東代表＿＿＿＿、＿＿＿＿與＿＿＿＿。每次選舉董事會成員時，持有 A 輪特別股之股東，有權選出 X 席董事會成員，並由股東大會指派。而普通股之股東，將有權選出 X 席董事會成員。其餘董事會成員產生之方法將由方案一：普通股與特別股股東聯合投票，並同意後選出，或方案二：由董事會成員共同同意後選出。

以上這段文字會因協商結果而定。首先，要決定董事的人數。在我們的經驗裡，人數並不是越多越好。與所有會議一樣，把更多人放在一個房間裡，有優點但也有缺點。

如同範例文字裡呈現的，選舉「其餘董事」往往要經過熱烈討論。通常有兩種選擇：由普通股與特別股股東共同投票，或者透過共識決來決定。前者將讓擁有公司多數所有權的人（不論是普通股或者特別股）來選出董事，而第二個選擇則表示所有股東都必須同意。

這些其餘董事很重要，而且往往是獨立董事，或者是**外部董事**（outside director）。他們不是主要投資者，也不是公司的主管。這些人

通常來自相關產業，可以協助公司建立人脈，並提供他們有關產業生態的洞察力。許多外部董事，都是其他公司現任或前任執行長，能擔任公司執行團隊的導師。同時，如果這些外部董事是有經驗的董事，還可以調停公司團隊與投資人選出的董事之間產生的爭議。

創投業者經常希望在董事會中安排一名觀察員，有時直接取代一名董事的名額，有時則是在董事會名額之外多增加一席。這名觀察員的價值，要看他是誰而定。許多創投業者會安排創投公司的合夥人來擔任觀察員。在這種情況下，有些觀察員只是來學習。在最壞的情況下，這些觀察員會在酒酣耳熱之際，將公司董事會討論的事對自己的朋友吹噓，好顯示自己很厲害。在最好的情況下，他們可以立即幫上忙，在某些案例中，他們甚至比創投業者安插在董事會裡的人更幫得上忙。

▲ 創業老鳥觀點 ▲

要當心觀察員。有時他們占據了董事會席次，卻毫無價值。重點經常不在於誰在董事會上投票，而在於討論議題的過程，觀察員可能會讓董事會變得不平衡。你不會希望公司在還沒有營利的階段，董事會開會時卻坐了 15 個人。

大多數投資人都會要求由普通股東選出的一席董事會成員，由公司當時的執行長擔任。如果公司執行長也是主要創始人之一時，情況可能會變得棘手（你經常會發現條文載明，授權董事會一席由一名主要創始人擔任，而另外一席董事則由公司當時的執行長擔任，總共占去兩席由普通股股東選出的董事席次）。在這種情況下，如果公司執行長換人，董事會的董事也需要更換。

我們來看兩個例子：一個是公司創立初期，剛完成第一輪募資的董事會，另一個則是已經成熟，開始考慮掛牌上市的公司的董事會。

在初期公司董事會的案例中，通常會有三至五席董事：

三人董事會通常由這些人組成：

1. 創始人／執行長
2. 創投公司人員
3. 一名外部董事，或者另一名創始人

五人董事會通常由這些人組成：

1. 創始人
2. 執行長
3. 創投公司人員
4. 第二個創投公司人員
5. 一名外部董事

這些是大家默認可以讓董事會席次平衡的例子，這些安排提供創投業者足夠的影響力，讓他們覺得舒適，但又不至於讓他們完全控制董事會。相對地，公司創始人與執行長將在董事會擁有與創投業者相同的席位，而外部董事則得以協助排解任何衝突，以及有效擔任獨立董事的職務。

在比較成熟公司的董事會中，你通常會看見更多來自外部的董事（七至九名）。執行長與一名創始人也會在董事會名單中，同時還有幾名來自創投業者的人員（視公司募資的金額多少而定）。不過，大部分增加的董事席次，都是外部董事，一般都是有經驗的創業者或與公司相同業務領域的高階主管。

雖然董事與觀察員都應該取回他們為了出席董事會，而自掏腰包的費用，我們卻鮮少看見任何私有公司支付現金補償董事。外部董事通常和公司重要員工一樣，領取認股權當作酬勞。此外，他們偶爾會獲邀與創投業者一起以現金投資公司。你通常會見到這些外部董事取得在二至四年間認購公司 0.25％至 0.5％股權的權利。

我們認為創投業者並不想控制他們投資公司的董事會。如果董事會

的投票席次真的這麼具爭議性，那麼這家公司就真的有危險了。與其控制董事會，創投業者通常會使用**保護性條款**，以取得他們想要的公司控制權。我們將於下一節討論這些保護性條款。

我們也認為，公司創始人最好也不要控制董事會。擁有外部董事成員，對於公司董事會在治理議題方面獲得公正不倚的投票結果，是很有價值的。此外，有一名真正的外部董事也能帶來更多元的思考，而這是大部分內部董事（包括普通與特別股股東）無法提供的。

如果你想更深入了解董事會如何運作，以及更重要的，如何讓董事會更有效能的話，我們推薦你閱讀布萊德的另一本著作，由傑生編輯的《新創公司董事會：讓董事會發揮最大功用》（*Startup Boards: Getting the Most Out of Your Board of Directors*，中文書名暫譯）。

▌保護性條款可以消除模糊之處

下一個你會在投資條件書裡看見的控制權用字，就是**保護性條款**。保護性條款實質上就是投資人對公司部分行為所擁有的否決權。不意外的是，這些條款保護了創投業者，但可惜並不能防止創投業者自己做出有危險性的舉動。

保護性條款以前曾經引發激烈討論，但隨著時間經過，大部分已經都是標準化文字了。創業者當然希望在投資文件裡盡量少看見保護性條款，甚至希望沒有保護性條款。相對而言，創投業者則希望對公司的一些行為擁有否決的權力，尤其當這些行為可能衝擊創投業者的經濟利益時，就更加需要。

典型的保護性條款內容看起來像這樣：

只要任何特別股股份仍流通在外，公司欲採取下列行動，無論是直接或透過合併、資本重組或其他類似事件，均需取得必要之特別股股東投票同意：（ i ）調整或改變特別股之權利、優先權或特權；（ ii ）增加或減少發行之普通股或特別股股數；（ iii ）（因重分類或其他方式）製造出

任何新種或新系列股票，且擁有較特別股更高或平等之權利、優先權或特權，（iv）造成任何股數普通股之贖回或買回（公司依據對勞務提供者提出之股權激勵方案，讓公司有權於勞務結束時買回的股票不在此限），（v）造成公司任何控制權或其他清算變化，（vi）修改或刪除公司營業執照或章程任何條款，（vii）公司董事會席次之增加或刪減，（viii）造成對任何普通股或特別股股利之宣告或支付，（ix）公司或子公司發行超過十萬美元之債務，（x）為債權人利益主動聲請破產宣告或進行提撥，（xi）對公司產品或智慧財產成立任何獨家授權、租賃、銷售、經銷，或其他處分行為，（xii）（a）銷售、發行或經銷任何公司創造之數位代幣（digital token）、硬幣或加密貨幣（此三者後續統稱為「代幣」），包括以任何合約、售前規畫（pre-sale）、首次代幣發行（initial coin offering）、代幣經銷活動或群眾募資（crowdfunding）等方式行銷之行動，或（b）開發納入代幣或允許網路參與者生產代幣的電腦網路。

讓我們把創投業者想要防止的事情，翻譯成大白話。簡單說，除非創投業者同意，公司不得：

- 改變創投業者手中持有股票的條款
- 核准創造更多股票
- 發行較創投業者持有的股票更優惠，或享有同等地位的股票
- 購回任何普通股
- 出售公司
- 更改營業執照或章程
- 改變董事會席次
- 支付或宣布股利
- 借款
- 在未獲得創投業者同意的情況下宣布破產
- 將公司智慧財產授權他人使用，等於在未獲得創投業者同意的情況下出售公司

- 完成一樁首次代幣發行或類似之募資，或者
- 在公司創造以代幣為基礎的利益

　　保護性條款中的第（ix）項經常是第一個被改變的事項，時機通常會在公司成為實際營業的商業個體，而不再只是草創初期的狀態時，想增加可借款上限時。另一項很容易被接受的改變，則是增加保護性條款中流通在外的特別股下限，以免當股本結構改變時，保護性條款會持續成為障礙。

　　許多公司的顧問會要求增加重要性規定（materiality qualifier），例如在前述範例的第（i）、（ii）與（iii）項文字前面，加上「重要」等字眼。我們總是拒絕這個要求，不是因為我們頑固，而是因為我們無法斷定「重要」的定義。即使你去詢問法官或者研讀判例，也無法提供幫助。我們認為明確性要比爭論合理性更重要。請記住這些都是保護性條款，它們並不會撤銷公司做這些事情的能力，只是需要獲得投資人的同意，才能做這些事情。只要從創投業者的角度來看，這些行為對公司沒有壞處，就會同意這些行為。我們總是寧願在一開始就清楚定義交戰守則（rule of engagement），而不要在中途，當需要執行保護性條款時，爭論「**重要**」這個字眼到底指的是什麼。最後要指出的就是，在過去十年間，有好幾件法律案件，最後都因為沒有擬定明確的字眼，導致創投業者最終敗訴。

▲ 創業老鳥觀點 ▲

以上述的保護性條款而言，（i）很公平，無可挑剔，（ii）很公平，無可挑剔，（iii）很公平，無可挑剔，（iv）這應該對創投業者有利，但不是很嚴重，（v）當 A 輪特別股股東整體在資本結構表中占有一定比例時，這點就會變得很關鍵，（vi）這點很有道理，（vii）當 A 輪特別股股東整體在資本結構表中占有一定比例時，這點就會變得很關鍵，（viii）你永遠不必擔心這一點，（ix）這點沒問題，但在正常的商業程序中，你應該爭取在以融資方式取得設備時，要調高金額上限或取消限制，（x）與（xi）項都沒有問題，（xii）首次代幣發行？誰知道以後會怎樣……

當未來有新輪募資（例如 B 輪，產生了一批新的特別股類別）時，總是會討論該如何處理這輪新募資的保護性條款。通常會有兩種情況：第一種是 B 輪另行議定自己的保護性條款，或者 B 輪投資人和原始投資人一起投票，成為同一個類別。創業者幾乎總是希望，所有投資人可以一起投票，因為設立不同投資人類別的保護性條款投票權，就意味著公司要面對兩群擁有否決權的投票人。一般而言，新的投資者會要求擁有獨立的投票權，因為隨著不同的投資定價、不同的風險，以及想要全面控制的不實需求，會讓他們的利益與原始投資者產生分歧。然而，許多有經驗的投資者會將他們的觀點，與創業者的立場調成一致，因為他們不希望面對另一個股權群體在公司重大行動上擁有否決權而造成的頭痛局面。如果 B 輪投資人與 A 輪投資人是同一批人，那這就是無關緊要的討論，而大家應該很容易接受以單一類別來投票。如果在 B 輪中有新的投資者，那就要注意小投資人擁有不適當的否決權，舉例來說，如果將投票通過的門檻，設定為 90％，而不是多數決的 50.1％，就會讓只持有 10.1％股權的新投資人，透過投票權而實質控制了保護性條款。

▲ 創業老鳥觀點 ▲

無論投資者是誰，你都要爭取讓他們成為同一個投票類別。這對你保持理智非常關鍵。這會讓投資人協調一致。只要你的資本結構表合理，就不會造成問題。

有些投資人認為他們已經對董事會介入夠深，可以確保公司不會採取違反他們利益的行動，因此便不注意這些保護性條款。在募資過程中，這是公司顧問使用的典型論點，用以說服創投業者在部分或全部的保護性條款上做出讓步。我們認為這是投資方的短視態度，因為身為董事會成員，投資方指派的董事有法律義務為公司的最佳利益著想。在受託責任產生衝突時，就會不斷提到這一點。與此同時，創投業者對他們本身的投資人也有受託責任。有時公司利益與特定股東的利益相衝突。因此身為董事會成員的某些個人，可能就法律面來說，必須投贊成票以符合公司利益，但身為股東卻沒有足以自保的保護性條款。在功能上，將董事會成員的職責與股東職責分割，是很好的治理方式，雖然這樣做不見得對創業者有利，卻可以避免潛在的衝突。

雖然有人主張，保護性條款是創投業者與創業者之間信任的核心，我們卻認為這是空洞且天真的主張。當創業者問：「你不信任我嗎？我們為什麼需要這些條款？」時，簡單的答案就是，這不是信任與否的問題。相反地，我們希望能在募資案結束前，消除誰最後可以做哪個決定的討論。消除這種在角色、控制，以及交戰守則方面的模稜兩可，是任何募資案中的重要部分，而保護性條款正好切中紅心。這些法律溝通活動的目的，就在於釐清投資人與創業者之間的交戰守則，以及調和雙方的誘因。

保護性條款偶爾也能幫助創業者，尤其在併購的案件中。由於投資人可以有效阻止出售公司，這就在創業者與收購方洽談時提供了一些籌

碼，因為收購價格必須夠高，這筆交易才能得到創投業者的同意。當然，這個前提假設是現有投資人有合理的立場，但在大多數案例中，有經驗的創投業者都會支持創業者出售公司的決定。

十年前，保護性條款需要雙方洽談好幾天才能完成。隨著時間經過，這些條款已經在幾樁重要的司法判決中，通過了法律的測試，因此如今它們多半已經成為樣板文字，唯一還需要深入商議的，只有「重要性」這個字眼的定義。

▲ 創業老鳥觀點 ▲

記住，你是代表公司（無論未來經營者是誰）與投資者（無論未來誰擁有公司股份）洽談募資交易。這些條款內容，並不只是關於你與目前創投業者的關係。

▍領售權協議允許部分投資人主導公司脫手

另一個重要的控制權條款，就是**領售權協議**（drag-along，又譯強制隨售權）。在特定情況下，公司不希望特定的股東，將自己手中的持股，隨其所好進行投票，而是希望讓這些股份的投票權跟隨某位投資人或某類投資人一起投票。因為除非股東任職董事，否則他通常沒有法律義務，隨時按照公司的最佳利益行事。

有兩種常用的領售權協議。第一種是由特別股投資人領售普通股股東。這種協議提供特別股投資人強迫——也就是帶領——所有其他投資人與創始人一起出售公司，無論被領售的人感受如何。

領售權協議文字一般如下：

領售權協議：〔普通股持有人〕或〔創始人〕與 A 輪特別股持有

人應簽署領授權協議。當多數 A 輪特別股股東同意對公司進行清算或出售時，其餘 A 輪特別股持有人與普通股持有人將同意此一行為，並同意不對該出售行動提出異議。

2000 年代初期網路泡沫破滅，還在優先清算權邊緣或低於這個金額的公司都開始出售後，創業者不意外地開始抗拒在這種情況下出售公司，因為他們經常在這種交易中一無所得。雖然有好幾種機制都在處理低於優先清算權價值時如何分配的考量，例如我們稍後會討論的**除外**（carve-out），但根本問題就是，如果交易價格低於優先清算權價值時，部分或所有創投業者都會在這筆交易中賠錢。創投業者對這種交易的看法差異非常大，經常要視情況而定。有些創投業者能接受這種情況，並樂於對公司管理階層提供一些補償，以促成這項交易，但其他創投業者就很固執，認為既然他們已經虧錢了，管理階層跟創始人就不應該得到一毛錢。

在每一種情況下，創投業者都希望，能運用他們的力量迫使其他股東支持這項交易。隨著這種情況越來越頻繁出現，大多數的普通股持有者，即使在公司所有權方面屬於少數，也開始拒絕投票支持這種交易，除非特別股持有者同意拋棄部分優先清算權利，讓利給普通股股東。無須多說，這種抵抗的技巧在創投界並不受歡迎，所以領售權協議才變得更流行起來。

最近，開始出現了第二種領售方式，也是我們比較喜歡的方式。在這個版本裡，如果創始人離開公司，他們的股份就會由所有其他股份領售。換言之，離開公司的創始人，無論他對公司是否懷有惡意，將無法在投票事務上箝制公司。這類領售權協議的文字一般如下：

領售權協議：當創始人離開公司時，即同意在後續任何投票場合中，將其普通股或 A 輪特別股（或因轉換 A 輪特別股而獲得之普通股）依所有其他股票投票結果，等比例分配其股票投票。

請注意，領售權的股票是依照所有其他投票股份的比例來投票的。如果投票結果是 90％贊成而 10％反對，那麼離職創始人的股份，就會以 90 ／ 10 的比例分割投票。一種常見的方法就是，將離職創始人的股票，依所有普通股的投票比例來分配投票結果。

如果你面臨了領售權狀況，你對公司的所有權部位將決定這對你是不是一件重大事項。併購並不要求全體股東一致通過才能進行，關於這點的法律規範各有不同，不過有兩種最常見的規範，那就是需要各類股票的多數決通過（加州的規定），或者在假設已經轉換的基礎上，所有股份投票的多數決通過（德拉瓦州的規定）。不過大多數收購方都會希望，85％至 90％的股份同意接受併購。如果你擁有公司 1％的股份，而創投業者希望你簽署領售權協議，那這並沒什麼大不了，除非有 30 個跟你一樣的人，每個人都擁有公司 1％的股份。要確認你在談判時，知道自己到底在爭取什麼，別花費過多精力去爭取不重要的條款。

當公司在與創投業者洽談募資，而面臨第一種領售權協議時，最常見的妥協方式就是讓領售權跟隨多數普通股，而不是特別股的投票結果。如此一來，如果你持有普通股，只有在大多數普通股股東同意時，你才會被迫跟著同意。這是擁有極少股份的小股東可以展現的優雅身段（也就是表明「只要大多數普通股股東都同意，我就順從大家的意見」），也是當我們持有公司普通股時，一直願意採取的態度（也就是「我不會阻擋大多數跟我擁有相同權利的人做想做的事」）。當然，特別股的股東永遠可以轉換部分手中持股為普通股，以形成多數，但這也會對普通股股東造成好處，因為這會降低整體的優先清算權利。

在投資條件書的談判過程中，要特別留意你的律師在討論領售權條款時，對你的投資人說了什麼。我們見過律師舉起拳頭拍桌子，拒絕任何領售權觀念。雖然我們確實了解，領售權條款或許對個人不利，但我們卻很難看出，這種條款哪裡對公司不利。從這一點我們開始懷疑，這名律師究竟是代表公司，還是創始人，但他應該代表公司才對。雖然很細微，但這個差異卻非常重要，尤其當公司與創始人的利益產生衝突的時候。

▲ 創業老鳥觀點 ▲

這是當事情發展不順利時，最重要的一個條款，在這種時候，你可能有更重要的事情要處理。而這也是一把雙面刃，舉例來說，如果你有許多投資人，這個條款有可能強迫他們接受同一個條件，這可能讓你在未來少經歷許多情緒波折。當然，最好不要讓自己陷於賤價求售的狀況，或者你至少要擁有足夠的董事會成員受你控制（如果不能白紙黑字約定，至少也要能有效控制），好讓你從一開始就避免將來接受不好的條件。

特別股如何轉換成普通股

雖然很多創投業者在討論投資條件書時，會故作姿態地表示：「這件事沒得商量。」但其實很少有不能商量的條件。不過，偶爾確實會有無法商量的條款，**轉換權**（conversion）就是一個。

▲ 創業老鳥觀點 ▲

阿門！「這件事沒得商量」通常是創投公司資淺人員在對事情不了解的時候，丟出來的一句話。特別留意「我們就是這樣進行交易的」跟「這是我們的標準交易條件」這種談判策略，都是很遜的策略，會顯示出跟你談判的人其實不知道自己在做什麼。

在我們見過的所有創投交易中，特別股股東都擁有不受限制的權利，將手中的股份轉換成普通股。以下就是標準措詞：

轉換權：A 輪特別股持有人有權在任何時候，將 A 輪特別股轉換

為普通股。初始的轉換比例定為 1：1，但視下述情況調整。

　　正如我們在優先清算權那一段中提到，這個權利允許特別股購買者，在公司清算時，如果認為他們把手中的特別股轉換為普通股後拿回的金額，比接受原先特別股的優先清算權利加上參與分配的金額更高時，將特別股轉換為普通股。另外，它也能在某些特定情況下使用，也就是特別股股東意圖在某個議題上控制普通股投票結果。但請注意，一旦轉換過後，就沒有再將股份轉回為特別股的條款了。

　　另一個更有趣的條件是自動轉換（automatic conversion），因為它有好幾個可以協商的部分。

　　自動轉換：當公司普通股承銷完成，且每股價格不低於原始購買價格之三倍（調整股票分割、股利與其他類似事件後），而總承銷價格不低於 1,500 美元（扣除承銷佣金與費用前）時（也就是合格上市〔Qualified IPO〕），所有 A 輪特別股將以當時適用之轉換價格，自動轉換為普通股。如果持有多數 A 輪特別股股東同意轉換時，則所有 A 輪特別股，或依照多數股東持股比例之 A 輪特別股，將以當時適用之轉換價格，轉換為普通股。

　　在由創投投資的公司掛牌上市時，投資銀行通常會希望，所有股東在掛牌上市時都轉換為普通股。以往這種由創投投資的公司公開上市時，有多種股票存在的情況是很罕見的，但現在這種情況較常發生。自動轉換的門檻是談判關鍵。身為創業者，你會希望這些門檻越低越好，以確保彈性，但你的投資者將會希望高一些，好讓他們對於掛牌上市的時機與條件有更大的控制權。

　　無論實際門檻設在哪裡，有一點很重要，就是不要讓投資人為不同輪的特別股，設置不同的自動轉換條件。市場上已經有許多恐怖的案例，有些公司已經上市在即，但有一輪特別股的股東，由於其轉換門檻高於提議的金額，結果導致這些股東對於提議的上市收購價有了有效的

否決權。

　　舉例來說，假設你的公司有初期投資人，其自動轉換門檻為 3,000 萬美元，而另一名後期一點的投資人，其自動轉換門檻則為 6,000 萬美元。假設你已經準備掛牌上市，根據市場對你公司股票的需求，發行價值為 5,000 萬美元。你的初期投資人會同意，但你後期的投資人突然表示：「我想多得到一些，因為我可以阻擋這筆交易，雖然你已經辛苦做了這麼多，來換得這次掛牌上市機會，但我仍不想支持這件事，除非……」在這些情況下，許多最後一刻發生的法律與財務爭執將隨之而來，就是因為你不同輪的投資人之間缺乏協調。為了避免這種情形，我們強烈建議，在每次募資時，將所有不同輪次股票的自動轉換門檻設為一致。

▲ **創業老鳥觀點** ▲

堅持轉換條款前，應先了解市場對新掛牌上市的基本行情。如果基本行情是 5,000 萬美元，就沒必要為了 3,000 萬或 2,000 萬美元門檻的自動轉換條款，而在更關鍵的條件上讓步。況且，董事會決定爭取掛牌上市的決策，也會給創投業者帶來壓力，讓他們放棄這個條款。

在地觀點

創業團隊甚至是投資人，普遍對新創公司董事會的運作沒有概念，因此，本章所談的董事會運作，值得一讀再讀。董事會是創業者在埋首日常事務之餘，唯一有機會讓自己抬起頭縱觀全局的時刻。適當的董事會組成，是事業發展時，訂定策略及取得外部資源的一大助力，在評估投資人和安排董事席次時，一定要去打聽對方在其他公司董事會的表現，過度干預日常運作，或無法與創業者共同進行艱困關鍵決策的董事會，會讓公司錯失良機甚至活活餓死，遇到不戰、不和、不降、不走的董事掌握關鍵票，常讓創業者徒呼負負。保護性條款的章節呈現了新創公司在發展過程中，可能遭遇的困境及進行重大決策的機制，可以作為實務上的參考。

07

CHAPTER

其他投資條件書
的要點

Other Terms of the Term Sheet ,,

前幾章談到的重點條件,都和經濟利益或控制權有關;接下來要介紹的條件,重要程度可能稍減,或只在不順利的情況下才有影響,有時甚至無關緊要。

本章談到的條款有:股利、贖回權、募資先決條件、資訊取得權、登記權、優先購買權、投票權、售股限制、專利資訊與發明協議、共同出售協議、兼職禁止、掛牌上市股票、排他協議、補償以及轉讓。

▋創投公司與私募人士對股利看法不同

股利(dividends)雖然為私募人士所愛,但許多創投業者卻不太在意,尤其在早期階段更是如此。就我們的經驗來說,在意股利的創投業者不是有私募背景,就是在意大手筆的投資案不順時的保障。

股利的投資條件書一般會寫成:

股利:A輪特別股的持有人應有權〔於董事會宣告之時依其宣告〕,優先於任何普通股股利,收到初始購買價年率〔8%〕之非累積股利。A輪特別股持有人亦應有權按轉換為普通股的基礎,按比例參加任何普通股之股利支付。

　　早期階段的投資，股利一般算不上是投資的回報，它們只是交易的錦上添花，而數值在 5% 至 15% 之間，視你的投資人有多積極而定。

　　假設創投業者終於談妥 10% 的累積年度股利，此時，創投業者是自動每年拿回股利；再假設股利不以複利計算，創投業者每年分到的股利是投資額的 10%。如果投資案很成功，例如投資 1,000 萬美元，5 年回報 50 倍，即使累積年度股利高達 10%，不過是讓回報從 5 億增加到 5.05 億（年度股利是 1,000 萬美元乘以 10%，等於 100 萬美元，可拿 5 年）。

　　多賺到股利當然是好事，但對好案子來說，只是小意思。以創投基金一般為期十年來說，如果持有公司股份整整十年，會額外帶來一倍的回報。

　　另外，還得看公司是否真的發得出股利。通常股利是發股票或現金，要看公司決定發哪一種。若公司發的是股票，投資人的持股比例會被額外稀釋，所以要小心別被投資人蒙混過去；股利是和時間有關、自動自發的另一項反稀釋保障。

　　上述說法其實是看好報酬的前景，若事與願違，有沒有股利就有差別了，加碼投資的話更是如此。

　　例如，投資人投資 4,000 萬美元，每年拿回 10% 年度累積股利，結果公司在第五年年底被賣掉，賣價是 8,000 萬美元。假設條件只有優先清算權、不參與分配的話，投資人可以拿到 40% 股權（募資後估值有 1 億）。

　　但由於賣價不及募資後估值（小輸作收，但沒有很慘），投資人會行使優先清算權，拿回 4,000 萬美元加股利（每年 400 萬美元乘以 5 年，共 2,000 萬美元），在這種情況下，無股利（4,000 萬美元）和有股利（6,000 萬美元）的差別就大了。

　　原則上，投資金額愈大，預期脫手回報倍數就愈低，股利的重要性則愈高；由於私募和收購投資案都會牽涉到大筆資金（一般會超過 5,000 萬美元），而且出資的預期回報倍數不高，所以才會放進股利。

　　照理說，自動股利（automatic dividends）應該納入償付能力的分析，但對經營不善的企業，會有一些討厭的副作用。如果不夠謹慎，自動累

積股利甚至會讓公司進入破產地帶，到時候處境就很棘手了。

累積股利也可能是會計的燙手山芋，可選擇以股票、現金或轉換調整發放，這也是年終時要負責搞定財報的簽證會計師收費很高的原因。

話說回來，董事會宣告非累積股利這樣的好事，堪稱是歷史事件，很少會碰到，一般是為了讓律師有事做，才會把非累積股利寫進投資條件書裡。

當董事會宣布發放非累積股利，這是有利而罕見的，甚至可以算得上是古代神器，所以我們通常將之放在投資條件書裡，只是讓律師有點事情可做。我們從未見過哪間公司的董事會宣布發放真正的股利，除非那間公司真的能輕易支付這筆股利。

▲ 創業老鳥觀點 ▲
　這裡要注意的是：要確保股利必須是由董事會多數（甚至是絕對多數）表決通過的。

公司財務不佳，創投會要求公司贖回股票

贖回權（redemption rights）雖然很少派上用場，卻經常被許多創投業者過度著墨，因為這麼做可以提供額外的保護。贖回權的條款一般會寫成：

投資人選擇贖回：遇至少多數 A 輪特別股持有人選擇，公司應自完成投資案之第〔5〕個週年日開始，以三筆年度分期付款贖回流通在外之 A 輪特別股。贖回之購買價應等於初始購買價加計已宣告未付股利之數額。

　　贖回權有幾個弦外之音：首先，創投陣營擔心公司雖然經營有道，但又沒好到能上市或被收購，此時贖回權就是投資人脫身的保障。不過，經營上軌道卻沒好到能掛牌上市、或成為收購對象的企業，一般也拿不出錢贖回股份。

　　贖回權也和創投基金的壽命有關。創投基金活動的平均壽命是十年，若創投公司在第五年做成投資，負責投資案的經理人就要確保拿到贖回權，以保障基金結算前的清算途徑。但新創公司有沒有錢贖回股份，那就是另一回事了。

　　新創公司常聲稱贖回權算是資產負債表的負債，很多時候可能會讓公司更不易被外界看好，換句話說，贖回權會影響到銀行、客戶、員工等第三方對公司穩定性的看法。在過去幾年，會計業愈來愈強勢主張：可贖回特別股是資產負債表的負債，而非權益；除非可贖回特別股屬於強制贖回。大多數有經驗的會計師都有能力分辨其中差異。

　　這幾年還冒出了一種我們認為太超過的贖回：不利變動贖回（adverse change redemption），如以下所示，建議大家千萬別讓不利變動贖回在投資案插上一腳。

　　不利變動贖回：公司之前景、事業或財務狀況遇重大不利變動，至少多數 A 輪特別股之持有人，應得選擇責成公司立即贖回流通在外 A 輪特別股。贖回之購買價應等於初始購買價加計已宣告未付股利之數額。

　　這項條款就是讓創投業者在「企業前景、事業或財務狀況遇重大不利變動」時，有權利要求企業贖回股份。問題是所謂的「重大不利變動」根本語焉不詳，含糊且苛刻，而且只憑投資人的獨斷，就把控制權不當轉移給投資人。如果創投公司提出這個條件，而且不太甘願放棄，那你最好確定對方是來投資，而不是來放高利貸的。

　　創投業者都很清楚，除了律師和會計師的見解爭議，贖回權不會有什麼問題。

> **▲ 創業老鳥觀點 ▲**
> 不利變動贖回是一項邪惡條款，除此之外，我不太擔心贖回權。就像股利的情形一樣，只要確認董事會能放心，或由全部類別特別股的股東總體表決，而非任由某一類股多數股東宣告就好。

從募資的先決條件看出投資人提案的心態

　　協商投資條件書雖然很花工夫，但其實它只是投資案的前奏，往往不具約束力（或大部分無約束力），大多數創投業者會在上面加進募資的先決條件（conditions precedent to financing），創業者對此可能漫不經心，畢竟這個條件通常放在投資條件書很後面的部分，而且看似無害，但創業者應該要從這裡看出端倪，以便更了解投資人提案的心態。

　　募資先決條件的條款一般會像是：

　　募資先決條件：在此的條款除標題為「法律費用及開銷」、「排他協議」，與「適用的法律」係由投資人及公司雙方明確商定於履行本投資條件書之時有約束力外，本條款摘要非投資人有法律約束力之承諾，且任何投資人方面之義務取決於下列先決條件：

　　（1）完成令潛在投資人滿意之法律文件；
　　（2）潛在投資人完成且滿意盡職核實調查的結果；
　　（3）提交慣例上的管理權利書予投資人；
　　（4）提交投資人接受的未來十二個月之詳細預算。

　　要注意的是，投資人會讓某些條文具有約束力，尤其是不管投資案是否做成，都要支付律師費；公司簽訂投資條件書後，不得接觸其他交易對象；或限定由特定地方的司法管轄；同時也講得很白：這筆投資案

若要做成，要先完成很多工作，否則他們會以任何理由抽腿。

▲ 創業老鳥觀點 ▲

盡可能減少募資先決條件，最好的計畫背後一定有極佳的備案。有機會的創投案在擬定投資條件書的階段，就應該早點以可以接受的條件談成投資案。至少別答應在投資案成交前，為創投業者付律師費（且可能隨時取消投資案）。

此外，有三個通常會透露出創投方弦外之音的條件，分別是——

1. 經全體合夥人同意：

創投公司這句話的意思是「這樁投資案未經提出投資條件書的投資人同意」。因此再好的條件，你也只能看得到吃不到。請注意，我們曾經見過這些文字沒有特別納入投資條件書，但卻仍然成立的案例。在簽訂投資條件書時，一定要詢問你的創投公司，條件書的所有條款是否已經由創投合夥企業核准同意，還是有另一套核准流程要跑。要特別當心你已單方面同意與創投進行投資，但對方合夥企業卻還有額外核准流程需要處理的情況發生。

2. 公司會完成認股權募股：

意思是說創投公司打算讓全體原先投資人能有機會參與目前商議的募資，這不見得是壞事，通常這個做法可以讓各方不致蒙受不利條件，但會增加投資案的時間和開銷。

3. 創辦人簽訂投資人接受之僱傭協議：

創業者在簽訂協議之前，務必確認過整份條款。創業者要趁早了解

並協商僱傭的內容，最好在簽訂投資條件書及接受排他協議之前進行。不過，創投公司多半會敷衍你說：「這個不用擔心，我們會提出業界通用的做法。」因此，創業者必須確認薪酬及被解僱時的主要條款。

> ▲ 創業老鳥觀點 ▲
> 簽有排他條款的投資條件書，務必先寫清楚關鍵條款；對一開始沒把僱傭條款寫清楚的創投業者，要提高警覺。

創投業者提出的投資條件書千奇百怪，你想得到的大概都有人用過。因此，你要細察投資條件書這個部分，並牢記：就算簽了投資條件書，也不見得要成交。

▎創投業者都會要求的資訊取得權

「資訊取得權（information rights）」是另一個創投業者普遍看重、但對創業者不太要緊的條款。資訊取得權的內容是：界定創投業者合法查看的資訊類型，以及公司依規定交付資訊的時限。

資訊取得權：在投資人繼續持有〔若干〕A輪特別股或轉換A輪特別股而發行之普通股股份的全部時間內，公司應交付投資人公司之年度預算，以及查核過之年度及未查核之季度財務報表。

此外，在盡早的合理時間內，公司應提供每位投資人一份比較每年度預算及財務報表之報告。每位投資人還應該享有一般的檢查權及訪視權。本條款應自合格掛牌上市時起終止。

　　你可能會直接問：「如果這項條款很少礙事，那就免了吧？」創業方雖然說這項條款不是很要緊，但從創投業者的角度來看，「不是很要緊」其實可能是「別費神，照單全收就好了」。投資人或新創公司如果爭執這項條款，就是在浪費時間和律師費。

　　新創公司既然拿到了投資金，就免不了要提供資訊取得權，唯一可以改變的是設個持有股數的門檻，達到此門檻的投資人才能享有這項權利。

▲ 創業老鳥觀點 ▲

如果你很介意股東的資訊取得權，那你的腦袋可能要檢查一下了。21 世紀的企業應該盡量透明化，如果連給股東看預算或財務報表都做不到，根本就不該找外部投資人。如果你事事警覺（一般不是壞事），大可堅持為資訊取得加上嚴格的保密條款。

▎不重要但很繁瑣的登記權 *

　　此條款規定投資人在掛牌上市時，有權登記到手的股份；這也是在掛牌上市後，公司提交額外的登記申報表時，對創投業者應負的義務。這項條款非常繁瑣，雖然不是很要緊，卻常占去整頁或更多的篇幅，準備好讓你的腦袋被下列文字整得發楞，或者如果你信任你的律師，就直接跳過下面這一整段吧。：

　　登記權（registration rights）：請求權：包括轉換 A 輪特別股而發行之普通股在內，如持有流通在外之 A 輪特別股（稱「可登記證券」）逾 50％

---

* 編注　相關登記權僅在美國適用。

的股東要求，或在預期公開募集總價不低於 500 萬美元而持有較小百分比之投資人，可要求公司提交登記申報表，公司應以最大努力，完成股份登記；但公司於完成募資之〔第三〕週年日前，則無此義務。公司有權於特定情況下延遲登記，但在任何十二個月期間內，延遲登記不得逾90 日。

公司在此請求權條文下，沒有義務使逾二次登記生效，且於
（i）公司掛牌上市之日起算之 180 日內，或
（ii）若請求任何登記之 30 日內，將意圖於 90 日內提交上市之日登記申報表之通知，送達可登記證券持有人之時，沒有義務使登記生效。

公司登記：投資人對公司所為之登記，或對任何其他投資者之任何請求登記，應獲得搭附（piggyback）登記權的權利，但受限於公司及承銷商視市場狀況按比例減低提報登記股數之權。後若投資人非常有限，除公司或行使請求登記之投資人（如有）外，任何一方不得出售股份。除非登記是關於公司之掛牌上市，在任何情況下不可將投資人要出售之股份，減至包含於登記之證券總額的 30％以下。未經可登記證券至少多數持有人之同意，不得有公司之股東，獲授與可登記證券包含股數之搭附登記權。

S-3 權利：只要登記之發行股票不低於 100 萬美元，投資人應獲得無限制請求登記 S-3（若可用於公司）的權利。

費用：公司應（排除承銷折扣與佣金）承受所有請求、搭附、S-3 登記之登記費用（包含出售股東請一名特別律師未逾 25,000 美元之費用）。

權利轉讓：登記權得轉讓給
（i）任何合夥人、股東、退出的合夥人或股東，或任何持有人之附

　　　　屬基金且為合夥關係者；

（ii）任何持有人之股東或前任股東且為有限責任公司者；

（iii）為任何自然人持有人利益之任何家庭成員或信託；

（iv）任何符合主要投資人標準之受讓人（定義於後）；但須提供公司書面通知。

　　閉鎖條款：每名投資人同意，在主承銷商規定自公司掛牌上市生效日起（不超過 180 日）之一段期間內，不會出售其股份；但以全體高階主管、董事，與其他 1％股東受類似約束為條件。此閉鎖協議應規定，任何公司或承銷商代表酌定豁免或終止協議之限制，應根據持股之股數按比例適用主要投資人。

　　其他條款：其他應包含於投資人協議，對登記權而言合理的條款，包括交互補償、登記申報表的效期，以及承銷安排。公司授權股票過戶或移除 144 規則 * 的字樣，供常規銷售或對合夥人或投資人股東發行之用，事前不需投資人律師的意見。

　　登記權是公司免不了得報給投資人的東西，這項條款難免會招致律師上下其手，也許是條文很長，看久容易手癢，經常會引發進一步談判。但結果一般都不錯，況且等到登記權派上用場時（如掛牌上市），不管公司在多年前的早期募資訂的合約內容如何，公司找來的投資銀行或承銷公司都會強力介入投資案的架構。

---

* 編注　根據美國 1933 年證券法所訂定之 144 規則，允許在特定情況下，得銷售未經登記證券。

▲ 創業老鳥觀點 ▲
別執著於登記權，這項條款算是好事，等到公司一上市，不管什麼
都會看得很順眼啦。

▌注意優先購買權的股份門檻

優先購買權（或稱優先增資權）（right of first refusal）說明了投資人在日
後募資輪購買股份的權利，是投資條件書上另一條篇幅很長、創業者卻
沒什麼施力點的條款。一般會寫成：

優先購買權：在合格掛牌上市前，主要投資人將有權依其持有股份
比例（依充分稀釋基準算出），購買公司未來發行之股權（若任何主要投資人
並未購買足額之分配購買股權時，享有超額分配權），但下列情形不在此限，
　（i）股份或可購買股份之選擇權，係由董事會核准提供給員工、顧
　　　 問或董事；
　（ii）股份非為現金目的發行，而是為合併、整合、併購或其他類
　　　 似商業合併事項，由董事會核准發行時；
　（iii）股票發行係為任何設備貸款或租賃安排、不動產租賃安排，
　　　 或自銀行或其他類似金融機構取得債權融資，而由董事會核
　　　 准時；以及
　（iv）於需要時經最低百分比之流通在外 A 輪特別股同意發行之股
　　　 份等。

任何未經有資格投資人認購之證券，得於其他有資格投資人間重新
配置。本優先購買權將自合格掛牌上市之時起終止。優先購買權之目的
在於，投資人按股權比例分配權應等於（a）股權證券發行前，該名投

資人持有普通股股數的比例（含可轉換證券，一旦轉換之時，所有可發行與已發行普通股股數，並假設行使所有流通在外之認股權證及選擇權），除以（b）股權證券發行當前，流通在外普通股股份總數（含可轉換證券，一旦轉換之時，所有可發行與已發行普通股股數，並假設行使所有流通在外之認股權證及選擇權）。

優先購買權也稱為比例權（pro rata right）；創投業者幾乎都會堅持這項條款，但要留意兩個部分。首先，要確定主要投資人（major investor）的股份門檻，尤其當小投資人為數頗多，為了省事常將他們排除。不過，日後募資一般是樂見現任股東踴躍參與，所以不值得為此爭得面紅耳赤。

更重要的是：購買權有沒有乘數（如〔X〕倍），這項超過的要求稱為超比例權（super pro rata right），常見於募資生命週期的早期。

▲ **創業老鳥觀點** ▲

優先購買權不是大問題，有時對你是好事，但要鎖定主要投資人有誰，只給他們權利就好；另外，至少也要給以後募資會參一腳的股東權利。

▎投票權決定特別股與普通股的股權表決關係

投票權（voting rights）說明了特別股與普通股遇到股權表決的關係，這項條款影響不大，一般會寫成：

投票權：A 輪特別股將與普通股共同投票，但有特別規定或法律有相反規定者，不在此限。普通股與 A 輪特別股的持有人按轉換基礎且不獨立投票的多數表決下，可以增加或減少普通股。每股 A 輪特別股

之票數，應等於 A 輪特別股於轉換後可發行之普通股股數。

投票權條款多半僅供參考，因為凡是重要的權利，例如保護性條款，就會寫在其他條文裡。

▌未上市時的股票轉讓限制

這項條款也稱為「普通股銷售優先購買權」（right of first refusal on sales of common stock, ROFR on common），是規定公司於未上市時出售股份的相關因素，一般會寫成：

股票轉讓限制（restriction on sales）：公司章程應包含除正常特例外，對所有普通股轉讓的優先購買權。如公司選擇不行使權利，應轉讓給投資人。

以前創辦人和管理階層很少對這項條款有意見，畢竟這有助於控制股東群，結果通常對全體現任股東都有好處（想出脫手上未上市股票的人可能除外）。不過，律師常會花時間爭論如何落實這項條款，例如要寫進章程，或每份認購權協議、計畫、售股都要寫上。其實寫進章程比較省事，這樣一來位置固定，也很難忽視。

早期創投業（2007 年以前）有個堅定的慣例：不管是透過掛牌上市或賣掉公司，創辦人與管理階層不能比投資人更早賣股票。隨著未上市公司的套現時間拉長，掛牌上市變得比較少之後，這個慣例就起了變化。同時，出現了因應創辦人和元老員工股票需求的健全次級市場（secondary market），一方面是身價水漲船高的臉書（Facebook）和推特（Twitter）等未上市公司，一方面則是二級市場（Second Market）與 SharesPost 之類的未上市次級市場，結果投資人流出的未上市股票大增（由外人或現任投資人接手），連帶讓普通股銷售優先購買權的手法受到更多審視與商榷。

我們後來處理過幾次狀況後，深覺普通股銷售優先購買權對公司而

言是好事，應該得到創辦人、管理階層及投資人的支持。控制股份所有權對未上市公司很重要，尤其現在證券交易委員會（SEC）逐漸對各項未上市股東規則（涵蓋所有權及售股）看得更仔細了。普通股銷售優先購買權讓公司至少能在各種情況下，知道發生什麼狀況並做出決定。

▌專利資訊與發明協議可免除後患

掌控公司的智慧財產權非常重要。因此，我們見過的所有投資條件書都有專利資訊與發明協議條款。

專利資訊與發明協議：每一名現任及前任公司高階主管、員工及顧問，應簽訂經認可的專利資訊與發明協議。

這項條款讓公司與投資人雙雙受惠，其實就是投資人有一個機制，好讓公司在法律上能保障智慧財產所有權的聲明。許多在 A 輪募資前的公司對這一部分都有意見，尤其是還沒找到優秀律師時。我們也曾遇過新創公司在前面的募資輪含糊其事，然後趁某一輪募資時一次處理。如果有一天已經任職的員工突然被告知：「因為公司要募資，要求你簽約」，員工的感覺一定很差。

更重要的是，後續遇到公司要賣，買主肯定會堅持智慧財產權（IP）要一清二楚。因此建議公司乾脆將此納入招募人才的流程（律師建議），以免後患無窮，畢竟創投業者絕對不會放過這項條款。

> ▲ 創業老鳥觀點 ▲
> 專利資訊與發明協議對公司是好事，對外募資前，要讓全體員工、連同創辦人在內一併簽署。若團隊有人因手上的工作和公司沒有利益瓜葛，想要求特別的除外條款，創業方和投資人也應該通融。

共同出售協議：要賣一起賣

多數投資人會堅持「共同出售協議（co-sale agreement）」這項條款，規定創辦人如果出售股份，投資人也能趁機按比例出售手上部分持股。一般會寫成：

共同出售協議：創始人持有之公司股份，應依與投資人共同出售協議（除特定合理特例外）之規定，若每名投資人有按比例參與售股之機會，那麼創始人得出售、轉讓，或轉換手上持有之股票。然而合格的掛牌上市（qualified IPO），不應適用本共同出售之權，且應予以終止。

擺脫這項條款的機率可說趨近於零，不值得花力氣抵抗。注意，這項條款只和未上市公司有關係，公司一上市，這項條款就沒用了。

> ▲ 創業老鳥觀點 ▲
> 雖然不可能移除共同出售協議，但可以設個下限。如果你或共同創辦人打算出售一小筆股票，拿來買房子，創投業者幹嘛要做梗？認股的優先購買權，以善意的外部報價做為購買價是一回事，有效的排除規定則是另一回事。

兼職禁止條款：創辦人不能兼其他職務

投資條件書常會在結尾附近看到一條短短的條款，提到創辦人的勤務，通常會寫成：

兼職禁止（founder's activities）：每名創始人之工作時間應100％投入到公司。任何其他事業活動應徵求董事會之許可。

創投業者希望創始人把100％（其實120％）的時間和心力投注到公司，似乎是理所當然。如果寫上了這項條款，表示創投業者最近吃了虧、信不過創辦人，可能擔心其一或多名創辦人正在從事其他外務。或者就我們而言，我們把這個條款放進條件書，只是看看會不會有人提出異議。如果確實有人提出異議，接下來的會談就開始好玩了。

就這一點，創辦人沒有贏面。若真的有外務卻未坦承，不僅違約，還會早早賠上雙方的信任。若你坦白告訴創投業者，或擋下這項條款（因而露出馬腳），創投業者會更為關切，所以分寸一定要拿捏好。建議除非你對外務問心無愧，否則就同意吧。

我們對共事的創辦人，本來就有其他義務或承諾，所以向來是坦白從寬，通常都有辦法讓結果皆大歡喜。如果真的沒辦法，創辦人要早點攤開來講，才不至於浪費雙方的時間。

有時候創投業者並不介意創業者兼任多家公司（通常是與資深企業家聯手，或創投業者與創業者雙方曾共事過），不過這是特例，而非常態。

▲ 創業老鳥觀點 ▲

若不同意創辦人的兼職禁止條款，就別找專業創投業者募資。不然就要做好心理準備，除外條款會談到非常具體的程度，而且會連帶影響到其他條件（如股票授予、智慧財產權歸屬等條款）。

▌掛牌上市認股：創投也想認購股份

掛牌上市認股（initial public offering shares purchase）可說是一種「甜蜜的負擔」。這讓創投能在掛牌上市時，依發行價格購買股票。在條件書中，相關條款文字如下：

掛牌上市認股：遇公司應做成合格掛牌上市之情況，公司應以最大努力，促使該掛牌上市之主承銷商或承銷商，配給〔投資人〕公司有權可配售的額度至少〔5%〕。

縱使與前述相反，凡依本條採取之行動，應遵守所有聯邦及州之證券法律，包含 1934 年證券法之 134 條規則及其修訂，及所有全國證券交易商協會及其他自律組織頒布之適用規則與規章。

這項條款在 1990 年代末大行其道，當時凡是向創投募資的公司，多半短期內就能上市。不過，多數投資銀行眼見掛牌上市市場熱烈，都會擋下這項條款，讓股票落入機構投資人（投資銀行的客戶）之手；而創投業者通常還沉浸在股票即將上市的飄飄然裡，不會對投資銀行有意見。

諷刺的是，如果這項條款沒被擋下，甚至到了掛牌上市說明會尾聲，創業方才接到投資人來電，要求認購股份的話，反而會更慌。若不幸掛牌上市成績不佳，投資銀行也可能對乏人問津的投資案打退堂鼓，而推辭不受。

因此建議創業方別在意這項條款，不然就去找律師吧。

▌排他協議，防止創業方三心兩意

站在創業方的立場，上門投資的人一多，拿到的募資條件就會比較好。不過，創業方總有一天會和投資人完成投資案，此時就要選定領投

人，並和對方談妥最後的投資條件書。

最後的條件幾乎少不了排他協議（no-shop agreement），不妨把它想成短暫的婚姻，因為新投資人絕不希望一切就快大功告成時，創業方卻背著他偷吃。這項條款一般會寫成：

排他協議：公司同意本於善意迅速成交。公司及創始人同意，將不會直接或間接地

（i）以任何行動招徠、開啟、鼓勵，或協助除投資人外之任何人或實體，提交有關銷售或發行任何公司股本之提案、談判或募集，或有關公司、公司股票或資產任何重要部分之收購、銷售、租賃、授權或其他處分；

（ii）開始任何與前述有關之討論、談判或執行任何有關協議，應立即通知投資人任何第三方有關前述之任何詢問。若雙方同意不於本投資條件書後執行最終文件，公司則沒有義務受到本條款之約束。

這項條款和結婚離婚有點像，多數訴諸感情而非法律；強制執行這項條款的難度很高，但並非不可能，若創業方被發現違約，那就像未婚夫妻逮到對方偷吃一樣，下場會很慘。

排他協議是強化「那就這麼說定了」的允諾，讓創業方不要再騎驢找馬。總之，創業者要受約束一段期間，通常 45 到 60 天就很夠了，有時會碰到答應 30 天的創投業者。排他效力是雙向的，創業方答應不偷賣，創投業者則同意盡快合理搞定投資案。

有些創業者把這項協議視為單方面的約束，也就是說，創業方答應專一，創投業者卻沒有真的承諾什麼。大多數時候排他協議影響不大，畢竟有時間限制，也是創業方測試創投業者是否會如期投資的好方法。

特別值得一提的是，以前創投業者經常會在與新創公司達成投資協議之前，就先寫好投資條件書。但現在情況改變了，很多早期階段的創投業者都不處理這件麻煩事，通常會等到他們認為會成交時才開始談。

此外人言可畏，如果某創投業者早早寫好了投資條件書，後來卻無法或不能成交，可能會砸了自己的招牌。尤其在網路時代，這類不成功的事會像傳染病一樣四處散播出去。

雖然我們做過上百件投資案，但在十五年來經手過的投資案裡，排他協議真正發揮作用的真的沒幾件。過去我們也曾因為少了排他協議而吃虧（創業方答應了我們的投資條件書，結果卻跑去和別人合作），或有排他協議庇護但還是吃虧（收購者拖住我們談合作案的腳步，結果做不成投資案），但我們並不覺得特別糟，畢竟結果也滿合乎邏輯，而參與此案的人也展現了度量。以下是兩個例子：

我們簽了投資條件書，打算投資 A 公司，沒使用排他協議，而且忙著結案（流程有 30 幾天，已經過了 15 天），法律文件正在往返中。結果有個創辦人突然打電話過來，說有人要收購，而他們想賣掉公司；我們說沒關係，但如果最後收購案沒成交，我們還是願意投資。

我們非常坦白地說出其中的利弊，而且有鑑於利大於弊，反而鼓勵他們選擇被收購（這麼做對他們很有利）。後來收購案成交了，對方為了表示心意，還送了我們一點他們公司的股票呢！雖然完全沒有必要，但很受用。

還有一次，我們已經是某家公司的投資人了，而那家公司正在做一輪由外人主導的募資，而且公司估值提高不少。但該公司受到新加入的創投公司排他協議約束，動彈不得。結果成交前一個星期，我們得知該公司的策略投資人有意收購公司，於是隨即把這件事告訴新的領投人，對方也很有度量，同意中止排他協議，看我們是要往被併購賣出或募資再進一步。

我們與收購者談了好幾個星期，同時與募資的投資人保持聯絡，確認併購不成時，對方仍有意讓募資成交。對方展現出奇的支持態度及耐心；募資公司自動為截至當時的律師費買單。結果我們決定換成收購；募資的投資人雖然失望，還是為我們感到高興，並且表達了支持。

以上兩個情況都是特例，但就我們的經驗來說，排他協議最後幾乎都無關緊要。從上例可知，投資案對象的人品和性格，會讓結果天差地

別，遠比法律條款重要多了。

▲ 創業老鳥觀點 ▲

創業者還應該要求：若創投業者終止流程，排他協議就會失效，並
考慮要求遇到收購情形除外。募資和收購常一前一後地出現，即使
不奢望被收購，創業方也不想只因有家創投公司找上門，就對收購
閉口不談。

▍募資前，先補償投資人與董事會成員

補償（indemnification）條款指的是：新創公司會補償投資人與董事會
成員，上限視法律允許；對此創業者只能摸摸鼻子。內容請見下文：

補償：公司章程與／或規章文件，應於適用法律允許的最大程度，
限制董事會成員的責任與損害賠償。任何第三方（包含任何其他公司股東）
因本募資之故，向投資人提起任何索賠，公司將會補償董事會成員，並
補償每名投資人。

有鑑於近年來的股東訴訟，不打算幫董事補償的新創公司，根本沒
機會募到資金。第一句的意思是公司與董事會之間的約定義務；第二句
偶爾有得商量，意思是新創公司願意購買正式的責任保險。

一般 A 輪的投資案談判，通常都能把保險排除，但接下來的募資，
多數公司的做法是為董監事及高階主管買責任保險。唯有新創公司願意
讓董事補償，而且不計較董監事及高階主管的保費，才吸引得到外部董
事。

▲ 創業老鳥觀點 ▲

為了替自己與創投業者著想，創業方要備妥合理合情的董監事及高階主管保險。補償條款是很好的措施，但要買對保單就是了。

允許創投業者有彈性轉讓部分股票

最後來談談轉讓（assignment）條款，這項條款一般不值得花時間和律師費。

轉讓：每名投資人應有權將購買之 A 輪特別股股份之全部或一部分，轉讓給一或多名附屬合夥事業、經手管理之基金，或任何其中之董事、高階主管、合夥人，但條件是受讓人須以書面同意比照購買人接受股份認股協議及有關協議之條款。

轉讓條款不過是給創投業者一些彈性，能夠視投資案需要而要求轉讓，前提是創投業者願意要求受讓人同意接受各項募資協議的約束，此時新創公司不該阻撓。不過要小心別出現「轉讓但協議之責任未轉移」的漏洞。你得要確認接手轉讓的那一方，會遵守與原購買人相同的規則和條件。

在地觀點

本章主要是補足前兩章未談及的管理性條款。

實務上，大部分內容都不需另作調整，唯有贖回權要特別留意。中國及台灣常有投資人在贖回權條款中，要求創業者以個人保證買回，在絕大部分的情況下，創業者都不應該接受這個要求。

第三到七章介紹的是美國及國際實務，與台灣的公司法及股務處理方式不同，無法直接應用。台灣目前（2021 年）仍處在極為尷尬的轉折期，開曼和 BVI 為因應反避稅、反洗錢等規範，公司設立及銀行帳戶辦理多了不少程序及限制，台灣新修公司法尚無實例，無論是投資人或創業團隊，都需要找具備實際主導美式投資架構經驗的律師及會計師參與，並預留較長的作業時間。無論採用那一種架構，千萬不要以初期出資比例決定股權比例。台灣過去完全以真金白銀的出資作為一切價值的依據，無視經營團隊的貢獻，對公司發展非常不利。

08

可轉換債的
發行辦法

"Convertible Debt"

在前面的章節裡，我們鉅細靡遺地討論了典型的創業資本股權募資中的所有條款，但希望不會讓人感到筋疲力竭。我們也預示過，可轉換債的受歡迎程度近年來持續增加。現在，許多天使投資人與加速器主要就是在用可轉換債進行投資。在大部分的情形中，除非公司已經無法募得任何資金，否則這都是一個短期募資的方法，因為債務會想在稍後轉換成股權。

那麼，什麼是可轉換債？很簡單。它就是債務。它就是貸款。就貸款而言，你無須爭論估值，雖然你會在使用估值上限觀念時爭論潛在的未來估值，這點我們會進一步討論。基本概念就是當公司要進行未來一輪股權募資時，借給公司的款項就會透過轉換階段，轉換成公司在未來根據同意的條款而轉成的股票種類。在發行可轉換債時，公司取得較低的利率，而且通常在下一輪轉換時，會依照當時股價取得折扣。

譬如說，你向金主募了 50 萬美元的可轉換債，附帶下一輪折價20%；六個月後，創投業者提議要帶進 100 萬美元的 A 輪投資，每股 1美元。那麼你實際上總共募了 150 萬美元，其中創投業者拿到 100 萬股的 A 輪股票（每股 1 美元，投資 100 萬美元），金主則拿到 62.5 萬股 A 輪股票（每股 0.8 美元，投資 50 萬美元）。折價的條件並不過分，這是最早進場的投資人，搶先在 A 輪募資前所賺取的回報。

本章會談到利用可轉換債的優缺點，接著講解可轉換債的條件，包括折價（discount）、估值上限（valuation caps）*、利率（interest rate）、轉換方式（conversion mechanics）、公司出售的轉換、認股權證（warrants）與其他條款。另外簡單提到公司發展早期和後期階段發行可轉換債的考量，最後再舉例說明「用可轉換債反而可能害到自己」的情況。

▌可轉換債的優缺點

可轉換債的愛好者大多辯稱：做成這類投資案比股權募資容易多了。一來省掉估值談判事宜，二來既然是債的投資案，就不會用到特別股的權利，可大幅省下書面作業和律師費。

不過要注意的是，許多文件現在都已經標準化，律師費就可以不用太在意；十年前種子特別股和可轉換債交易的律師費，和現在的律師費可能差到 5 萬美元，現在因為不少律師在種子優先階段先打折，希望放長線釣大魚，如今價差已經不到 1 萬美元了。

至於每種投資架構到底對創業人還是投資人比較好，那就有得爭議了。我們相信沒人會有標準答案，我們只能確定一件事：自以為有標準答案的人其實是錯的。

既然通常由投資人主導以股票或債券方式募資，那麼我們就先來看看投資人的動機。投資人之所以購買早期階段的股票，是想為這 回合的股票定下行情。早期投資是風險很高的舉動，投資人想低價進場，不過聰明的投資人不會出價過低讓創始人失去鬥志，所以大多數早期階段的投資案，實際的成交價格落差不會太大。

只要改成可轉換債的架構，就用不著訂股價，等以後有更大的募資輪再說。按理來說，日後若辦得成募資，表示公司做得不錯；折價固然好，不過早期可轉換債投資人最後拿到的價格，還是會高於他們如果之

---

* 編注：雙方先說好在創投公司加入投資時，公司的估值不能超過一個數目，如果超過，天使投資人還是以上限的價格換股。

前就買的股票價格。

　　有些投資人想訂出下一輪支付價格的上限，也就是說，投資人在次輪可以拿到 20％的價格折扣，但公司估值最高為 X 美元。如果公司估值超過 X，投資人還是得拿 X 美元的價格（也就是估值上限的觀念）。

　　對原先的投資人來說，聽起來問題是解決了，但對公司和創始人就很難說了。首先，下一回合碰頭的投資人，未必會接受自己要付的價格高出可轉換債投資人許多。不同於債發了就無計可施，新股投資人大可在要求募資前，拿掉或修改上限。

　　正常來說，創投業者會努力讓公司估值低於上限；基本上是替公司未來的估值畫了一條線（雖然不是很重要，而且有時不會影響到最終估值）。

　　對創業方來說，要選哪一種也很難講。有些人認為，可轉換債架構會讓第一輪募資得到更高的最終價格。畢竟，可轉換債的特色就是：讓價格隨時間水漲船高，可以正面拉抬過去投資人的估值。但這樣的分析卻漏掉了一個事實：創始人的最早投資人有時最為關鍵。

　　最早的投資人在公司最朝不保夕、無人聞問的階段進場投資，是創始人應該尊敬的貴人，甚至可能和創始人關係匪淺。假設創始人後來做得不錯，股票投資人出的價碼讓創始人意想不到，而最早的投資人所有權則跌到意想不到的低點，到頭來最挺創始人的人固然高興，卻也難免為自己微薄的持股比例感到唏噓不已。

　　話說回來，真的可以讓價格訂得更高嗎？回到可轉換債募資輪有上限的例子，如果要我們（創投業者）同意這筆投資案，上限就必須是以我們此時在股票募資願意付的價格。所以，實際上，公司賣出的是數量相同的股票，但是創投方有機會選擇比願意付的股票價格更低的行情。既然如此，創投公司為何要同意一個高於現在願付價格的上限？

　　從另一方面來看，創投業者也會注意上限。很多時候創投業者原本每股願意付 X 美元，但還沒提出投資條件書時，卻在盡職核實調查看到上限的數字，就改成每股出 Y 美元（小於 X），反正沒到上限。所以，創始人雖然在種子階段拿到了較佳的投資案，但 A 輪（正常來說此輪募到的錢遠多於種子輪）募得的資金卻比本來能拿到的少，總的來看，此時公

司其實低估了自身的價值。

> ▲ 創業老鳥觀點 ▲
>
> 想吸引到種子階段投資人，可以考慮附加兩個條件的可轉換債：合
> 理的股權募資期限與逾期時的強制轉換，以及轉換價值的底線，而
> 非限定最高股價。

　　創投業者的一大部分工作就是評估公司的價值和談判價格。如果創投業者願意訂價，是否表示創投業者及創始人對公司價值的看法南轅北轍呢？這會影響雙方日後的關係，或各自對公司的策略想法嗎？

▌折價的兩種方式

　　可轉換債並沒買走新創公司的股票，只是一筆借款，但能在日後募資時轉換成股權。首先來看可轉換債最重要的條件：折價。

　　不久前，我們才看到一個「可轉換債不以折扣價在下一回募資轉換」的投資案例。由於種子階段目前市況十分活絡，我們的確聽說過可轉換債不折價，但最好將它視為不會維持太久的異常現象。

　　折價的道理在於：投資人早早進場承擔了風險，除了債權的利率外，理應獲得或要求更多好處。這類投資人不是銀行，而是打算持有公司的股票，只不過條件是遞延到下一輪募資再談而已。

　　使用折價有兩個方式：下一回合打折或用認股權證。本節談的是次輪折價（discounted price to the next round and warrants），相較之下，這個方法要單純得多，和種子階段的投資搭配較佳。

　　法律文件提到次輪折價時，一般會寫成：

　　本票據應自動以購買股權證券之投資人每股支付價格之 80％為轉換價格，按給予投資人之相同條款與條件，全數轉換為股權證券，無須持有人進一步行為。

　　意思是說：次輪投資人每股出 1 美元，票據就以每股 0.8 美元（八折價）轉換成相同的股份，例如你有 10 萬美元可轉換債，就能買下 12.5 萬股（100,000÷0.8），而投資 10 萬美元的新股投資人只能拿到 10 萬股（100,000÷1）。

　　折扣的區間一般介於 10％到 30％，20％是最常見的；有時候會約定讓折扣隨時間提高（例如，次輪在 90 天內成交是 10％，更晚則 20％），建議創業者（和投資人）別自找麻煩，畢竟這還是種子階段。

▎合理的估值上限

　　我們曾經談過這個概念，但讓我們更深入地討論一下。第二個財務相關條件是估值上限，這是一個對投資人有利的條款。估值上限一般只見於種子階段，此時投資人在意的是下一輪募資的行情，沒辦法給種子階段就進場的投資人合理的風險回報。

　　譬如說，投資人想投入 10 萬美元，心想公司的募資前估值大概落在 200 萬到 400 萬美元；但創業者認為公司不止這個價。於是投資人和創業方同意放下估值的爭議，決定改做可轉換債，而且次輪折價 20％。

　　過了九個月，公司做得不錯，創業方很開心，投資人也很高興。於是公司著手特別股的募資輪，在某家創投提出的投資條件書中，公司的募資前估值為 2,000 萬美元。在這時候，九個月前進場的投資人手中的可轉換債因帶有 20％折扣，相當於當時以 1,600 萬美元估值投資。

　　投資人這時候雖然開心，但也意外手上投資的公司估值偏高，心想早知道一開始就出個價，出個比 1,600 萬低的都好，這遠遠超出可轉換債交易時打的 200 萬到 400 萬美元的算盤。

此時估值上限就能派上用場。創業方和投資人談妥上限，雙方仍能延後行情的爭議，改為在轉換價設上限。

回到前例，假設雙方談好上限是 400 萬美元，因為有 20％的折扣，所以只要是 500 萬美元以內的估值，投資人都能打八折，一旦打折後比上限高，就適用上限。所以，雖然募資前估值 2,000 萬美元，但投資人實際上是以 400 萬美元估值入手股份。

前文提過，有時上限會影響次輪的估值。有些創投業者看到上限，就會假定這是次輪的價格界線，認定種子投資人和創業方都認為這是高點。如果不想變成這樣，創業方就要設法別讓種子輪的條件提前曝光，等和新的創投業者談妥價格再說。最近有不少創投業者要求先看可轉換債回合的條件，才願意提出投資條件書。可想而知，創業方很難對可能的募資夥伴說不。

正因如此，創業方通常寧可不要有估值上限。不過許多種子投資人認定沒上限的合約證券，可能會有重大的風險或報酬差異，特別是早期階段的泡沫市場。長期來看，只要能根據公司的階段商議出合理的價格上限，就能讓創業方與種子投資人的利害更一致。

▍可轉換債的利率愈低愈好

可轉換債既然是借款，所以幾乎都會套用一個利率，做為投資人至少可以拿到的好處。

可轉換債的利率愈低愈好。一來可轉換債不是銀行借款，二來投資人利用商定的折價，大致上已經獲得補償。創業者最好查一下適用的聯邦利率（applicable federal rates, AFRs），看利率最低能到多少，然後加碼一點點（補貼波動性）就好。

折價率和利率往往是連動的。創投業者通常會讓利率介於 5％到 12％之間，而讓折價率介於 10％到 30％之間。

▌轉換方式：設定期限與金額，才能順利轉換

可轉換債最後都可以換成股權，但要如何轉換、何時轉換，要注意幾個小地方。轉換方式只要一開始就說明清楚，結果通常都能皆大歡喜。

一般而言，債權人會享有較高順位的控制權，有能力逼公司走上破產、非自願清算之路。因此，如果創業方和債權人漸行漸遠，那麼流通在外的債務（不轉換的債務）對創業方就很不利了。這類情形也許少人聞問，不過經常發生，債權人也因此會在重大談判中占盡上風。

轉換一般會寫成：

付款人在未逾協議日期（稱「到期日」）起算之〔180〕日內之股權募資（稱「合格募資」），向投資人（稱「投資人」）發行或出售總收入不少於 100 萬美元（不含本票據或其他債務之轉換）之股權證券股份，則本票據流通在外之本金餘額，應自動以購買股權證券投資人每股支付價格為轉換價格，按給予投資人之相同條款與條件，全數轉換為股權證券，無須持有人進一步行為。

首先要注意的是：自動轉換的前提是必須滿足以下全部條件，否則就無法自動轉換了。

1. 期限：

根據上述條文的例子，新創公司必須在六個月（180日）內銷售股權，好讓債務自動轉換成股票。對創業方來說，這段期間愈長愈好。許多創投業者被禁止（與投資人有協議）發行到期日超過一年的債務，所以若是和創投業者打交道，別驚訝他們以一年為期。

2. 金額：

公司必須籌 100 萬美元的新資金（因不含流通在外債務的轉換），好讓

債務自動轉換。創業方往往要決定金額（視公司打算最少募多少），所以訂數字的時候，要好好想想自己有多少時間（此例是 180 日），以及在此期間內可以籌到多少錢。

如果公司達不到自動轉換的要求，債務就會一直流通在外，直到債權人答應轉換為止。但這往往會牽扯到表決控制權，所以要特別留意條款的修改規定。

在付款人及多數持有人書面同意下，得以修改或放棄本合約條件。符合本條款之放棄或修改生效之時，付款人應立即給先前未提出書面同意的合約持有人書面通知。

由於修改規定需要多數持有人同意（轉換標準因而不同），所以別把標準設得太高。例如，你有 100 萬美元的可轉換債，且有兩方人馬各自持有 60 與 40 的比例，本來用多數表決方式，只需要一方同意就好，但三分之二多數表決則要雙方都贊成。如果你剛好和 40% 的持有人不對盤，像這種小地方就會有很大的差別。

▎公司出售時，可轉換債的轉換方式

如果還沒機會讓可轉換債在募資時換成股票，公司就要被收購了，那該怎麼辦？這個問題可分成幾種情況來看：

1. 放款人拿回本金加上利息：

這是沒有特別訂立辦法的常見結局。如果是這種情況，可轉換債就不會發生債換股的情況，但也同時規定，公司出售時必須償付債務。但在公司被收購時，放款人也沒有太多好處。對創業者來說，一個潛在的壞消息是，如果公司收購全部是以股票交易，公司就必須另外找錢，或和收購方談好條件，以償還先前的債務。

2. 放款人拿回本金加上利息，加上原來本金金額的倍數：

在這種情況下，通常會有書面文件要求公司償還流通在外的本金加利息，再加上原始投資金額的倍數金額，通常是 2 到 3 倍。若是走到後期的公司，倍數可能更高。遇到這種情況的一般用語是：

公司出售：若合格募資未發生，且公司投票在到期日前完成公司出售，則縱使本合約有任何相反之規定，

（i）公司將至少提前 5 日以書面通知投資人預期的公司出售成交日期；且

（ii）公司將支付各合約之持有人，等於該票據當時流通在外本金與利息總額 _____ 倍的總金額，以完全履行公司對本合約的債務。

3. 確實發生某種轉換。

這是指，某一家還在早期階段的公司，尚未發行特別股，但可轉換債已經在某個估值上限以下，轉換成收購方的公司股票（如果是以股票交易的話）。一般來說，若不是以股票交易，就會是以上描述的兩種情況之一。

公司處於後期階段時，投資人通常將可轉換債做到彈性最大，不是拿到債務的倍數，就是依先前特別股募資輪的價格，得到股票上漲的利潤。但如果收購價很低，債務的持有人通常不會參加轉換，會要求以現金支付票據。

在許多情況中，發可轉換債比發股票省事，但於債務流通在外時，發生公司收購情況，會讓情況變複雜，建議要在文件上搞定這筆債務的處理方式。

▌認股權證複雜又花錢，少用為妙

前文提到的「次輪折價」能讓可轉換債打折，而發認股權證

（warrants）則是另一個打折的方式，但這個方法比較複雜，通常只用在已經募了一輪股票的公司，但偶爾會出現在公司的早期階段。如果要做種子輪，就別用這個方法，可以把律師費省下來。在後期階段的可轉換債，或投資人堅持發認股權證時，則可以用以下方法。

假設投資人出資10萬美元，並得到可轉換債金額20%的認股權證，這就表示，投資人會得到2萬美元的認股權證。

到這裡就要小心了。2萬美元的認股權證是什麼意思？認股權證是以預定價格購買一定數量股份的選擇權，那要怎麼釐清數量和價格呢？計算的方式有很多種，包括：

1. 價值 2 萬美元的普通股，以前次普通股或特別股剛發行價格，作為計價標準。
2. 價值 2 萬美元的上一輪特別股，按該輪的股票價格為計算標準。
3. 價值 2 萬美元的下一輪特別股，按屆時的股票價格為計算標準。

認股權證牽涉到的實際所有權比例，要看標的證券的價格；此外，擁有特殊類別的附加條件，可能會影響能擁有特定類別股票的多數表決權。

一般來說，認股權證是依前一輪的特別股，如果沒有前一輪特別股，正常來說，股票是換成次一輪的特別股；還沒發成特別股就遇到有人收購公司，就歸為普通股。

譬如說，延續上一輪每股 1 美元成交的前例，那麼，持有 10 萬美元可轉換債的投資人，就可以得到 2 萬美元的認股權證；或者行使價格為每股 1 美元的 2 萬單位認股權，以及從可轉換債得到的 10 萬股。

認股權證還有幾樣額外的條件重點：

1. 期限長度：

認股權可以供行使的時間長度，一般介於 5 到 10 年間；時間縮得愈短，對創業方和公司愈有利，延長時間則對投資人比較有利。

2. 併購考量：

如果公司被收購，那認股權證要怎麼辦？我們非常堅決認為，認股權證在公司被收購時應該提前到期，除非是在收購交易之前才開始行使的認股權。換句話說，一旦公司被收購，認股權證持有人就應該決定要行使還是要放棄。收購方很不喜歡權證的效期延續到收購公司之後、甚至允許持證人購買收購方企業的股票，許多併購案遲遲談不攏，都和這一點有關。很多收購方會因此卻步，要求在成交條件中規定回購權證或修訂認購權證條款。如此一來，公司不僅要清償權證持有人，還會讓併購案公諸於世，因而失去操作空間，這絕非新創公司樂見的談判場景，而且，收購方也會一直施壓，直到問題解決為止。

3. 原始發行折價 *：

這是個沉悶卻重要的會計問題。可轉換債交易如果包含認股權證，權證就必須單獨支付，才能避免原始發行折價問題。也就是說，如果可轉換債是 10 萬美元，認股權證比率 20%，美國國稅局會主張權證本身是有價的。如果沒有實際購買權證的條款，放款人就要收下原始發行折價，也就是說，由於放款人也收到認股權證，10 萬美元的債務也會折價。其中的問題在於，結果償還的 10 萬美元本金中，有一部分會算是付給放款人的利息，更糟的情況是，在還沒收到任何支付款項時，可轉換債卻被記為收入。遇到這種問題，最簡單的解決辦法通常是為權證支付幾千塊錢了事。

認股權證和折價的差別也許對投資人不明顯。若投資人拿到普通股的權證，也許權證的最終價值會大於折價，但並不明顯。只要看看本章的篇幅，就知道權證會產生很多複雜性和法律成本。不過，有些折價會加設估值上限，連帶產生若干不利的企業估值後果。但權證則可以完全免於估值的爭議。認股權證已經不如以往那麼廣為使用，因為大家越來

---

* 編注　以低於面值的價格發行的債券或證券。

越常使用折價。

最後，創業方不該讓投資人魚與熊掌兼得，同時享有折價和認股權證；投資人得到這種結果根本沒道理，他們應該不是得到折價，就是拿到認股權證。

▌ 較少用到的其他條件

可轉換債偶爾有幾個條件，這些條件和前面有關股權募資章節提到的條件類似，老到的天使投資人或種子投資人在日後募資時，通常會用這些條件來維護自己的權利。

第一個偶爾會碰到的條件是比例權（pro rata right），意思是允許債主按同等比例參與日後的募資。很多可轉換債的交易金額都比較小，投資人也可能會要求超比例權。

例如，有個金主投資 50 萬美元的可轉換債，公司後來募了 700 萬美元，以比例來看，金主根本沒辦法在次一輪買下大批股份。所以在次輪募資時，種子投資人可能會要求當前持股 2 到 4 倍的比例權，或乾脆要一個固定比率（如 5% 到 20%）。要求比例參與增資權並不過分，但投資人若要求超比例權或固定份額，就要小心應對，以免自己長期的募資選項受限。

在可轉換債交易時，常常可以看到可轉換債冒出優先清算權，其原理和特別股的情況無異：任何收入都要先讓投資人拿回自己的錢，或乘上倍數的金額，剩下的再分派給其他人。

這情況通常發生在原投資人提供可轉換債（通常稱為「過橋貸款」〔bridge loan〕）給缺錢的公司。早期的高利貸法禁止這類條款，不過這在多數的州已經沒有問題：投資人不只能享有債的保障，還外加特別股在清算時給的好處。

應該在早期還是後期，發行可轉換債？

在過去，可轉換債多半是新創公司在中後期才會發行，他們認為這麼做，可以讓公司順利撐到可以籌到更多錢時，因此這類投資案又稱為「過橋募資」（bridge financing）。關於過橋貸款常見的陳腔濫調，就是投資人要慎思它究竟是「通往下一輪募資的橋梁」，還是「讓人跳海的碼頭」。

這些條件基本上都差不多，除非公司營運得不好，因此撐不到新的資金進來；或者過橋募資是為了讓公司撐到有人收購，或公司順利關門。在這時候，就會冒出優先清算權，有時候連同董事會或表決控制權都有異動。有些過橋募資也包含加碼參與權。

考量到特別股募資的繁複和律師費成本，從法律上來看，可轉換債更單純且划算，因此成了種子階段的常用募資手法。後來，股權募資要花的錢變少了，律師費也不再那麼沉重，到最後，可轉換債反而大大吸引早期的新創公司，主要是因為雙方都不想碰公司估值的問題。

小心可轉換債變成還不了的債

可轉換債最後一個問題牽扯到法律技術層面。公司發股票籌現金，對資產負債表很有利，而且沒有無力償債之虞（資產大於負債），畢竟董事會和高層對股東負有「讓公司價值極大化」的責任。而且股東裡面也有很多熟面孔：員工與創投業者等。所以，一切都很美好。

不過，公司要是無力償債，董事會和公司可能（大多看各州的法律，最好問律師）要為債權人負責。從技術上來看，公司在發起可轉換債的募資輪時，就變成無力償債；公司雖然拿到現金，但欠下的債務卻大於資產。房東、任何被公司欠錢的人（含心懷不滿的前員工）、聘請律師的創辦人，都可能是公司的債權人。

但這又有什麼關係呢？請試想一個情況：

假設公司營運不佳，發股票募資時，如果現金不足以支應負債，負

責人和董事只對債權人（如房東）負責。所以只要公司處理得宜，還是有辦法還錢給債權人。但有時運氣沒那麼好，就會遇到官司的麻煩。通常律師會先確認，公司無償債能力的時間點，然後提出董事會在當時的處理不妥當。如果這段期間不夠長，投資案子就很難成立。

不過，如果以發債籌錢，無力償還的時間就會持續到債都換成股份為止。所以，公司若因營運不佳，沒錢還給債權人，原告律師判定你的公司處理不當的能力就會大增。而且別忘了，手上若有未決的勞資訴訟，這些勞工也算是公司的債權人呢！

最糟的是，許多州因為公司無力償債期間一事，向董事課個人責任，意思是說，州法允許債權人因為沒有拿回所有的借款，而向董事個人提告。

公司若能回到早期或種子階段，一定希望局勢乾淨俐落，不至於走到這步田地。但很少有參加可轉換債募資輪的人想過這些問題；我們雖然沒打過官司，但我們在這行這麼久了，早已經可以預料原告會出什麼招了。

▎可轉換債的替代方案

這些年來，除了致力於將公司初期階段的募資文件標準化，業界還數度嘗試打造一個可以整合股權與債權最佳特色的綜合性募資工具。最近最多人使用的此類工具，是由以投資種子階段新創公司為主的創投公司 Y Combinator，於幾年前創造的**未來股權簡單協議**（Simple Agreement for Future Equity, the safe）。後來很快又出現了一個由創業基金和種子加速器公司 500startups 推出的版本，稱為**簡單證券投資協議**（Keep It Simple Security, KISS）。這再次顯示，在新創公司的世界，文件標準化是個不切實際的想法，至少在有律師涉入事務時，是做不到的。

未來股權簡單協議的命名是刻意讓其所有英文字的首字母，組合成為 the safe，也就是保險箱這個英文單字，就像可轉換債，也經常被簡稱為債券一樣。而未來股權簡單協議的基本觀念，就是投資人實際上買

下公司未定價的認股權證，而不是買下可轉換債。這可以消除一些發行債務所引發的疑慮，包括債務法律範疇內可能引發的極端案例問題，並消除一些例如利息這種債務的特徵。

和可轉換債一樣，未來股權簡單協議也可以有上限與折讓。另外，也可以包含**最惠國待遇**（most favored nation），在協議中載明如果後續的投資人得到了更好的條件，那麼這些條件也將自動適用於未來股權簡單協議的投資人。

對投資人而言，未來股權簡單協議相較於可轉換債，有好幾個不利之處，例如在下一輪增資時，投資人缺乏明確比例的認購權。和可轉換債一樣，這一點也可以增列至未來股權簡單協議裡，但在某種程度上，這就破壞了簡單標準文件的觀念。

而缺乏到期日這一點，既是優點也是缺點。雖然它消除了新創業者與債務到期日相關的風險，卻也同時摒除了新創業者與投資人至少對到期日的時機做溝通的需求。在許多可轉換債的案例中，投資人都會同意將到期日進行展延。不過，在某些情況，尤其當公司已經岌岌可危，但新創公司卻沒有與投資人溝通時，沒有到期日這一點，就讓投資人少了一個關鍵的談判時機點，簡直連討論空間都沒有留下。

與可轉換債一樣，未來股權簡單協議也忽略了許多在股權募資時，可以讓創始人與投資人遞延，或根本避而不談，直到下一輪募資時才需要面對的關鍵議題，其中最重要的一點，就是估值。

這些結構還相當新穎，尚未被廣泛使用，但我們認為，如果你能了解股權與可轉換債權結構，就可以了解這些綜合性的方案工具。不過，我們在本書已經第 1,183 次提出這點，在募資過程的初期，就要找到適任的律師。

在地觀點

這一章比較像是歷史回顧。有段時間，美國初次募資流行以可轉債的方式，來減少法務作業成本，並延後討論傷感情的估值議題。不同於前面提到的承襲已久的美式架構，種子輪的投資架構，這幾年還在持續演化，包含本書新版納入YC 的 SAFE 及 500 Startups 的 KISS。

在欠缺實務通例的現況下，不建議在台灣設立的新創公司，貿然與沒有實務經驗的投資人，以可轉債的方式進行早期募資，也希望在本書付梓之時，台灣開始有一些 SAFE 的實際案例。

09

CHAPTER

股權結構表

"The Capitalization Table"

看完所有投資條件書的條款，接下來要研究一下典型的股權結構表（cap table）。本章介紹的是投資條件書幾乎都會附的資本結構摘要，而你（創業方）、未來的投資人，偶爾還有你的律師，會另外擬定更詳細的表格。

股權結構表會列出募資前後擁有公司的所有人名單，有些創始人對這方面很感冒，尤其是第一次攤開來講的時候。不過，創始人務必要弄清楚，公司到底有哪些部分掌握在誰的手上，以及他們對潛在募資輪的意義。

正常來說，公司剛創辦時，所有權百分之百掌握在創始人和員工手中，每個人都握有一定的股份；一旦談到「創投業者以 Y 估值，並投資 X，那我的所有權還剩多少？」的投資案關卡時，拉出一張股權結構表，就能準確地分析眼前的投資條件書。以下是演練的範例。

> 假設：未引進創投資金時，創始人持有 200 萬股
> 募資前的估值為 1,000 萬美元
> 創投業者投資金額為 500 萬美元

由上例可知，募資後的估值來到 1,500 萬美元（1,000 萬美元價值＋

500 萬美元投資），所以創投業者在募資後，持有 33.33％的所有權（500 萬美元 ÷1500 萬美元），這應該不難懂。

現在假設投資條件書中有一項條款指出：募資後價值的 20％歸為新進員工認股權池。意思是說：公司募資以後，有個未分配的認股權池分掉了公司 20％的股份。

此時募資後估值沒有改變（1,500 萬美元），但那 20％認股權池的規定，會大大影響創始人的所有權。從股權結構表中，可看出公司各類人持有股份比率的計算方式，以及特別股的每股價格。已知的數字已經填入，接著要解出 A、B、C、D、E 等未知數。

股權結構表試算

類型	持股	特別股價	估值	比率
創始人	2,000,000			A
員工池	B			20%
創投投資人	C	D	$ 5,000,000	33.33%
加總	E	D	$ 15,000,000	100%

首先解答創始人持有的比率 A。A 等於用 100％減創投業者股份的比率、再減員工池股份的比率，即 100％－ 33.33％－ 20％＝ 46.67％；已知創始人的 2,000,000 股占 46.67％，全體流通在外股份 E，就是 2,000,000 股 ÷ 46.67％＝ 4,285,408 股；已知股份總共有 4,285,408 股，那麼占 20％的員工池股份 B，就是 20％ × 4,285,408 股＝ 857,081 股。

同理，創投業者持有的特別股 C ＝ E × 33％＝ 1,428,326 股。已知 1,428,326 股的代價是 500 萬美元，那麼每股價格是 D ＝ 5,000,000 美元 ÷1,428,326 股＝ 3.50 美元。

最後別忘了驗算一下。已知募資前估值為 1,000 萬美元，應該等於募資前的股份（創始人 200 萬股＋ 20％認股權池）乘上每股價格。也就是（2,000,000 ＋ 857,081）× 3.50 美元＝ 9,999,783.50 美元，少了 216,50 美元，

即 62 股（61.857）。

　　以上只是舉例演練，但多數創投業者和律師都不容許數字只是「近似」而非精確，當然你也不應該接受，因此股權結構表一般會多算兩位小數（零股）。中間步驟不允許四捨五入到最小整數，一定要算到最後一步才行。

　　創業者不該把這類文件都丟給法律顧問去做；數學不好的好律師滿街都是，他們等著在你的股權結構表上亂搞。雖然有些律師會算，但創業者有責任弄懂這張表，等到哪天要在董事會為「擴大員工認股權池」的提議辯護時，好處就來了。

▲ **創業老鳥觀點** ▲

如果創始人的財務方面不太行，就要找個懂財務的幫手，不是說很會算就行（但卻是不錯的前提），而是要明白股權結構表和創投募資到底在幹嘛。

▎有可轉換債時的每股價格該如何計算

　　當你有要轉換成股權的可轉換債時，計算資本結構表就變得比較複雜。以本章的範例而言，我們將使用下列關於募資以及可轉換債權的條件假設。

- 雙方同意的募資前估值：800 萬美元
- 雙方同意的募資後估值：1,000 萬美元
- 新 A 輪投資人投資金額：200 萬美元
- 流通在外本票之本金加計應計利息：100 萬美元
- 債券轉換之折價率（貼現率）：30%

　　・投資前完全稀釋基準的流通在外股數：100 萬股

　　由於在債券轉換後會立即發行股票，原來的債權持有人因此就能擁有公司一些百分比的股權，也就是說一旦交易完成後，不是公司原有股東將持有少於 80％的公司股權，就是新投資人將擁有低於 20％的股權。另一種說法就是，不是公司真正的募資前估值將會低於 800 萬美元，就是新投資人在交易完成後，將擁有低於 20％的公司股權。關鍵問題在於（1）在債權轉換發行股份後，哪些人對公司所有權的百分比遭到稀釋，以及（2）各方人馬被稀釋了多少。

　　你應該想像得到，新創公司業者與投資人經常對如何解決這個問題，有不同看法，而市場上也常看見幾種不同的解決方法。我們接著將分析三種常見的債權轉換方式，分別是：（1）交易前估值法（Pre-Money Method）、（2）股權百分比法（Percentage-Ownership Method），以及（3）投資金額法（Dollars-Invested Method）。

交易前估值法

　　在交易前估值法中，公司募資前估值是固定的，並根據這個數字計算可轉換債的轉換價格。利用前面所提的假設，新投資人的每股價格將為 8 美元（800 萬美元／ 100 萬股），而可轉換債的轉換價格則為每股 5.6 美元（8 美元扣除 30％的折價率）。而公司股權在投資前與投資後的比重，則如下表：

股東群組	投資前		投資後	
	股數	百分比	股數	百分比
創辦人	1,000,000	100%	1,000,000	70%
債券持有人	0	0%	178,571	12.50%
A 輪投資人	0	0%	250,000	17.50%
合計	1,000,000	100%	1,428,571	100%

交易前估值法將造成創辦人團隊與 A 輪投資人，針對他們所占公司股權的比率，在可轉換債轉換為普通股後遭到稀釋。雖然募資前估值維持 800 萬美元不變，但募資後 A 輪投資人所持股權的占比卻為 17.5％。根據這個方法換算出來的募資後估值，則推估為 1,143 萬美元。雖然這可能是最常用的方法，但許多投資人卻提出爭議，因為這會導致他們最終持有公司股權的百分比，較之前討論爭取到的更低。

▍股權百分比法

在股權百分比法中，投資人在本輪投資所購得的公司股權百分比為固定值，其他變數則以此為基準來計算。如果你將募資後估值固定，那麼算出的結果也會相同。利用前面所提的假設，新投資人的每股價格將為 6.57 美元（也就是以股權比重 20％反推回來的數字），而可轉換債的轉換價格則為每股 4.6 美元（也就是 6.57 美元扣除 30％的折價率）。公司股權在投資前與投資後的比重，則如下表：

股東群組	投資前		投資後	
	股數	百分比	股數	百分比
創辦人	1,000,000	100%	1,000,000	65.71%
債券持有人	0	0%	217,391	14.29%
A 輪投資人	0	0%	304,348	20%
合計	1,000,000	100%	1,521,739	100%

▍投資金額法

股權百分比法的結果會讓所有因可轉換債轉換發行後的稀釋結果，都由創辦人團隊吸收。雖然 A 輪投資人所占的股權百分比維持在 20％，而公司的募資後估值也維持在 1,000 萬美元，但這個方法所估算

出來的募資前估值將降為 657 萬美元，而創辦人團隊的股權百分比也較使用交易前估值法所算出來的為低。除非投資條件書中已經載明將使用這個方法，否則許多新創業者都會認為這與雙方在投資條件書議定的內容不符，因此會對使用這種方法提出異議。

投資金額法經常用來充當交易前估值法與股權百分比法的妥協方案。在投資金額法中，公司募資後估值固定為議定的募資前估值，加上新投資人本輪投資的金額，加上要轉換的債權本金加上應計利息所得的總額。利用前面所提的假設，公司募資後的估值將鎖定為 1,100 萬美元，而其他變數將根據這個數字推算。A 輪投資人的每股價格將為 7.57 美元，而可轉換債的轉換價格則為每股 5.3 美元（也就是 7.57 美元扣除 30% 的折價率）。而公司股權在投資前與投資後的比重，則如下表：

股東群組	投資前		投資後	
	股數	百分比	股數	百分比
創辦人	1,000,000	100%	1,000,000	68.83%
債券持有人	0	0%	188,679	12.99%
A 輪投資人	0	0%	264,151	18.18%
合計	1,000,000	100%	1,452,830	100%

投資金額法承認公司創始人的功勞，把公司要轉換成股權的債權本金與應計利息，視為新投資入公司的資金，但對於債權人因為轉換折價而獲得的額外股份，只由創始人承受稀釋效果。原理就是，在沒有折價的情況下，將債權轉換成股權，並沒有改變 A 輪投資人對公司**企業價值**（enterprise value）的持有百分比，因此他們仍然會獲得當初議定的條件。在這種方式下，公司創始人仍然要妥協並承受一些額外的稀釋結果，但這比使用股權百分比法所要承受的損失，已經輕微許多。

在有可轉換債且有折價率的情況下，計算公司 A 輪募資每股價格的最困難之處，在於它實質上重啟了對公司估值的討論。談判雙方本來已經認定達成了協議，但現在一方或雙方又需要妥協，才能達成新的協

議。

> ▲ 創業老鳥觀點 ▲
>
> 　如果你的創業團隊裡沒有對財務很純熟的人，那就找個懂得股權結構表的人來幫忙，這個人不單要懂得數字（但這是一個很好的起點），更要了解股權結構表與創業募資。

在地觀點

在台灣，絕大部分的股份有限公司只發行普通股，公司法也具體規定各種事項的決議門檻，因此，看看股東名冊及章程，就可以推算各方的權利。若是依照前幾章所描述由美式架構設立的境外公司，股份分為普通股、特別股，特別股又分成 A、B、C 類，權利也各不相同，這時股權結構表 (Cap Table) 就很重要了，做得好的股權結構表，可以讓大家清楚了解各方權益。這章篇幅很短，只點到為止，對了解股權結構表的幫助有限，採用美式架構的投資人和創業團隊，需要多花點時間研究。股權結構表用到的數學只有國中程度，但製作過程中常有疏失，各方一定都要清楚的了解內容及計算方式，也可以用數字釐清口語或條文的真義，畢竟這是募資完成後唯一會再經常用到的文件。

10

群眾募資

"Crowdfunding"

　　我們於 2011 年撰寫本書第一版時，使用群眾募資當作募資機制的想法才剛開始萌芽。從那時起，它已經成為一種強大的方法，對產品開發與股權募資都是如此。我們將在本章討論各種群眾募資方法、法律意義，以及群眾募資與傳統募資方式的差異。

▍產品開發群眾募資

　　群眾募資通常泛指與募資有關的兩種方法。第一種是由 Kickstarter 與 Indiegogo 網站掀起風潮的**產品開發群眾募資**（product crowdfunding）。

　　產品開發群眾募資通常用於實體產品的開發。公司將其產品想法置於 Kickstarter 這樣的網站上，張貼內容會展示產品的未來樣貌，以及一系列提供給支持開發者的報酬。在大部分案例中，產品都還處於早期設計階段，距離完工可出貨還有很大距離。而報酬則根據支持金額而有不同，往往包括與產品相關，但屬於體驗性或與產品本身不相關的東西，例如帶著商標的貼紙跟 T 恤、贊助認證標誌，或者出席慶祝產品問世的線下活動等。

　　大部分此類貼文都有 30 天的募資期限，如果屆時未能達成募資目

標，則視為活動失敗，而募資不會成立。這是建立軟體**最小可行產品**（minimum viable product, MVP）概念的硬體版本。如果產品宣傳成功，你就知道你有了一個引人注目的最小可行產品。如果產品宣傳未能達成募資目標，你的潛在客戶就在告知你，你的最小可行產品引來的興趣還不足夠，無法繼續開發。

　　有些高端產品，就是在 Kickstarter 網站上獲得創業募資的，包括 Pebble Watch 智慧手錶（在 30 天內募得 1,020 萬美元）、Oculus Rift 虛擬實境頭戴式顯示器（在 30 天內募得 250 萬美元），以及 Occipital 攜帶式虛擬實境顯示器（在 30 天內募得 130 萬美元）等。Indiegogo 網站上也有其他公司成功獲得資金，例如 TrackR 定位追蹤器，就募得了 170 萬美元。

　　如果你覺得這聽來跟預購式推廣很類似，它實際上就是，因此你也會聽見大家稱這種方式為「預售」或「預購」。當 Kickstarter、Indiegogo 與其他群眾募資網站迅速成長，有些公司則決定自行推出這種預購活動，例如 Glowforge 雷射切割機。該公司在 30 天內募集了 2,790 萬美元，這顯示如果你有引人注目的產品，以及了解該如何行銷與推廣你的產品，就能自行主導一場成功的預購活動。

　　群眾募資方法甚至可以適用在你的商業模式裡。當我們要投資 Betabrand 服裝公司時，他們正打算建立雙邊成衣市場，將群眾募資概念融入他們的成衣設計流程裡。個人設計師可以設計新款服裝，然後在 Betabrand 的網頁上推廣。客戶預購這些服裝，如果達到了特定的預購門檻，這個設計就會開始製作，並成為 Betabrand 型錄中正式存在的產品。

　　在這些案例中，這種方式很大的一個優勢就是這種募資不會稀釋股權，因為當中不涉及股權交易。你沒有出售股權或債權，而是預售一個產品，並事先收取現金。這麼一來，群眾募資的支持者就不是你公司的股東。

　　產品群眾募資的缺點，會發生在當募資成功，但公司卻無法完成產品開發的情況。在某些案例中，公司得以募集額外資金，通常是透過股權發行方式，然後完成開發以滿足這些產品的預購需求。但在其他案例

裡，公司無法送出完成的產品，或只能滿足產品宣傳中所說的部分功
能。雖然這種情況讓人失望，但在產品開發群眾募資文化的氛圍中，會
將這種失敗理解為整體過程的一部分，就像對公司股權的投資，也不見
得能促成公司的成功而取得投資報酬。

▌股權群眾募資

　　第二種群眾募資的方式，是由 AngelList 網站推廣而受大眾歡迎的
股權群眾募資。這個方法是當投資人透過中介處理過程，將金錢提供給
一家公司，以換取該公司的證券（債權或股權），而這個中介往往是線上
募資平台。例如 AngelList 這樣的平台，讓公司真的可以為自己的募資
方案做廣告，或利用社群媒體的力量來吸引更多投資人的興趣。而像
AngelList 聯合投資（AngelList Syndicates）更進一步演變，允許投資人整
合其他投資人參與自己的聯合投資案，讓他們的運作就像一家小型的創
投基金。

　　雖然群眾募資已經擴大使用於許多不同情況，但對每項被認定符合
2012 年通過的《啟動新創事業法案》（Jumpstart Our Business Startups Act，
簡稱為 JOBS 法案）中規定的募資方式，都有嚴格的法律規範。因此，有
些在例如 AngelList 這種群眾募資平台上被列為群眾募資的募資方式，
其實根本不是什麼新鮮事，只不過是使用了線上平台來連結公司與潛在
投資人而已。

　　在美國，如果你想銷售證券，就需要將這個證券拿去證券交易委員
會（Securities and Exchange Commission，簡稱證管會）登記，除非有豁免權允
許你不需登記。證券是任何讓你擁有公司所有權利益的金融工具，包括
普通股、特別股，或者可轉換債。這並不包含從產品開發群眾募資，或
者預購方案中所獲取的收入。證券登記的原始規定，是根據 1933 年頒
布的《證券法》（Securities Act）而來，雖然該法已經有了相當的改變，
但根據的依然是 86 年前議定的法規。

　　很幸運地，有許多豁免原則，讓你免於證管會的登記要求。一般而

言，除非你是要透過掛牌上市，將一家公司推向公開市場，否則你就不必擔心要向證管會登記你的募資行動。然而，你還是要遵循一些重要的指導原則，免得搞砸了你可以依賴豁免規定的能力。你需要了解的兩個最重要的規範，就是**合格投資者**（accredited investor）與**公開徵求**（general solicitation）流程這兩個概念。

合格投資者就是符合證管會定義的擁有相當淨值的人，而金額的定義則會隨時間改變。在大部分情況下，像創投業者、擁有具意義資產的公司，或者已註冊登記設立的銀行這樣的個體，都自動符合規定。而個人年收入超過 20 萬美元，或者與配偶年收入超過 30 萬美元，且如果在過去兩年間都達到這樣的標準，又可合理推斷未來也會有這種程度的收入，那麼這種個人也符合規定。如果個人收入沒有達到這個水準，但個人或與配偶合計淨值超過 100 萬美元，也同樣符合規定。

與合格投資者不同，證管會並沒有清楚定義何謂公開徵求，而任大眾對此自由詮釋。從歷史紀錄來看，公開徵求指的是為你的募資做廣告或公開推廣，例如特別在加速器展示日進行公開募資詢問。你是否越過了公開徵求的界線這一點相當模糊，要視你律師的解釋以及你有多保守而定，但簡易的自我測試就是，如果你與某人沒有既有關係，而與他們透過看來像是廣告的媒介接觸（包括發送大量電子郵件，而不是一對一介紹），那你就可能踩進了公開徵求的領域。

在《啟動新創事業法案》頒布前，你要避免向不是合格投資者募集資金，也要避免公開徵求。在法案頒布後，規則稍微做了改變。

現在到處都有收費 99 美元，教你如何利用群眾募資為公司募集資金的課程，我們的朋友柯羅拉多大學波德分校（CU Boulder）的法律學教授布萊德‧伯恩瑟（Brad Bernthal）整理了《啟動新創事業法案》中針對群眾募資與募集資金層面三項法條的適法性。這三項法條為 506(b) 條、506(c) 條／第 II 類，以及第 III 類，如下表所示。

	506(b) 條	506(c) 條／第 II 類	第 III 類
募集資金整體上限？	無	無	有（十二個月內 100 萬美元）
是否允許公開徵求	否	可	否，除非透過單一途徑或經紀商
誰可以投資？	合格投資者	合格投資者	合格與非合格投資者
是否需要經紀商或中間人？	否	否	是
法律責任	輕	中	重

在《啟動新創事業法案》第 II 類頒布前，如果你從事公開徵求活動就是違法，因此無法募資。而在《啟動新創事業法案》第 III 類頒布前，想對非合格投資者銷售一定數量以上的證券，基本上也是不可能的。

從法律角度而言，股權群眾募資其實只符合第 III 類的規範，讓非合格投資者也可以參與。而這是規範最嚴格的投資方式，也就不令人意外。公司只限於在 12 個月內，對這類對象募資 100 萬美元以內，而且只能透過一個線上募資入口網站，或者一個股票經紀商進行。雖然非合格投資者可以參與符合第 III 類規範的募資活動，但對投資者所能投資的金額卻有所限制，根據投資者的淨值而定，有可能低至僅能參與 2,000 美元。最後，證管會要求的資訊揭露，可能會造成沉重負擔，因為公司為了遵守這些資訊揭露原則，可能很容易就要耗費鉅額成本。

雖然群眾募資這個名詞，在 AngelList 與其他線上募資平台的募資活動中經常出現，但往往只是平台用來自我推廣，而不是實質的投資活動。大多數在 AngelList 網站完成的募資，都是適用於 506(b) 條規範的框架，這與大多數創投業者在過去所做的募資很類似。在某些案件中，公司會援引 506(c) 條，好讓他們在像 AngelList 這樣的網站上刊登更廣泛的廣告，但他們仍然只接受合格投資者的資金。在這種情況下，有額外的規範來確保他們吸引來的投資者確實符合合格投資者的規定。

▍股權群眾募資的差異

股權群眾募資與傳統募資的一個差異就是，進行群眾募資時，你通常會主動設定交易條件。大部分網站都允許你決定募資證券型態（股權還是債權），以及設定主要條款。雖然偶爾還會與領投人商議，但在我們的經驗裡，大部分公司所提議的條件只要合理，都不會有太多反對意見。

雖然可轉換債的募資內容通常很直接，卻往往包含明確上限。在進行股權募資時，經常使用帶有少量保護性條款的特別股。而此類募資也極少願意開放董事會席次，至少在群眾募資活動中是如此。

你需要準備的內容，包括傳統上的執行摘要（executive summary）以及一份 PowerPoint 檔案。在網路募資時，你有更多機會附上華麗的視覺短片、關於你公司近期表現的明確資料，並在募資期間隨時更新這些背景資料。

在由創投業者主導的募資案件中，你經常會有數名來自創投業自稱專家的人積極投入干預你的公司，他們的角色可能是導師、教練、人脈專家或者董事會成員。而在群眾募資案件中，你得到的則是一群人。就算你有領投人，但現在你會面對許多小型投資人，他們可能會專注於幫助你的公司，但也可能不會。他們的投資額度，對他們而言可能只是很小的金額，而他們也可能有許多筆這樣的小額投資。因此跟這群投資人溝通與往來的責任，就落在你的身上，因為你公司的許多新投資人，都不太可能主動伸出援手幫助你。這可能跟你向一些天使投資人募資時的情況類似，不過在群眾募資案件中，這是常見的情況。

我們也觀察到一些公司，在群眾募資活動後卻陷入困境。這些公司不是無法，就是沒有在群眾募資這一輪募到足夠的資金，於是陷入沒有資金，又沒有願意承諾幫助公司的投資人的窘境。這些公司往往還不夠成熟，還無法吸引創投業者來投資，最後面臨的處境就是，對創投業者而言還太早，但群眾投資人所提供的支援已經不足。

最後一點，請當心混蛋型投資人。我們曾經見過，在群眾募資案件

中，少數投資人自以為是，對公司建立了虛幻的信心，或者後悔自己所做的投資，然後試圖以不適當的方式對創始人施壓。有些天使投資人會忘記，他們應該是「天使」而非「魔鬼」，但有些群眾募資的參與者根本從一開始就沒想過自己是天使。雖然在有些案例中，完全是因為群眾募資的投資人本身缺乏成熟度，但在群眾募資與天使或創投投資的比較下，通常群眾募資的投資人確實比較不在乎聲譽。群眾募資平台的最後一個挑戰，就是創始人難以對投資群眾做詳細盡職核實調查，所以要當心在投資人中藏著吵著要糖吃的人，他們有可能會讓你頭痛不堪。

▎代幣群眾募資

　　首次代幣發行（ICOs, initial coin offerings）是一種募資機制，由公司、計畫甚至個人出售新創造的加密虛擬代幣，以交換像比特幣這樣的加密虛擬貨幣或者實體貨幣。哇，這句話裡有好多專業行話。雖然本書的主題與區塊鏈科技和加密虛擬貨幣無關，但確實有人開始使用這些機制，也就是首次代幣發行或代幣募資方式，來為公司籌募資金，而且自2017 年以來，這種方式就越來越普及。

　　雖然目前市場反應激情，但首次代幣發行與其他募資機制比較之下，仍然罕見。許多首次代幣發行案件，都只靠著一個想法與一份白皮書，就募得大筆資金，但關於這些案件的長期可行性卻已出現許多疑慮。此外，證管會也正在詳細研究這些案件，因為根據目前法規看來，許多初次代幣發行案例都可能違反了證券相關法令。最後一點，目前已經有幾起利用初次代幣發行募資的公司犯下公然舞弊案件。有興趣的投資人請務必謹慎。

　　雖然已經有不少雜音，呼籲用首次代幣發行來取代創投募資方式，而且已經有不少創投業者，例如 USV（https://www.usv.com）與安卓森霍洛維茲（https://a16z.com），都已經在這個領域深耕，但代幣群眾募資仍然是很不成熟的募資機制。如果你對加密代幣募資感興趣，可以在這個網站找到許多值得一讀的資料：https://a16z.com/2018/02/10/crypto-

readings-resources/。還有，如果你買本書的目的是要幫助你利用首次代
幣發行方式募資，那就請你向布萊德表達你的抗議。

在地觀點

這一章大概是本書最難寫的章節。這幾年有很多非傳統股權或債權的募資方式，還在快速迭代，不像其他章節提到的架構，已經過長期的實務經驗累積而趨於穩定，群眾募資還無通例可循。在台灣做非傳統募資，除了要適用常見的銀行法、證交法、公司法外，要特別注意稅務，群眾募資很容易牽涉到營業稅、所得稅相關議題。

11

創業債權募資

" *Venture Debt* "

雖然「募集創業資金」經常用來當作股權募資的同義詞，但我們目前已經討論過其他募資機制，包括可轉換債與群眾募資。另一種被稱為「**創業債權**」（Venture Debt）的募資方式，則自成一格。絕大部分由創投業者支持的公司，在某個時間點都會從例如矽谷銀行（Silicon Valley Bank）這樣的專業銀行處取得創業債權，而這家銀行也很大方地撰寫了下列的業內指引，教導我們如何取得創業債權貸款。

▍債權與股權的角色

如果你打算取得機構性的創業資本來打造你的公司並讓它成長，那也值得考慮一下使用創業債權，以補充你取得的股權資金。創業債權是一種貸款，由銀行與非銀行業的出借人提供資金，這是特別為有創投資金支撐的初創期高成長公司所設計的方式。本章將針對在美國有創投資金支撐的公司，有哪些可以取得的創業債權、該如何為你的公司挑選適合的借款人、創業債權有哪些好處、投資條件書上又會有哪些內容，以及該如何議定一樁成功的創業債權案件等議題，提供深入的見解。我們也會為你說明創業債權生態系統相關的角色與流程，以及與這種資金相關的利益與風險。

找出股權與債權之間的正確平衡點,是整體資金策略非常重要的一部分。在本書第三章中,我們強調你必須算出需要多少股權當作公司募資旅途的起始點,以增加長期成功的可能性。同樣的專注也適用在創業債權上。

很關鍵的一點,就是了解債權與股權的根本差異。以股權而言,通常不會約定返還投資金額。雖然一般認為在十年期間內會發生清算事件,而且如果你不夠警覺,募資中可能也會藏著贖回權(redemption rights),但股權仍屬於長期資金。股權是非常有彈性的,幾乎可以用來資助所有合法的商業目的。但是,如果沒有精確依照營業計畫書(business plan)來執行,那麼想要對股權重新定價或重組架構,將會相當困難。

相較之下,債權可以提供短期或長期資金。債權的架構、定價與存續期間,都與資金用途緊密相關。債權可以加以設計,包含財務約定、雙方定義的還款條件,以及其他內容,以減輕放款人負擔的信用與其他風險。從借款人的角度來看,這些特性限制了債權的效用,讓它只能用在預先定義的商業用途,但它們卻能讓放款人對貸款加以規畫與定價,以符合借款人目前的狀況。

創業債權的第一法則就是它是跟隨股權而生,而不取代股權。創業債權放款人將股權創投資金的支持視為可信賴的資源,以及是否通過貸款申請的主要評估標準。如果你能精準描述上一輪股權有關的績效目標、下一輪股權募資的預計時機與策略,以及你打算申請的貸款將如何支持或補足這些計畫的目標,那麼為初創公司舉債就會更有效率。

創業債權是否能夠取得以及相關條件,一向視情況而改變。貸款種類與規模會根據你的公司到目前為止募得股權的品質與數額,以及債權募集的目標而有極大的差異。能取得多少債權募資,是依據公司募得的股權而推算出來的,貸款數字會落在最近一輪股權募資金額的25%至50%之間。還沒有營收或產品還在開發階段的初期公司能取得的貸款額度,比處於擴充階段的後期公司要小很多。沒有創投業者在背後支撐的公司想取得創業債權,也會困難得多。

▲ 創業老鳥觀點 ▲

如果價格是唯一考量，那麼大部分的創業者都會只想以舉債方式，來為他們的公司取得資金，以免公司所有權遭到稀釋。但這個方式對高成長型公司並不適用，因為創業債權募資的第一法則就是，你可以避開創投資金讓公司畫地自限，但創業債權很可能也就不會成為你公司的選項。更傳統的舉債融資方式，例如以現金流為基礎的定期貸款（term loan），或以資產為基礎的信用額度貸款（line of credit），或許也是可行方案，但都需要你的公司獲得正向的現金流，才可能取得。

由於創業債權募資是為了以成長優先於獲利的公司而設計的，這些放款人會希望跟隨他們認識且信任的投資者的腳步，而不是冒險將資金出借給沒有創投業者支持的公司。

▌從業者

矽谷銀行（Silicon Valley Bank, SVB）是第一批為新創公司推出貸款產品的銀行之一。這是因為矽谷銀行就位於矽谷，而且從頭開始就是為了服務該地的創新產業，當你在為公司尋找貸款選擇時，這就是一個重要的差異。了解創業債權的銀行很少，而不了解的則很多。在創業債權市場上，許多業者來來去去，所以請確認你在洽談的人是長期的參與業者。當銀行在某一天忽然決定，對於提供創業債權不再感興趣時，這個決策很可能會對你的公司造成重大的傷害。

當你找到對的融資銀行夥伴時，會有許多潛在的利益。專注在創新經濟產業的銀行，可以提供以新創公司為考量點的財務建議、投資與還款方案、行業見解以及人脈協助，能與你公司的投資人所提供的支持形成互補。最有經驗的銀行還能為新創公司提供機構性資源，在某些案例

中，你的財務夥伴還可能成為你業務上的積極推廣者。

　　還有一些非銀行的資金提供者，被稱為**創業債權基金**（venture debt fund），它們會向各種資源募集資金，這也是值得考量的創業債權募資來源。它們大部分都以基金型態募集私募股權，跟創投業者所做的方式很像，只是用放款契約方式提供資金。有些會利用公募股權（public equity）募資方式，然後組織成商業開發公司（Business Development Company）。有些公司則是組織成小企業投資公司（Small Business Investment Company）型態，以便從私募市場取得股權承諾，但實際資金則是由小企業管理局（Small Business Administration）提供。有幾家貸款業者專精於對特定產業放款，但大部分的債權基金都是以貸款額度與公司所處的創業階段，來區分放款的專注區塊。

　　了解放款機構是如何取得資金以及執照，是很有價值的，因為這些因素對放款機構的資金成本有很大的影響。從歷史發展來看，創業債權基金與銀行的不同之處，在於貸款額度較大，以及更強調收益與報酬，較不重視結構。銀行是透過押金來放款，而創業債權基金的資金成本通常較高。因此，債權基金會接受更高的風險，以追求更高的現金收益與認股權補償。相對而言，銀行一直以來更強調財務約定與結構，不只是重視收益，因此會在最高放款金額上也有更多限制。創業債權募資案件通常會由公司將資產設定質押給放款人當作擔保，當借款人違反貸款合約時，放款人會有健全的法律補救條款得以運用。無論你選擇哪種創業債權募資方式，貸款通常不會只是一筆交易而已，而是一段長遠關係的開端，而且理想上是一段長期的夥伴關係。

　　創業債權也可以在績效保險、延長較低成本的資金生命週期、取得併購或資本支出與存貨之資金，或者下一輪股權募資前的短期過橋貸款等目的下使用。在申辦創業債權前，你應該與董事會，尤其是你的創投公司，就各項可行方案進行討論，因為他們對使用創業債權有全面的了解，而且可以介紹你認識許多這方面的從業者。

▍放款人如何看待貸款種類

想了解你為何能符合某些債務申貸條件，以及為什麼與其他借款人相比，你取得貸款的成本比較高，釐清放款人對創業債權放款與其他種類放款有什麼不同看法，將會有所幫助。

讓我們從放款人如何看待還款來源開始探討。像銀行這樣受金融監管的機構，在批核每一樁放款申請案時，必須指出兩個還款來源，並指出主要與次要還款來源。他們也必須在主要還款來源發生問題時，認列這個較高的風險，也就是降低對這筆貸款的風險評估等級。如果發生這種情況，放款人就必須保留更多資本，以因應可能無法收回全額的風險，而這也將降低這筆貸款的獲利能力。放款人依據主要還款來源（primary source of repayment, PSOR），將貸款風險進行分類。如果貸款的主要還款來源情況惡化，放款人的報酬就會降低。

對公司的主要放款，是將公司的現金流當作主要還款來源的定期貸款。第二大宗的商業貸款則是循環信用額度貸款（revolving line of credit），允許借款公司根據特定擔保品價值的某個百分比（銀行稱為「借款基礎」〔borrowing base〕）先調用款項，並等到擔保品轉為現金後再還款，而借款基礎通常是根據應收帳款或存貨價值來計算。這些循環信用貸款被分類為以資產為基礎的貸款，因為它們專注於將擔保品當作主要還款來源，而非公司的現金流。

這兩種貸款就是大部分可以申貸的商業貸款。對產品還沒問世的新創公司，或剛開始取得收入的公司而言，這些貸款都不適用。此外，重視現金流的貸款，也不適合有了收入，但選擇暫時犧牲獲利能力，以換取加速成長的公司申貸。實質上來說，傳統商業貸款市場對快速成長的新創公司而言並不適用。

創業債權貸款是不同種類的貸款，在創投業出現不久後就跟著出現。創業債權貸款將公司取得的創投資本視為主要還款來源。創業債權放款人不注重公司現金流或營運資金的歷史表現，而是強調借款人是否有能力募得更多股權，以資助公司的成長以及還款。

　　大多數的創業債權都是以成長資金定期貸款的方式呈現。這些貸款通常都要在三至四年間完成還款，但往往有頭六至十二個月的只付息（interest-only）不還本期間。在只付息期間，公司只要償還應計利息，但無須還本。當只付息期間結束後，公司就開始分期償還貸款本金。只付息期間與相關條款是此類貸款談判過程中的重點。

　　近年來在創業債權中另一個引起注意的類別，就是經常性收入（recurring revenue）貸款。經常性收入貸款是為能提供標準化的產品或服務（例如軟體或媒體訂閱），並有固定價格且能帶來經常性收入的公司所設計的貸款產品。此類產品的這些特性，讓我們得以評估公司的單位經濟價值，也就是軟體即服務（Service as a Service, SaaS）＊的指標。這些指標讓放款者得以根據自己對市場的了解而建立的假設來建立模型，以更精確地推算借款公司所需的資金、達到獲利階段所需的時間，以及還款能力。許多放款機構在架構創業公司定期貸款時，是使用公司年度經常性收入來代替公司的估值。有些放款人還使用每月經常性收入與單位經濟價值比率，來計算循環信用額度貸款中可借款的金額。

　　簡單來說，創業債權貸款是否能取得、貸款額度以及貸款條件如何，都與放款人對借款公司能否募得更多資金的能力有關。從這個情況來看，由機構提供的創業資金，其實是很透明與可預測的資金來源。放款人易於了解及評估創投業者的投資行為與過往紀錄，比了解及評估其他從業機構更容易。有經驗的放款人已經和創投公司建立關係，這有助於降低貸款過程中可能出現的意外或誤解。如果沒有已經承諾的資金、機構關係與行業中的紀錄，放款人將難以判斷申請貸款的公司，是否有足夠資金來償還貸款。

＊ 譯者注：指軟體僅需透過網路提供，無須傳統的安裝步驟即可使用，軟體及其相關資料集中代管於雲端服務。

▲ **創業老鳥觀點** ▲

「創業債權」是一個概括名詞，指的是為已經向外部機構募得股權資金的公司所設計的貸款，但不適用於向天使投資人或「朋友與家人」募集資金而成立的公司。

創業債權通常不適用於種子階段公司。不像大部分天使投資人，大多數創投業者，不論開始投資公司的自然進入時點為何，都會參與多輪的股權投資，並會因此而維持資本準備金。即使你在由天使投資人出資的情況下能夠取得貸款，但如果你後續還需要大量的股權資金，在種子階段就舉借大筆債務，或許並不是最佳安排。機構性的創投業者一般不希望看見，他們剛投資的股權資金有一大部分立刻被用來償還舊債。

別忘記關於債務的主要規則：你在未來的某一天真的是需要還錢的，而且還錢的那一天，有可能是你無法預先得知、手頭很不方便的日子。

　　了解放款人如何看待還款來源，還能幫助你了解他們在你取得貸款後，如何評估你的公司。因為他們承做此類貸款時，是根據你是否能在後續繼續募資而定，因此創業債權放款人也會和創投業者一樣，注意公司相同的績效特徵。事實上，他們的第一目標就是評估，公司的表現會如何影響觸動投資者行為的各項誘因。更具體地說，放款人會根據自己與你的創投業者的特定關係來評估投資者行為。精明的放款者會特別留意一些微妙的線索，以判斷你的創投公司會不會對公司提供更多的資金。

　　創業債權放款人敏銳的知道，稀釋是讓公司使用債權的有力誘因，因為創業債權的核心價值前提，就是降低對創始人與管理團隊的稀釋效果。由於能夠取得後續資金是創業債權貸款的主要還款來源，因此創業債權放款人會透過與你的投資人相似的視角來評估你的公司，例如：

- 是否需要更多股權？
- 哪些指標會影響下一輪投資的估值？
- 哪個水準的表現與不造成稀釋的資金取得有關？

放款人會仔細監控公司每月的燒錢率（burn rate）與流動性，來判斷資金使用的月數，這通常稱為**生命週期**（runway）。擁有足夠動能與流動性，可以支撐到取得下一輪募資里程碑的公司，更容易吸引外部投資人，並取得不稀釋股權的下一輪募資的投資條件書。而在任何領域有所不足的公司，則可能難以吸引新的領投人，而不得不尋求內部投資人領投，而且可能是有稀釋效果的一輪募資，來維持公司所需的資金。

將這些資訊拼湊起來，可以幫助你用創業債權放款人的眼光來觀察你的公司。他們關心你的投資人是誰、你的投資人用哪些指標來評估公司的進展、需要取得多少進展才能增加取得不造成稀釋的資金的可能性，以及你的公司何時會在達成這些績效里程碑時面臨流動性不足的狀況。

▍經濟條款

放款條件書在結構上與股權投資條件書不同，但經濟與控制權條款，仍應是大部分創業人士主要的關注焦點。此外，放款條件書上還會出現一個新的類別，稱做**攤提條款**（amortization term），讓銀行擁有更多的著力工具。就債權融資而言，通常有幾項變數可供分析與整合，以判定這筆募資的總價格。

利率（interest rate）是最簡單的價格元素。大部分創業貸款放款人，在成長型資金貸款方面，只會提供浮動利率。因此此類貸款的利率通常都會是在一個特定參考指數上，增加一個價差（例如 2.00％）。大部分創業貸款都是以**基本利率**（prime rate）當作指數。浮動利率結構意味著借款人將吸收利率波動風險。雖然大型企業債務市場中經常使用倫敦銀行

同業拆款利率（London Interbank Offered Rate, LIBOR）當作基本利率，但這個指數並不會用在額度通常較小的創業債權市場。同樣地，想議定以固定利率進行貸款也會非常困難，因為這會將利率波動風險轉嫁給放款人。

貸款手續費（loan fee）是定價的第二個成分。貸款手續費在金額與結構上有很大的差異，但大部分是由貸款成交成本或使用狀態（動用餘額）超過某個預定指標而觸發。創業貸款手續費通常低於傳統現金流貸款手續費，約在貸款金額的 0.25％至 0.75％之間。創業市場傾向於盡可能延後現金燒光的情況，從這個角度來看，創業者會希望，盡量將此項費用議定為在實際提撥貸款，而非承諾貸款時收取。

認股權證（warrant）是創業債權市場中常見的放款人補償要求。雖然不附認股權證的放款比較受創業者與投資人歡迎，因為此類貸款不涉及股權稀釋，但在公司初期階段的貸款市場中，大多數放款人都將認股權證視為必要內容，尤其對沒有財務承諾的成長資金貸款更是如此。有些放款銀行可能會對業務表現極佳的公司提供不附認股權證貸款，但此類貸款往往會要求提供財務承諾當作妥協。債權基金幾乎不會放棄認股權證要求，因為他們追求較高的收益目標。

認股權證定價的計算有可能很複雜。債權貸款條件書常見的表達方式，就是認股權證需以貸款總額度的百分比提供給放款人。舉例來說，200 萬美元額度的成長資金貸款條件書中，可能會提到「認股權證比重」（warrant coverage）為 2％。這表示認股權證的價值被設定在 40,000 美元。認股權證其他的條件書文字變化也可能直接表達放款人想要取得的經濟價值（也就是 40,000 美元），或者將經濟價值以充分稀釋後的公司所有權百分比來表達（也可能以基本點〔 basis point 〕的某個倍數來表達，而 100 個基本點就是 1％）。這種充分稀釋的約當量定義，提供了表達認股權證價格的一致基準，無論用來計算的股票種類是普通股或特別股。使用這種指標時，銀行提供的創業債權貸款條件書裡所載明的認股權證補償數額，對早期階段公司而言約在 10 至 15 個基本點，而對後期階段公司則為 2 至 5 個基本點。在債權基金提供的債權條件書中所列的認股權證補償，

會比銀行提供貸款的更高一些，因為這些基金對收益的敏感度更高。

　　價格談判的下一步就是決定認股權證要轉換為哪類股票，以及對應的履約價（strike price）。創業債權放款人明白特別股提供的各種保障與權利，但他們有多重視這個特別股對普通股的結構優勢，則因人而異。從放款人的角度來說，接受可轉換為特別股的認股權證的理由，就是價格保障。特別股認股權證通常享有與實體特別股持有人相同的反稀釋條款保障。銀行放款人對於將認股權變現獲利這一點，有他們的限制。他們往往會等到清算事件發生時才會行使認股權，而且通常還會在行使認股權的當天，就將轉換的股票出售，因為他們並不想持有公司股票。債權基金在身為認股權持有者的行為方面，則享有較多的選項，可能會決定在認股權定義的清算事件發生前，先行使認股權，特別是如果認股權已經接近到期日的時候。他們也可能在行使認股權後，持有股票較長時間。由於這些理由，某些特別股的結構優勢，對債權基金放款人而言，可能比銀行放款人更有價值。

　　與認股權證相關的履約價，是談判時的關鍵焦點。創業者的誘因是以下一輪的股權募資（也就是在債權募資貸款簽約後的那一輪）為基準作為履約價。但放款人則會希望使用上一輪的募資價格當作履約價。如果你假設創業者很有信心，認為下一輪的估值將會是上一輪的兩倍，那麼有 40,000 美元經濟價值的認股權，根據上一輪募資履約價每股 0.5 美元來計算，就會提供放款人 80,000 股的公司股票。但如果履約價是與下一輪募資估值連結，約當於每股 1 美元，那麼放款人就只能取得 40,000 股的公司股票。

　　認股權證的存續期間是另一個談判重點。在大部分的創業債權貸款條件書中，都會希望認股權證的到期日設定在自授予日起的七至十年間。根據一般公認會計原則（Generally Accepted Accounting Principles, GAAP），認股權證的成本與存續期間相關，因此創業者都會希望縮短認股權證的到期日。放款人則會促成較長期限的認股權證，尤其對處於早期階段的公司，因為他們無法預知公司達到清算事件需要多少時間。

　　尾款（final payment）是另一個創業債權市場上常見的定價機制，尤

其是生命科學、衛生保健與發展後期階段的公司。尾款可以類比為在貸款最後支付的貸款手續費，通常以貸款總額度的百分比來表示（例如200萬美元的貸款總額度，尾款8%，就等於要支付16萬美元的尾款）。尾款對公司有利，因為遞延了這筆貸款的持有成本，如果公司估值會隨時間而增加，你自然就希望在放款人同意的前提下，盡可能延後支付本金與利息。尾款對放款人也有好處，因為這會提供借款公司動機，在貸款期滿時，跟同一個放款人申請再融資（refinance），而不會向競爭對手尋求新的貸款條件書。無論尾款結構提供了多少遞延金額，這筆款項的現金價值都應該加計到貸款總成本之內。

最後還有**提前還款**（prepayment），這在各種貸款中都很常見，創業債權貸款也不例外，這也可能是談判的主題。最常見的提前還款費用結構稱為3-2-1，因為提前還款的費用會隨著貸款存續年度而逐年遞減。如果你在第一年內就將貸款還清，費用就等於是在提前還款時貸款餘額的3%。這個百分比在第二年降至2%，而在第三年則降至1%。在貸款沒能一直存續至到期日時，這是為放款人承受的經濟損失提供了明確的補償，而提前還款費用也提供了放款人挽留客戶的工具。這筆費用對借款人創造了誘因，讓他們願意與同一名放款人談判再融資的條件，而不是直接去其他機構尋求再融資。

▌攤提條款

創業者會將注意力集中在貸款成本談判，但如果想要確保債權貸款與公司計畫的資金策略相符，更關鍵的其實是攤提條款。

貸款**可動撥期間**（draw period，也稱為availability period）就是可動撥使用現金的期間。這個結構可以適用在定期貸款，但在循環信用額度貸款中，現金也可以隨時動撥與償還。創業債權放款人很願意協商遞延撥款選項，同意借款人在貸款案生效後6至12個月內，且在需要募集下一輪股權資金之前再動撥款項，以確保貸款在下一輪股權募資完成前就已經使用。遞延可動撥期對借款人有利，因為它保證了貸款的可用性，卻

讓利息最小化。對放款人而言，就正好相反，因為他們已經承諾提供貸款，但卻無法取得利息。因此，並不是所有定期貸款都允許遞延撥款，或有時貸款條款會載明，未使用的貸款額度需要支付費用給放款人。有些放款人還會要求，貸款全額在生效時，就必須全額撥款。

只付息期間（Interest-only [I/O] periods）也是創業債權貸款常見的特色，而且與可動撥期間緊密相關。通常貸款條件書中，會提供與可動撥期間相同的只付息期間，通常是在貸款簽署後 6 至 12 個月，在這段期間，借款人只支付貸款所產生的利息，而不償還本金。可動撥期間對貸款的持有成本提供了選擇性，但只付息期間對借款公司的資金策略卻有更深遠的影響，因為它直接影響了燒錢率與現金生命週期。創業者與投資人都希望盡可能遞延本金攤提還款，因為沒有用來償還貸款的金額，就可以用來讓業務成長。由於這個效益對公司非常重要，因此只付息期間通常與貸款成本與認股權證定價有關。

除了在簽約時就議定的只付息期間外，有些放款人還可能在公司達成特定的績效里程碑時，在附帶條件下，再提供 3、6 或 9 個月的只付息期間延展。雖然這些結構安排會增加複雜度，並對公司造成不確定性，但這些延展可能對雙方造成雙贏局面。對放款人而言，把更長的只付息期間，與可增加公司價值並促進公司取得資金的里程碑相互搭配，將提高全額還款的機會。對借款人而言，無須巨幅增加貸款成本即可延長現金生命週期，也是很大的好處。然而，當績效里程碑未能達成時，這個缺點可能非常嚴重，因為那時候公司已經需要動用現金來開始償還本金了。

一旦只付息期間過去，按計畫攤還本金的攤提表就會開始運作。創業債權定期貸款通常會在 36 至 48 個月間到期，包括雙方議定的只付息期間在內。因此，典型的貸款結構便是有 12 個月的只付息期間，然後就是三十六個月的攤還期。當本金開始償還時，大部分的創業貸款都使用所謂的**直線型攤提法**（straight-line amortization），也就是本金將平均分配在每期還款中。以 200 萬美元的貸款為例，如果只付息與本金攤還期間分別是 12 與 36 個月，那就是貸款的頭 12 個月支付應計利息，接下

來的 36 個月則支付 55,500 美元的本金與利息。

　　再重申一次，銀行與債權基金在攤提還款的彈性這方面是不一樣的。由於銀行是受金融法律監管的機構，所以他們在貸款完成後，如果要改變還款安排，會比債權基金更敏感。與其修改已經放出貸款的還款安排，他們更願意以新的貸款進行再融資。當他們如此做時，就必須對監管人員展示，新承做的貸款是依據市場的條件並符合借款人的信用資格，而且借款人也有能力在現有與新的條件下，順利還清貸款。

　　對於借款人無法在合理商業期限內償還貸款，而放款人採取防禦措施來應對這種狀況的徵兆，銀行監管單位保持很警惕的立場。針對銀行在還款範圍與幅度進行修改，而不至於對貸款造成損害，尤其是針對已經開始攤提償還本金的貸款的遞延還款（也稱為「還款假期」〔payment holiday〕）相關規定，有很專門的法律規範。監管單位對於每筆貸款的攤提程度也非常敏感，因為他們將現金攤提視為分辨舊債與新債的明確界線。

　　債權基金對於法規限制就沒有這麼敏感，雖然他們根據一般公認會計原則，同樣要證明每筆貸款都正常運作。因此，非銀行的放款人比較願意修改現有貸款案件的還款條款，而不會要求借款人再融資。在許多案例中，債權基金都會優先考慮貸款案件報酬的最佳化，而不那麼在意貸款條件修改的結構問題。

▎控制權條款

　　提供給早期階段科技公司的成長資金貸款，有一個決定性的特色，那就是沒有財務約定條款。這些是合約中約定的條款，在借款人的財務表現未能達成雙方約定時，讓放款人有權取消貸款承諾、加速還款約定，或者取得並清算抵押品。早期階段公司的不可預期性，讓財務約定條款在許多貸款案件中顯得不切實際。如果貸款約定中有以財務表現為基礎的約定條款，那麼投資人往往就不同意公司在早期階段舉債。

　　放款人將創業債權貸款對認股權證的要求，與公司價值因貸款而存

在風險的程度加以連結。由於在正向的市場景氣期間，對初期公司提供的貸款，損失率是傳統貸款的兩倍，因此如果沒有財務約定條款，放款人就會更依賴公司增加企業價值的能力，於是便增加了對認股權證的要求，以平衡放款的風險。

　　初期階段公司通常可以用附加認股權證而沒有財務約定條款方式取得貸款，但後期階段公司則可以取得不需附認股權證的貸款，只是交換條件就是這些貸款都需要附加財務約定條款。這些條款讓放款人得以藉著要求與貸款相關的流動性保證，或者要求達成成長目標，以落實企業價值成長等手段，以便降低還款風險。

　　財務約定條款就是貸款合約條款裡的一些細項約定，讓放款人用以管理還款風險。雖然此類貸款的條件書裡可能會有通用的正面條款，但往往都並不會詳細描述。相反地，大部分貸款條件書都會包括這樣的聲明：「最終貸款文件將包括符合標準商業實務與本次貸款特定需要之正面約定條款。」詳細的約定條款文字，則會包括在貸款文件草稿中，並在貸款談判過程中加以討論。

　　一般而言，約定條款可以分為**正面條款**（affirmative covenant）與**負面條款**（negative covenant）。正面條款就是公司承諾在貸款合約期間執行的行動。根據貸款情況與結構，各種正面條款可能既冗長又大異其趣。以下是常見的正面條款：

- **法規遵循**（regulatory compliance）：遵守適用的法律與規範，並與公司營運的地區與市場有關的政府單位維持良好關係。
- **政府許可**（government approvals）：取得經營業務所需的全部許可與執照。
- **報告**（reporting）：提供正確與及時的財務報表與其他重要資訊給放款人。
- **租稅**（taxes）：及時支付所有應繳稅負，並保存良好。
- **保險**（insurance）：對業務所需及放款人之擔保品投保足夠額度產險。

- **銀行帳戶**（accounts）：在放款人的銀行開設所有銀行與擔保品帳戶，若放款人為債權基金時，則將帳戶開設在指定銀行。在其他機構開設之帳戶，需加以揭露，並可能需簽訂個別文件，以讓放款人得以控制這些帳戶，當作擔保品之一部分。
- **財務約定條款**（financial covenants）：達成貸款條件書中同意之各項財務水準與比率，以作為經營績效的要求。
- **智慧財產**（intellectual property）：若公司擁有智慧財產，則需登記、保護與維持其可執行性，並於任何重大損失或侵犯發生時，告知放款人。

　　放款人也會運用**負面條款**，明確說明公司不可從事的行為與行動，以作為貸款條件。以實務角度來看，負面條款要求公司在採取特定改變或行動前，要先取得放款人的同意。負面條款會包括重要性門檻，只要沒有達到這個門檻，借款人便可以採取一般行動，而無須取得放款人的正式許可。重要性門檻有可能相當模糊，這是雙方可以仔細談判之處。

　　以下是常見的負面條款：

- **處分**（Dispositions）：在沒有取得放款人同意前，不得出售、移轉或搬運業務、資產，以及特別是放款人的抵押品，但屬於正常業務所需的存貨則不在此限。
- **控制與場所的改變**（Change in control / location）：在沒有取得放款人同意前，不得改變公司的基本性質、地點，或所有權結構。
- **合併與併購**（Mergers / acquisitions）：在沒有取得放款人同意前，不得購買其他公司或出售公司的全部或部分。
- **負債**（indebtedness）：貸款契約中有一個「許可舉債」（permitted indebtedness）清單，不要在清單許可範圍之外，向外界舉債。
- **債權負擔**（encumbrance）：除了在許可舉債清單中列出的例外項目，不得提供公司資產給其他外部單位設定優先權。
- **分配與投資**（Distributions / investments）：除了在「同意投資」與「同

意分配」清單中明列之事項外，不得支付股利或利潤分配，也不得進行重大投資。

- **次順位債務**（subordinated debt）：除了依照「債權人間協議」（intercreditor agreement）約定支付款項外，不要支付款項給次順位債權人。

創業債權市場中最有爭議性的控制權條款，就是重大不利變動（Material Adverse Change, MAC）條款。重大不利變動條款通常出現在貸款文件最後，並當作「違約事件」（Event of the Default），載明在撥款前不得發生重大不利變動狀況。放款人對重大不利變動條款的意圖，在貸款條件書中可能揭露，但也可能不予揭露。如果你在貸款條件書中沒有找到重大不利變動條款，就應該特別提出質疑，因為這是控制權條款的重點。它牽涉到在貸款合約中許多可能構成違約事件的狀況，即使沒有事先詳加定義也是如此。

可以理解的是，投資人對創業債權交易中的重大不利變動條款內容相當敏感，因為這些條款的解釋權掌握在放款人手裡。在市場或借款人的狀況發生無法事先為各方所預見的改變時，這些條款保護放款人可以不需對借款人撥款或維持撥款。它們讓放款人得以根據對事件近期發展的解釋、嚴重性，以及這些事件可能如何影響公司履行貸款合約規定的能力，而宣布是否為違約事件。在最終版本的法律合約中，大部分重大不利變動條款都會有如下的聲明內容：

「重大不利變動」意指：（a）銀行對擔保品抵押優先順位，或所指擔保品價值之周全或優先權發生重大損害，（b）借款人業務、營運或狀況（無論在財務或其他方面）發生重大不利變動，（或）（c）債務任何部分償還之可能性，發生重大損害，（或）（d）銀行根據取得之資訊，以及其合理判斷，認定有合理推斷之可能性，借款人將無法在下一個財務報表期間，遵守一或多項於〔 _____ 〕節載明之財務約定。

　　創業者最需要了解的重點，就是重大不利變動條款的目的，並不是要破壞無擔保貸款結構的彈性，哪怕這些條款的範圍非常廣泛。相反地，它們的目的是當作最壞情況的保障，好讓放款人將各種可預期的狀況都考量進來，而不必計算這些極端狀況的結果，這樣才能讓放款人在計算貸款定價時，更精確與更便宜。

　　雖然明白重大不利變動條款的設計，只是在最極端的負面情況發生時才使用，但許多借款人仍然合理擔心放款人有可能在重大不利變動發生時「掃光現金」，將公司銀行帳戶現金取出償還貸款本金。除了公司的智慧財產外，現金流動性就是大部分新創公司最有價值的資產。不論造成違約事件的原因是重大不利變動或違反例如財務約定等其他約定事項，慎重的放款人都會在必要時行使權利掃光公司現金，以保留價值。

　　將重大不利變動條款放入貸款合約裡，只會強化創業者了解放款者過去的行為，以及在業界名聲這個動作有多關鍵。你應該設法查出正在與你談判的放款人，是否在實務上有習慣，在公司管理階層與投資人有異議時，引用重大不利變動條款或貸款合約中其他控制權條款，宣布發生違約事件。如果放款人在重大不利變動條款上玩手段，那麼與這次借款公司相關的創投業者，就不太可能在往後還跟這個放款人合作。

　　看來或許應該建議你在每次洽談貸款合約時，努力將重大不利變動條款排除在外，但在許多案例中，即使不是不可能，也很不切實際。原則上，許多創業債權基金如果沒有重大不利變動條款，就根本不肯承諾貸款。銀行在大部分創業貸款案件中，也會類似地要求載明重大不利變動條款，而在更高風險的情況下，當然更會要求這些條款。你在貸款合約中刪除或修改重大不利變動條款的能力，主要由三件事情主導，公司的情況、貸款的情況，以及最重要的一點，就是你公司的投資人與放款人之間的關係。

　　最後一個控制權條款議題，就是借款人的擔保利益中包括什麼，明確來說，就是智慧財產會不會放進放款人的抵押品裡。投資人與創業者當然希望智慧財產永遠不必當作貸款抵押品。但放款人會在對涉及風險較大，而企業價值又有很大比重放在智慧財產的公司，進行較大額度貸

款時，要求對智慧財產完成**設定登記抵押**（perfected lien）。

　　有許多結構都能讓放款人在沒有實際完成設定登記抵押的情況下，享有對智慧財產處分的部分控制權。最常見的方式就是「**消極擔保**」（negative pledge）。在這種情況下，放款人並不對智慧財產取得抵押權。公司反過來保證不對任何其他人提供智慧財產做擔保品。這就提供了放款人額外的控制權，因為其他人無法藉由在公司最有價值的資產上設定抵押權，而跳到放款人之前。這也有效地將談判日期延後，因為這保留了在貸款延期修改談判時，公司可以提出或者放款人可以要求的議價內容。

▎談判策略

　　本書的核心法則是：名譽的價值是至高無上的。創投業本身就是靠關係在維繫的行業，這對股權與債權投資都適用。大部分有創投支持的公司是透過一連串的股權與債權募資來成長，因此面對的是多回合的賽局。每一輪創業債權與股權的談判，在獲得最好的交易條件與得到最好的關係夥伴之間，總是存在著緊張感。想在每筆貸款中獲得最佳條件的念頭，應該和一個可能在長期提供更大的策略性或績效彈性的放款人成為夥伴的利益取得平衡。

　　在以交易內容為重心的決策過程，尤其是如果以貸款數額為優先考量的情況下，你釋放出的訊息就是你將放款人視為一名供應商。如此一來，你更可能選到的放款人就會是，一旦貸款合約達成協議後，他對於後續的貸款條件調整也會用進行交易的態度來對待。這種態度可以簡單解釋為機會主義式定價要求（opportunistic pricing requests），或者會在你需要對債務條件作重大變更時，直接影響你的策略選項。偶爾會有一些徵兆，暗示你放款人的特徵更趨向於哪一面。舉例來說，在談判由條件書進展至最終正式貸款文件時，會更改關鍵交易條件的放款人，就該特別注意。這種交易條件的改變就是一個很明顯的指標，顯示贏者全拿與只看合約的心態就是這名放款人的標準作業流程。

　　反過來看，在以關係為重心的決策過程中，你或許不會在所有交易條件中獲得最有利的待遇。相反地，你重視的是放款人願意陪你走過那些隨著時間經過，無可避免會影響你的財務績效與策略的生意起伏。這不代表交易條件不重要，因為貸款金額大小與結構仍應符合公司的需求與策略。但是，以合作夥伴觀點為重的放款人，會更重視對你的公司與投資人提供彈性待遇，並培養長期的關係。

　　尋找放款人的過程，是另一個面對選擇供應商或夥伴關係緊張感的例子。獲得最佳創業債權貸款最有效的方法，就是在多名放款人之間舉辦一場賽事，讓他們為你的公司來競爭。這意味著，你將從數名想與你完成貸款業務的放款人那裡，蒐集到許多輪的條件書。如果處理得夠巧妙，你就能利用不同輪的條件書，從每個放款人那裡得到意見回饋，幫助你決定最喜歡哪些條件書。

　　雖然有許多例子可以證明，這種競爭能改善你取得的條件，但在許多案例中，這根本就不必要，尤其是當你的投資人已經與一名特定放款人有著深厚關係的時候。你投資於尋找各種選項的時間，應該拿來與額外的財務與策略影響比較。你的投資人也會針對你公司所處的階段，以及你舉債的金額多寡，有他們自己的看法。

▍重議貸款結構

　　如同我們先前說過的，對於新創公司的財務預測唯一可以確定的事，就是它們百分之百是錯誤的。幸運的是，有經驗的創業債權放款人都知道這一點，因此他們將貸款結構與你對公司未來預估連結的方式，應該會對你預測的未來績效打折扣。即使如此，考慮到控制新創公司財務績效的困難度，你在公司債務到期日之前，需要更動債務條件的可能性，仍然非常高。

　　如何在貸款條款需要重新談判的時機隱約可見時便善加處理，這點十分關鍵。如果處理得宜，許多這種情境可以增加你公司管理團隊的可信度，因而強化與放款人的關係。但如果處理失當，放款人可能在同意

你的申請之前就先增加成本，以某種形式的契約機會主義態度來做事，而對未來的談判造成影響。

　　讓我們從遵循一條通用的危機管理守則開始，那就是當事情的發展開始走偏時，不要試圖隱瞞問題。相反地，你的目標應該是在公司績效偏離計畫時，及早並經常與放款人溝通。意外並不討喜，資訊透明才能為你贏得朋友。

　　一旦雙方意識到有需要更動貸款結構，找出解決方案的辛勤談判過程就此展開。為了找出雙贏的解決方案，理解放款人的立場將會有所幫助。在最初的核貸完成後，放款人，尤其是銀行放款人的焦點，就從評估你提出的營運計畫書與資金需求，轉為監督你的公司執行這些計畫的表現。放款人的心態將從最初審核貸款時的賣方，轉變成後期貸款存續期間的買方。在賣方情境時，放款人主要專注於讓他們的提議配合你的優先事項，因為他們要爭取你向他們貸款。在買方情境時，放款人至少會比較給自己權力來主導溝通過程，並根據他們重視的優先順序，在談判結果中置入各種條件。放款人會根據他們自己的風險與投資組合管理實務，來分析你在重議貸款條款的各項建議清單。

　　所有放款人──尤其是銀行──特別重視的就是貸款條件重議或修改所帶來的影響。如果使用銀行監管機關所使用的風險分類術語，那麼大部分貸款在剛開始的時候，都被評定為「過關」（Pass）的授信。符合這個初始風險等級而需要提撥的資本準備金（capital reserve），也就不會變動，除非貸款狀況惡化，例如主要還款來源呈現弱化。如果主要還款來源確實發生惡化狀況，貸款的風險評估就會依照造成變化的範圍與影響強度，而被下調為「註記」（Criticized）或「降級」（Classified）。而當主要與次要還款來源都顯示惡化，而完整還款可能已不再樂觀，則風險評估就會被調整到最低等級的「損害」（Impaired）＊。

＊ 這跟一般我們說的企業的資本公積略有不同。美國各州有自己的銀行法，但以加州為例，加州渣打銀行在放款時，會依照貸款的表現決定要提撥多少資本準備金。每年一或兩次州政府會派員來查核，如果銀行授信沒問題，那麼這個資本準備金就不變。但如果查出授信有瑕疵，然後擴大查核發現有更嚴重問題，就可能有部分貸款案件被調低評等，而銀行相應就要提列更多資本準備金。

如同先前提過的，銀行需要提撥的資金會隨著貸款評級降等而增加。當貸款被評為註記或降級時，這就代表是獲利比較低的貸款。然而，如果貸款被評為損害等級，通常就被列為催收款，表示該筆貸款根據一般公認會計原則，已不再是能賺得收入的資產。

對創業債權而言，主要還款來源就是公司未來能夠取得資金。有創投業者支持的公司，開始發展一連串的募資輪次時，放款人往往會被迫調整相關的貸款風險評級，這通常會在公司流動性已經到了低點，而新一輪的募資還沒順利完成時發生。而當貸款結構相較於在放款當下已經變得鬆動時，你可能也會發現貸款風險評級被調降。對有經驗的創業債權放款人而言，一筆貸款歷經數次風險評級降等與升等，是正常的作業程序。

在貸款合約裡，創業債權放款人會有各種控制權條款是無法避免的。就算沒有重大不利變動條款，這些控制權條款也能被用來處理違約事件。違約事件可以視為主要控制權條款，與魔戒一樣主導其他控制權條款。重點並不在於你的公司未來會不會違反貸款合約。如果你的公司情況符合一般的創投業，那你最後一定會違反貸款合約中的部分規定。在每一個創業貸款的投資組合裡，在任何時間點下，一定會有許多公司在技術上違約。所以重點在於你與放款人如何處理這種情況。就重新商議貸款條件而言，放款人面對貸款條件可以如何處置，以及一名良好的放款人實務上會怎麼處置，存在著極大的差異。

許多新創公司都會失敗，這是無可避免的。當公司繼續正常營運的能力遭到挑戰時，可以嘗試許多常見的因應之道，例如資本重組（recapitalization）、出售公司或出售資產等。執行這個推斷新估值的過程，也就是大家稱為尋找軟著陸解決方案的過程，需要專業能力，以及公司、投資人，以及放款人之間的合作。架構軟著陸解決方案的第一步，就是所有人要有自覺。隨著估值範圍緊縮，以及取得非稀釋性資金的可能性消失，公司與投資人必須研究出包括應急方案的商業策略。

從 A 計畫（募集更多股權）到 B 計畫（專注於出售公司），象徵了公司的主要轉折點。許多在績效表現與估值挑戰等方面掙扎求生的公司，藉

著悄悄與可能的投資人接觸，試圖出售公司，而進入了 B 計畫階段。

在某些案例中，出售公司最終仍然無法成交，就要從 B 計畫（出售公司）進入 C 計畫（清算），這是更困難的轉折點。創始人、管理團隊與投資人往往難以接受，在競爭者或其他潛在購買者的眼中，公司的價值怎麼會這麼低。然而，對任何現金即將見底的公司而言，了解出售公司與清算之間的差異，是非常重要的，特別是公司還有負債的時候。

如果你有機會為你公司的投資人與放款人規畫一個不那麼難受的結果，那麼你最好詳細研究可能的清算腳本。創業市場是一個講究關係的行業，相關機構對於各種事項都有很長遠的記憶力。你可能擁有帶領公司孤注一擲尋求突破的機會。不過，如果這個高速賭局讓放款人增加了貸款損失，那麼這個放款人願意在你成立的下一家公司承受相同風險的可能性，就變得渺不可及了。

在地觀點

台灣的銀行在企金業務上，目前缺乏利率介於 2% - 10% 之間的產品，公司在符合銀行傳統貸放基準前幾乎借不到錢，銀行只能賺取微薄的利息，但是在股權募資完成當下，搭配創業債權募資是一個雙贏的策略，公司可以得到更多資金，貸方風險相對得到控制。新加坡幾年前由政府主導了創業債權募資的方案，國內的金融業者應該可以參考引進台灣。

12

CHAPTER

創投基金的
運作方式

"How Venture Capital Funds Work"

　　到現在，你應該已經熟悉不同種類的募資、條款，對於如何讓你有最大的機會順利拿到一份或三份投資條件書，也有了一些想法。在接下來這章，我們將討論不同的談判策略。但是，在我們進入這個主題前，先了解你要談判的對象的動機，也就是創投公司，將會很有幫助。所以，不時有人希望我們透露一下創投業者的內部運作機密與訣竅。

　　有一天，我們和正在談後期募資輪的企業界前輩吃晚餐，雙方對此交流了一番，結束時，他央求我們把交談的內容寫下來；儘管這位前輩經驗豐富，而且經手過數家創投公司的投資決策，仍認為當時和我們的對話，有助於了解他自己一直很困擾的「眉角」。

　　本章不僅談到創投基金的基本知識，也要深入了解基金的設立與管理，以及創投業者面臨的壓力（來自內部和外部），包括創投業者思考與行動較不容易被外部察覺的部分。

▌創投基金的基本架構

　　先說明一下創投的基金架構（見圖示）。基金是由以下三個基本實體構成的：

1. 管理公司（management company）：

所有人通常都是資深合夥人。合夥人、副總、支援人手等和你往來的創投人士，都是由管理公司僱傭，而創投公司的辦公室租金和網路費等日常營運開銷，也是由管理公司支付。

管理公司可說是創投業的品牌；當舊基金功成身退，要募新的基金時，管理公司並不會消失，而是繼續籌組基金。創投業者的名片也總是打出管理公司的名號，所以投資條件書上面的簽名，往往異於先前和你打交道的人。以我們為例，Foundry Group 是指管理公司，而非實際募集和投資的基金。

2. 有限合夥（limited partnership, LP）：

當創投業者提到手上的「基金」或公司「募了個2.25億美元的基金」時，實際上指的就是包含基金投資人（也稱為有限合夥人或LP）的有限合夥關係。

3. 一般合夥（general partnership, GP）：

一般合夥實體指的是基金的實際一般合夥人（GP）；有些合夥人是常務董事個人，不過後來已經演變成隨各基金設立的單獨法律實體。

管理公司

A 基金	B 基金
一般合夥	一般合夥
A 基金 有限合夥	B 基金 有限合夥
投資人	投資人

管理公司架構：一般合夥及有限合夥

這些專有名詞對法律系畢業生也許沒什麼，但非法律系畢業生背景的人可能會覺得頭痛；重點是：管理公司（品牌）和它實際募到的基金

（有限合夥實體）兩者是有區隔的。相異的實體往往有分歧的利益及動機，尤其在常務董事新來或離去時特別明顯。若有新的常務董事來接手，一旦他所屬的組織進行調整，就可能影響創業方的處境。

▌ 創投公司如何募資？

下次你在募資，苦於不知如何讓創投業者掏錢出來時，不妨想想創投業者也有一模一樣的困擾；儘管如此，不少創投業者太快忘掉自身的痛苦，對創業者投以太多同情。聽到這話，或許能稍稍減少你募資不利的挫折感。

創投業者籌錢的對象，包括公家和民間退休基金、大企業、銀行、專業機構投資人、教育捐款、有錢人、組合型基金（fund of funds）、慈善機構及保險公司。募資的創投業者及投資人雙方會受到又臭又長的有限合夥協議（limited partnership agreement, LPA）的約束，表示創投公司也有老闆是出錢的投資人，又稱為有限合夥人。

當創投公司宣稱自己募到了一支 1 億美元的基金時，並不是說自己手握 1 億美元現金，等著有志的創業之士上門。創投公司手上通常也沒多少現金，而是要對外投資時，才向有限合夥人要錢，稱為「繳款通知」（capital call），而資金到位時間一般是兩個星期後。依照協議，每次發出繳款通知時，有限合夥人有義務要匯付創投公司講定的資本。

如果創投公司開口要錢，投資人卻不肯掏錢，那事情就棘手了。有限合夥協議通常讓創投公司握有若干極度強硬的權利，得以強制執行資金追加。不過，也有創投公司向有限合夥人要求繳款時，收到的錢不如預期，這對共事的企業創辦人顯然很不妙，幸好這種情況很少發生。

投資人不肯追加掏錢的原因之一是：有限合夥人認為創投公司做的決定不好，可能想要抽手；或外力使然以至於手頭窘迫，無力或無意掏錢，在 2008 年秋季爆發的全球經濟危機中，這種狀況就發生過好幾次（2001 年也有過），當時有三類有限合夥人受創最深：

1. 財富縮水的有錢人。

2. 頭寸短缺的銀行（很快被其他銀行接收）。

3. 非流動性的投資比重過高，以至於現金流量出問題的校務基金、
基金會、慈善機構。

遇到這種窘況，創投公司會找新的有限合夥人，讓他們買下原本有
限合夥人的股份；對有限合夥人來說，有個活絡的次級市場供他們出售
股份，比賴帳更有利，因此除非資金窘迫，否則創投公司通常最後都會
拿到錢出來投資。

▎創投公司有哪些收入？

創投公司的行為在創業初期、後來經營有成、不幸搖搖欲墜或需要
增資時，都會受到基金報酬的左右。

管理費

創投公司的薪水是從基金的管理費（management fees）而來的。基金
會撥其總金額某個百分比的錢，做為管理費，一般是 1.5%到 2.5%，每
年提撥（逐季或半年扣），以融通創投業者的營運，例如投資合夥人的工
作人員薪水。

例如，創投公司募到 1 億美元的基金，管理費 2%，每年的管理業
者就收 200 萬美元；聽起來很多，但這筆錢要用來支付創投公司所有的
開銷，包含給員工、合夥人、副總、租金、差旅、影印機、零食、配備
的筆電，或是 Apple 公司每次發布的最新 iPhone，就算它們只是給手機
換了個顏色而已。

管理費費率通常和基金規模成反比；基金愈小費率愈高，大多到2%
左右就平穩下來了。收費在承諾期（commitment period，允許基金做新投資
的期間，通常是前五年）期間和期後稍微有差，介於 2%到 2.5%的費用；
過了承諾期後，費用會開始降低，算法差異很大。不過，多數創投公司
十年的平均總費用，大約是承諾資本的 15%，以 1 億美元的基金為例，

營運和支薪的管理費一般是 1,500 萬美元。

此外，大多數創投公司會募多檔基金，平均三到四年會募一檔新基金；有些創投公司經常募資，有些創投公司則募集不一樣的基金工具。例如早期階段基金、成長階段基金、中國基金等，管理費收入就是所有基金管理費的總和；另外，如果有一家創投公司每三年募一檔基金，後來的管理費會成為新的收入。

你可以簡單想成所有基金的管理費大約是總承諾資本的 2％。所以，如果基金 A 有 1 億美元，基金 B 有 2 億美元，管理費最後就大約是 600 萬美元（基金 A 是 200 萬，基金 B 是 400 萬）。

創投公司募新基金時，合夥人及員工一般都會擴編，也可能不會，但很少因此加收管理費。因此，創投公司的資深合夥人（或職銜掛常務董事者）的基本報酬，會隨每次新募基金而上漲。但實際狀況視創投公司本身而異，但不妨想成：管理的資金規模增加，收費變多，部分會落入部分常務董事的口袋。

創投業者的管理費和投資績效密不可分，長期看來，投資成功對管理費唯一的影響是：創投公司募不募得到新基金。成績單不佳的創投公司日後募資會比較困難；話說回來，每檔基金的收費都是沿用十年，作用要很久以後才會顯現。我們常開玩笑說：「創投公司不撐個十年是不會倒的。」背後的道理就是費用可以收很久。

績效費用

管理費用固然可觀，不過，比起創投公司在成功的投資案賺到的錢，也就是「績效費用」（carried interest or carry），可說小巫見大巫。

績效費用是創投公司把錢還給投資人（有限合夥人）後拿到的利潤。以 1 億美元的基金為例，創投公司還 1 億美元給有限投資人，並拿走績效費用。多數創投公司是返還資本後，拿 20％的利潤，有些老字號或超賺錢的基金甚至可以拿到 30％。

舉例來說，基金有 1 億美元，假設創投公司投資得好，回報的金額通常是資本的三倍，也就是 3 億美元。此時其中的 1 億美元會先還給有

限合夥人，剩餘的 2 億美元由有限合夥人和一般合夥人按 80：20 的比例分。創投公司拿走 4 千萬元，有限合夥人則分到 1 億 6 千萬元，結果皆大歡喜。

但有個小地方要注意，創投公司在十年的基金期間，收到約 1,500 萬元的管理費；若基金規模是 1 億，1,500 萬元變成管理費之後，不就只剩 8,500 萬元可以用來投資嗎？有些情況是這樣沒錯，但創投公司的管理費可以回收（recycle）後再投入基金，直到基金總額達 1 億美元。回收隱含要夠早返還基金，且現金流量要管理妥善，創投業者不該排斥砸下全額 1 億美元去運用。在這種情形中，1,500 萬元的管理費，實際上可視為預付的績效費用，不過就是拿基金給的收入再投資。有限合夥人應贊成回收，畢竟回報一般是錢滾錢，唯有動用更多錢，才能賺到更多的錢。也就是說，創投公司是用 1 億美元全額而非 8,500 萬美元去應用，才能提升總回報的錢。

到目前為止的討論，對象都是創投業者整體，而非內部個別的常務董事或其他投資專業人士。創投公司的某個人可能從投資案賺回 4 倍的本金，卻因為其他合夥人決策差勁，最後未能從基金拿到任何錢。

此外，多數創投業者的多名合夥人，不會是一樣的拿法；資深的合夥人拿走的金額，一般資淺合夥人根本沒得比。資深合夥人拿走超額比例的錢，或其他業者以更好待遇挖走新星，都會逐漸成為內部摩擦的來源；尤其單一或某系列基金績效差，只有一、兩位合夥人賺錢的創投公司更是如此。

那麼當有限合夥人要求創投業者投資自己的基金時，又會如何？以往有限合夥人和一般合夥人的出資是照 99：1 的比例分；創投公司的合夥人拿自己的錢，跟著有限合夥人一起，為基金出資 1%（以 1 億美元的基金為例，有限合夥人出 9,900 萬，一般合夥人出 100 萬美元）。這筆「一般合夥人承諾」（GP commitment）資金以往是 1%，後來上漲，有時會來到 5%。

能拿走績效費用當然好，但要小心「收回」（clawback）。以 1 億美元基金為例，假設創投公司用了一半（5,000 萬美元），後來基金有賺到

錢，到目前為止的報酬是 8,000 萬，於是創投公司還回 5,000 萬後，還能從利潤 3,000 萬中拿走一些。

假設創投公司可拿走利潤的 20％，就會開心拿走 600 萬。但沒想到創投公司想乘勝追擊，砸下了其餘的基金，最後投資卻搞砸了，結果總共回報 1 億美元，這個時候帳怎麼算？基金終了時，創投公司投資了 1 億美元，也回報了 1 億美元，因此不能拿績效費用。

而之前創投公司拿到的 600 萬，則要從他們的口袋「收回」，還給有限合夥人。話雖如此，但做起來卻困難重重。

假設創投基金有四名平權的合夥人，每人各拿走了 150 萬，無奈好景不長，基金績效一蹶不振；投資期間其中兩名合夥人另謀高就，也沒和留下的兩位合夥人保持聯絡。而留下的合夥人中，有一位因為離婚，一半的錢已經被前妻拿走了；另一位因為理財不當已宣告破產；更慘的是，四位合夥人都繳完稅了。

但有限合夥人才不管這麼多，反正錢就是要收回來；許多基金協議會規定，不管實際如何分配利潤，每位合夥人有責任全額還錢。結果可能變成：沒拿錢的合夥人必須還錢給有限合夥人，再和前任及現任有拿錢的合夥人打官司。到了這種時候，場面真的很難看，卻也真有其事。

費用核銷

創投公司的收入有一小塊是：出席投資企業董事會的相關開銷核銷。凡是出席投資企業董事會的合理開銷，創投公司都會報帳，除非是搭私人飛機、住五星級酒店總統套房，否則金額通常不大。創業方若認為創投公司錢花得太兇，帳又錙銖必報的話，別介意和對方攤開來講，不然就是拉作風較收斂的董事幫忙。

基金活動的時間期限

創投基金協議有兩個概念會影響到投資的時間。

首先談承諾期，又稱為投資期，通常為期五年。創投公司要在這段

期間找到投資目標，並將基金投資到目標企業；承諾期終了，基金不得再投資新企業，但可以加碼到已有的投資組合。這也是創投公司每三到五年就會募集新基金的原因；一旦某支基金全撥給了屬意的企業，勢必要設立新的基金，才能投資新的企業。

可惜有些創投公司過了承諾期，不去募新的基金，照常找上正在找錢的創業者；此時創業者並不知道創投公司根本不會投資，不過是裝裝樣子，根本拿不出錢。這種情形最早在 2006 年和 2007 年都曾耳聞。2000 年或 2001 年那陣子募到錢，但找不太到新錢的創投公司，經媒體披露後，被戲稱為「殭屍」：它們虛有其表，賺原有基金的管理費，積極管理手上的組合，但不做新投資。

有良心的「殭屍」會坦承自己的現況；沒那麼有良心的會持續和新企業碰頭，但其實兩手空空。「殭屍」通常不難看出，只要問對方「你們上次投資是什麼時候？」就行了，若對方超過一年未投資，八成就是「殭屍」了。

然後不妨再提幾個簡單的問題，例如「目前的基金你打算做幾件新的投資？」或「你打算何時募新的基金？」對方若是支支吾吾，不肯正面回答，那中獎的機率就很大了。

另一個概念是投資期限，也就是基金能用的有效時間。新投資的有效時間一定是在承諾期／投資期，但後續的投資則可以在投資期限前完成。

一般創投基金的期限是 10 年，再加上兩次各一年的延期，共 12 年；也有基金是延三次一年或一次延 2 年，期限就更久了。12 年聽起來很長，一檔做早期階段的基金，在第五年新做的種子投資，從持有到退場平均可達 10 年，所以 12 年其實都嫌短了。因此，許多做早期階段的基金期限都會超過 12 年，有些甚至到 20 年（或更久）。

十二年一過，有限合夥人必須逐年投票表決，同意讓一般合夥人繼續運作基金；而有繼續募到基金的創投公司，有限合夥人一般會支援基金延續的活動。但繼續管理基金所收的管理費往往還要再談過，費率是剩餘投入資本的固定零頭百分比（如 1%），或完全不收費。

以上問題對於有募到其他基金、可收管理費來支應開銷的創投公司影響不大，但對營業費用江河日下的殭屍創投公司，問題就麻煩了。因為殭屍創投公司的合夥人已志不在此，所以無意花時間在投資企業，更可能乾脆慫恿將公司賣掉變現。

有時候，整個投資組合也會以「次級出售」（secondary sale）的方式出售，也就是換個人來接手公司的清算。此時創業者往來的對象、甚至連董事會都可能整個換掉。次級買家打的算盤，不同於原始投資人，通常會鼓勵公司快速退場，價錢甚至低於其他有限合夥人。

▲ 創業老鳥觀點 ▲

投資人的基金設立時間的長短也是一項重要的情報。對創業方來說，基金收掉的時程愈趕，表示投資人求現的壓力愈大（雙方的利益也愈難兜攏），或投資人會要求分派公司股份給有限合夥人，若有限合夥人數不少，全當起股東，情況就很恐怖了。

▌預留款讓創投公司進可攻、退可守

預留款（reserves）是創投公司配置給手上各家公司的投資資本金額，這個觀念雖重要，但創業者大多不太重視。假設有創投公司在第一輪投資你的公司 100 萬美元，做這筆投資時，這家創投公司照理說會保留一個額度，做為將來後續募資輪之用；創投公司一般不會告訴你多少，通常只有他們內部才會曉得這個數字。

一般而言，企業的階段愈前面，創投公司的預留款就配得愈多，但這並非硬性規定。對於即將掛牌上市的投資案，創投公司也許就不會保留；第一輪的投資則可能保留 1,000 萬美元，或甚至更高的額度。

多數創投公司找創業者談時，事先就會詢問創業者將來的資金需

求，不過，仍有為數不少的創投公司跳過這個手續，自己設想將來的募資演變，並得出相應的保留金額。以我們的經驗來說，創業者往往太樂觀，低估了自己的資本需求；而創投公司憑經驗想像，常常太保守，起先會高估，再隨著投資公司的成熟而降低。

對預留款的分析經常會影響到投資案。假設創投基金有 1 億美元，共投資 5,000 萬到 10 家公司，再假設創投公司共有 5,000 萬的預留款，要分給 10 家公司。一開始按各家公司精準估計固然不會有問題，但重點是預留款總數和後續配置。

如果創投公司低估了總數，實際上會花到 7,000 萬，那就沒辦法讓所有公司雨露均霑，只能投已所好地給錢，其餘公司就沒錢可拿了。儘管創投公司只是沒理會創業方，甚至直言自己沒錢，但外界通常是霧裡看花，搞不懂創投公司偏心的給錢策略。

不願明說的創投公司，會經常抗拒更多通融，試圖限縮規模以及隨之的稀釋，或慫恿你把公司賣掉；在加碼參與權生效的情況下，創投公司為了保護自己，會更加抗拒追加融通，但這麼做不見得是正確的經營行為。

如果預留款是 5,000 萬，實際上只需 3,000 萬，預留款過多也是個問題，但和創業者沒有關係。預留款太多表示創投基金投資不力，對有限合夥人及創投公司並非好事。有限合夥人想讓基金的資金完全投資，以求回報更多資本；創投公司也想用到全部資金，因為如果投資獲利，賺到的絕對報酬愈多，創投公司可以拿走的那份就愈大。

多數創投基金在撥款及預留款約達 70％時，會協議允許創投公司募新的基金。募新基金的門檻雖因業者不同而異，但通常頗高，所以創投基金有時會想超額預留以達到門檻，但會造成未足額投資，而影響績效。另一方面，創投公司也需要好的績效和原投資人的支持，才能順利募到新基金。

> **▲創業老鳥觀點▲**
>
> 在後續的投資中，你應該要清楚創投業者為手上（尤其是自己）的公司保留多少資金。若自認為需要好幾輪的募資，就要確認創投公司留給你的口袋夠深，以免因對方拿不出投資的錢而與之交惡。

現金流一樣很重要

　　現金流（cash flow）對創投業者的重要性不亞於創業者，許多創投公司是出了問題才知道這一點。一方面，創投公司募到的資金會用在投資、管理費及基金的開銷，如會計師的年度簽證及報稅費用、打官司的律師費等。另一方面，有限合夥人又想把基金百分之百地投進投資的企業。

　　若創投基金有 1 億美元，管理費是行情價，則基金從頭到尾花在非投資活動的開銷，約有 1,500 萬，那麼在投資期間得賺取 1,500 萬美元，才有得回收或繼續投資，以達成 1 億美元的充分投資。更要緊的是「進退的時機」，畢竟誰都無法預測要何時退場才有錢落袋，如果沒抓對時機，那麼到了基金投資後期，就會開始陷入無錢可回收的窘境。

　　更糟的是，創投公司可能因預留款不夠，未能有效管理現金流，以至於蠟燭兩頭燒，錢根本不夠支持投資，或是拿錢投資後，發給員工的管理費就不夠了；即使後來順利募到基金的創投公司，也可能碰到這樣的處境，因為回收的現金流是專門給基金的。

跨基金投資可能產生利益衝突

　　許多創投業者是和好幾個平行關聯的基金拿錢投資的（例如，投資人可能同時投資兩檔基金：創投基金 III 和創投創業基金 III）；換言之，一家創投

公司可能募集一億美元的基金，其中 9,000 萬美元為「主要」（main）基金，另外 1,000 萬美元則設置「附設」（side）基金。這些附設基金與主要基金相較之下，通常有不同的經濟安排。原因可能只是單純為外國投資人做的稅務安排，或是為了降低策略投資人或創業者的手續費。當你與創投公司進行交易時，你往往會在簽名欄看見這些不同單位的簽名欄，例如創投基金 III（給主要基金簽名）與創業者／附設基金 III（給附設基金簽名）等。

但也有創業者是從兩個單獨的基金投資，如創投基金 III 和創投基金 IV，這就稱為「跨基金投資」（cross-fund investments）。一般而言，出現在前面的基金（基金 III）若預留款不足，後面的基金（基金 IV）會填補缺口，以保障整體創投業者的部位，並兼顧對企業的支持。

跨基金投資可能會帶給創投業者和有限合夥人幾個問題。投資很少一開始就做跨基金投資，以至於後面募資輪的價格異於（不見得一定高於）稍早募資輪的價格；由於標的基金的有限合夥組成肯定不一樣，且各基金到最後退場的回報情況不一，這類投資的有限合夥人回報通常都不一致。

運氣好的話，企業估值穩定增長，大家都有錢賺。運氣不好，或運氣好但第二支基金投資以折價募資，創投公司也不會有好處可以拿。遇到這種情形，因為一支基金會吃虧，有些有限合夥人的回報可能比不做跨基金投資更糟。此時如果有良心的創投公司太在意，也會把自己搞得焦頭爛額。

有些基金會跨基金透過專注於後期投資的不同投資工具，對績效良好的大型公司進行投資（通常稱為「精選」或「機會」基金）。在這種狀況下，第二個基金的任務，就是對創投初期募資投資中最好的標的進行投資。

不同基金對於你的公司，會有不同的投資激勵與動機。比起一檔投資後期的機會基金，投資初期階段的基金也許缺乏現金與時間，因此會想找更快速的出口機會。儘管同一個人可能代表兩個基金，但每個基金背後的動機卻可能不同。

▌注意合夥人離開的可能問題

多數創投公司會有關鍵人條款（key man clause），針對某些合夥人或特定合夥人的離開做出規定。如果有一家公司違反了關鍵人條款，有限合夥人有權暫停這個基金進行新的投資，甚至可以收掉這個基金。

合夥人離開但未牴觸關鍵人條款，利益方面往往不易擺平，尤其在公司架構欠佳、股票授予不妥，或離開的一方拿走太多好處，損及其他合夥人繼續積極經營的意願，情況就會更嚴重。

創業方也許插不了手，但要注意自己公司架構的可能動向，碰到董事會成員或出錢投資的人分道揚鑣時，更要謹慎看待。

在我們的經驗裡，當創投離開公司，退去自己投資標的公司的董事席次時，對公司而言很少會有好結果。在大部分情況下，創投根本就不理會公司，或者在董事會裡放一個新手，以取代離開的合夥人。結果就是公司失去了以往從創投公司得到的部分或全部支持。雖然也有例外，但請將這名新的董事會成員，以你對待新投資人的方式來對待，並努力從頭與其建立有建設性的關係。

▌企業創投

過去這幾年，我們看見市場上出現了許多企業創投（corporate venture capital, CVC）集團。這是有大型企業在背後支撐的創投業者，通常很容易辨識出來，因為這些創投公司取的名字就像谷歌創投（Google Ventures, 現改名為 GV）、英特爾創投（Intel Ventures）、高通創投（Qualcomm Ventures）、Salesforce 創投，以及微軟創投（Microsoft Ventures）等帶著大型企業的名字。現在已經有幾百家企業創投業者。與傳統創投公司一樣，它們在大小、組成、策略與動機方面都各有不同。

不過，企業創投並不是一個新興現象，而是已經存在數十年之久了。在 1990 年代末期，由於網際網路泡沫興盛，企業創投家數曾經一度暴增，但在網際網路泡沫化後，這些公司也隨之迅速蒸發。過去十年，

也就是在2009至2019年間，這類企業又再次興起，並於最近再度暴增。

　　與傳統創投業者對其有限的幾位合夥人老闆負責不同，企業創投需要負責的對象，可能是管理團隊、其他公司部門、大眾股東，甚至每季的報表。雖然有些企業創投的運作方式與傳統創投一樣，但許多企業創投卻是直接從公司資產負債表的資產取出從事投資，並沒有個別的基金結構。當企業創投並不是一個單獨個體，而是歸屬一家大型公開上市公司的執行長或其他主管管理時，除了直接專注於財務報酬外，還會產生許多其他壓力。企業創投是否有資金供投資之用，要看所屬公司的股價與資產負債表的變化，這對新創公司是否能自企業創投募得更多資金，有著非常顯著的影響。

　　企業創投的團隊經常面臨人力變動，尤其是當企業創投擁有明星級從業人員，而他們的激勵是來自他們所服務的公開上市公司的股權，而不是與他們所投資的公司的報酬有關時。這些企業創投的合夥人很容易成為許多想要成長的傳統創投公司吸收的對象，因為這些傳統創投的薪資待遇、自主性以及權威感，通常都比企業創投多很多。

　　針對後續募資或併購活動的估值、結構與控制方面的動機，創投業者與企業創投之間往往都不一樣。除了典型的創投動機之外，企業創投會成為你公司的投資人，雖然未必如此但往往懷著其他目的，包括對你公司的技術有獨到眼光、對於行銷通路或進入市場策略有合作想法，或者想要排除競爭對手等。因此企業創投在考量這些額外的動機因素下，經常願意比創投業者支付更高的估值。但與此同時，企業創投也往往會尋求更多的控制，例如對併購提議擁有**優先購買權**（first right of refusal），但這是你永遠都不應該同意的。雖然較高的估值可能感覺不錯，但請明白，估值過高可能對你下一輪的募資會有負面影響。

　　有些企業創投會要求一個董事席次，但許多時候都會接受董事會的觀察員席次就好。企業創投母公司的法務人員，通常也會關切智慧財產權相關議題可能產生的利益衝突。

　　企業創投收取的報酬（或「補償〔compensation〕」）差異頗大，而且跟傳統創投公司收取的管理費與附帶權益法也有很大的差別。許多企業

創投業者本身只是母公司的員工，領取的是由薪資、紅利與股票選擇權構成的待遇組合。在某些案例中，企業創投可能有與被投資公司績效連結的紅利方案，但這幾乎都遠低於傳統創投公司所收取的費用。

最後要提出的就是，請留意可能發生的衝突，尤其是關於技術與客戶的衝突。企業創投的一個投資目的，就是能對創新公司與其產品擁有洞察力與使用權，他們也常投資於可能變成未來母公司技術與產品長期使用者的公司。雖然這一點很有幫助，但要考慮到，當你決定想使用你的企業創投競爭對手的技術時，或者有一天當你醒來卻驚覺，企業創投的母公司推出了與你競爭的產品時，對你跟企業創投之間的關係會造成什麼影響。

策略投資人

雖然許多企業創投都自認為策略投資人，但還有許多策略投資人並不以創業投資人方式出現。這些公司並不在創業投資領域活動，但由於特定因素而希望投資你的公司。舉例來說，假設你在中國生產消費者裝置，而你簽約的製造廠商可能告知你，他們想投資你的公司。雖然這聽來感覺很良好，但這種投資是有正面與負面效果的。

與企業創投一樣，策略投資人的動機也各有不同，也對不同的主子負責，而投資動機更是在單純的報酬之外有著非常大的差異。

假設你是一家叫做 SwearJar.com 公司的創辦人，公司產品是一種穿戴裝置，能在穿戴人說髒話時偵測出來。在偵測到說髒話時，裝置將自動從穿戴人銀行帳戶扣款，並將款項的 80％ 送給慈善機構，其餘 20％ 則匯入 SwearJar 公司的帳戶（沒錯，我們見過這種產品，而且這是很好的客群目標）。你的產品在 ChinaFab, Inc. 生產，而製造商向你提議，想對你的公司投資 100 萬美元。他們表示不在乎你公司的估值，也很樂於依照公司上一輪募資價格進行投資。你需要這筆錢，也很樂於與製造夥伴建立更緊密的關係，於是你傾向於接受這筆投資。

在你過度興奮之前，請先想想，他們身為你的製造商對你提供的服

務會有什麼變化。如果他們有策略投資的經驗，那麼就查探一下在他們進行策略投資後，與被投資公司的關係究竟變得是好是壞。我們見過部分策略投資人在投資後將 SwearJar 這樣的公司視為理所當然而不加重視外，策略夥伴公司的人也開始將被投資公司的良好績效，視為是因為他們投資的結果。另外，你或許想與另一個製造商簽約生產，以製造競爭局面，迫使目前的製造商負起責任。但最好的下場也只是讓情況變得尷尬，通常還會對你們的商業關係帶來負面衝擊。但你的策略投資人仍然是你公司股權的持有人，這會讓事情變得更加複雜。

　　一般情況下，策略投資人都能帶來幫助，因此雙方的關係是有建設性的。自信滿滿的策略投資人常會因為幫助你的公司獲得成功，而要求得到額外的股權。雖然這種想法忽略了你的創投業者投資人並沒有因為幫助你取得成功，而得到額外的股權回報，但策略投資人往往覺得自己有權利要求這些權益。在這些情況下時，我們鼓勵你採用**績效認股權證**（performance warrant）。

　　與一般認股權證相同，績效認股權證是提供給策略合夥人的選擇權，讓他們以議定的價格（通常是最近一輪募資的股價），來購買你公司的股票（通常是普通股）。與一般認股權證不同之處，在於績效認股權證只在策略投資人達成事先議定的績效目標時才予以發放。在這種情況下，如果他們確實達成目標，你就以績效認股權證給他們獎勵。如果他們沒能達成目標，他們仍然可以獲得依投資額所取得的股權，只是他們無法得到想要的額外股權。

▍創投業者的受託人義務

　　創投業者對管理公司、一般合夥、有限合夥，及任職的各董事會，負有同等重要的受託人義務（fiduciary duties）。一般有信譽的合法創投公司通常不會有什麼問題，但即使在最理想的情況下，仍可能發生利益衝突，導致創投公司陷入兩難。

　　對創業者而言，不管彼此的交情有多好，創投公司有自己的老闆，

有法律責任要遵守。有些創投公司心知肚明也很坦然，對利益衝突訂有明確的內規，有些則否，因而陷入混亂、棘手，甚至艱難的處境。

　　更糟的是，有些創投公司只是嘴巴講講，其實根本沒搞清楚自己的分寸。創業方如果發覺情況不對勁，廢話不多說，直接讓法律顧問代表公司出面釐清。

▎給創業者的兩個提醒

　　創投業者的動機和金錢誘因會影響自身的判斷或情緒，尤其是經營不善或處於關鍵決策時刻的企業更是明顯。所以凡是會影響到投資夥伴的問題，創業方不能一無所知，更重要的是：別怕把話攤開來講；有什麼不愉快，開誠布公地講出來，可免於日後意外的不幸及衝擊性的事態。

在地觀點

本章介紹國際創投的有限合夥架構及營運模式。國內創投基金過去大部分以股份有限公司方式設立，以現金股利分配獲利、減資返還本金，但整體運作仍依循國際創投架構，基金公司（對應到有限合夥人）委託管理公司（對應到一般合夥人）進行投資，收取管理費及績效獎金，對了解創投基金的運作，還是相當有參考價值。對創業者來說，重要的是了解投資人的管理及決策機制，才能做適當的應對。

13

CHAPTER

談判技巧

Negotiation Tactics

不管你有多懂投資條件書，談得到的投資案才是你的。很多人到了談判時都變成了軟柿子，就連律師也不例外。幸好我們手上公司的高層可以上網看我們的文章，並且細讀這本書；希望他們能藉此提升談判技巧，並且摸清我們的手法，下次雙方才能有效率的協商。

談判的重點很多，本章會提到多年來我們覺得不錯的策略。本書雖然以募資為主軸，也會講到實用的談判技巧，以及說明創業方日後可能交手的人物類型。

▌談判重點到底是什麼？

募資的談判重點只有三個：談出結果且條件公道、沒賠上私人關係、了解自己談到的投資案。

有人說：雙方都不滿意的投資案，就是好的投資案。對官司或收購而言，這話也許不假，但換成募集創投資金時，雙方完成投資案後不開心，麻煩就來了。記住，募資只是關係的起點，後面還有好長一段路要走；共榮的關係是共同經營公司的重點。

對談成的雙方而言，好的開始就是：雙方都認為結果公道、能遇到對方是自己運氣好。若不幸在募資過程弄僵了雙方的關係，那麼即使投

資案後來成交了，緊繃的關係也可能會持續下去。此外，如果把場面弄僵的是你聘的律師，那麼這位律師在創投公司入主董事會後，很可能就準備要走人了。

▲ 創業老鳥觀點 ▲

你的律師要會做人、知道變通，但並不是請律師講話要小小聲，尤其當你的律師對創投募資很有經驗時。身為創業者，即使對法律術語沒轍，仍要謹慎打理；談判桌上是你的公司和投資案，不是律師的。

至於投資條件書中哪些條件重要，前面經濟利益和控制權的章節都談過，除了這些條件之外，在其他地方相持不下，都是浪費時間。從對方特別聚焦之處，你就能了解對手很多事。

選好幾項真正要緊的事：估值、認股權池、優先清算權、董事會、投票表決控制權，其餘就算了。以上所列重點之外的條款，都只是「紙上富貴」，不用太計較，日後你因為大方而得到的好報，要比那些不重要的條款值錢多了。

▎談判前的準備工作

準備工作沒做是談判時的大忌。談判桌上的糾葛千頭萬緒，對我們來說，聽到有人竟然「盲目坐上談判桌」，簡直不可置信。這個提醒適用於所有類型的談判，不光只在募集創投資金時。

許多人沒準備是因為不知從何準備起，雖然我們也會在書上提供幾個主意，但其實對於談判，你可能不曉得自己比想像中更在行，因為在日常生活中，每個人每天都會遇上談判場面好幾次。只是一般人多半不

在意，沒有特別注意過。舉凡結婚、生小孩、修車、訓練寵物，或和朋友打交道，都會用到談判，談判其實天天都在生活中上演。

當你因募資與人談判時，要先有個計畫。想好自己要留意的重點、清楚哪些地方願意退一步，以及什麼情況下乾脆走人。如果一邊談判一邊研究這些事情，你可能會收不住情緒，因而犯錯。所以事先一定要訂計畫。

接下來，你要在事前花些時間，了解對手的底細。有些人的資訊不難找，例如我們公司，靠 Google 幾乎就能摸清我們的想法。如果我們公司公然說：在投資條件書上談登記權條款細節的人，根本是白痴！（我們還真的說過這種話）那你和你的律師為什麼還不對登記權放手？

說是這麼說，但律師回給我們的合約修改中，要求改登記權部分的比率還是超過一半，老是讓我們對律師回以白眼，並了解創業方完全是在狀況外。沒錯，我們會記下這些法律事務所的清單，而且不會將這些事務所介紹給我們要投資的公司。

預先知己知彼，還有機會打中對方的強項、弱項、偏見、好奇及不安。俗話說，知識就是力量，在這一行絕對管用。而且記住：就算有把柄可用，也不一定要用上，而是把它當靠山，若事態急轉直下，也可未雨綢繆。隨著你逐漸了解另一方，試著想像在準備談判時，他們會做什麼：他們有什麼動機？他們的誘因是什麼？什麼事會造成他們的不安全感？對另一方的觀點推測出多種理論，並準備好針對這些理論即時採取行動。

切記：談判桌上，總是各有所長。雖然有小蝦米對抗大鯨魚的時候，但小蝦米並不是腦袋空空，肚裡沒有半點墨水。天生我才必有用，找出你的過人之處，以及專剋對手的撒手鐧，才能在談判桌上一展雄風。

如果你是一個二十出頭的創業新手，對上一個四十好幾、見過大風大浪的創投老鳥時，你能有什麼優勢？對方肯定比你更懂投資條件書，而且見多識廣，你怎麼可能是他的對手？如果對方還是你募集創投資金時唯一的希望，那你還有救嗎？

當然有，所以別急著繳械。你有一樣最先到手的優勢：時間。創投

業者有家庭要照顧、手上有很多公司要管、有大批投資人要交代，反觀你只要管自己的公司和這場談判就好，自然有本錢拉長戰線，直到創投業者不耐煩為止。

事實上，這一招確實讓很多創投老手受不了，寧願丟出些甜頭來換取效率；只不過也有創投業者會反其道而行，在合作條件中逐項雞蛋裡挑骨頭。因此，你也許可以挑快下班、剛好要回家陪家人吃晚餐的時間打電話去談；或假意請創投業者解說很多「看不懂」的條款，和對方耗時間。

真的有人這樣搞嗎？ 2009 年時，我們讓 TechStars（www.techstars.org）的團隊知道了這個方法，後來就有一支團隊等到曼德森要去度假的兩個鐘頭前，才來談我們給的條件；曼德森沒意會過來，還以為只是時間點巧合，殊不知其實是二十出頭的創業新手故意設計好的時間壓力，高招啊！

其實優勢俯拾即是。和你交手的創投業者是史丹佛大學的體育迷嗎？不妨從聊天中，套出他是否有場邊的貴賓席座位；創投業者熱中的慈善活動和你的重疊嗎？利用這些共通點，提高對方的興致。

類似的簡單手腳多不勝數，重點是：要有計畫，要知己知彼，要想想老天爺賞賜的優勢何在。最好的情況當然是不必動任何手腳，但是到了需要錦囊妙計的時候，卻沒帶上談判桌，那你就虧大了。

▲ **創業老鳥觀點** ▲

你最大的優勢是另有備案，因為感興趣的創投公司多到在排隊呢。在各個旗鼓相當的創投公司爭相投資你時，來到你面前的創投公司鐵定超有誠意。

▌什麼是賽局理論？

　　每個人都有天生的談判風格，彼此或許臭味相投，或話不投機半句多；重點是了解彼此的某些作風為何會「投緣」、「犯沖」，或「相剋」。

　　首先講解一下賽局的基礎知識。賽局理論（Game theory）是一個在規定的限制下，極大化收益及極小化虧損的數學理論。這種理論廣泛用在解決各種決策問題，例如軍事策略或經營政策。

　　賽局理論指出：情況本身潛藏的規則，會影響其結果的演變；這些獨立於當局者的規則，能預測及改變當局者在限制下的互動。清楚有哪些隱藏的規則，是坐上任何談判桌的重點工作。

　　囚犯困局是最有名的例子，場景不時會出現在警匪影集，簡單形式依史丹佛哲學百科（http://plato.stanford.edu/entries/prisoner-dilemma），描述如下：

　　譚雅和辛克因搶劫愛爾蘭儲蓄銀行而遭警方逮捕，被帶往隔離的房間偵訊。比起對方的下場，兩人更關心自己能否重獲自由。於是有位精明的檢察官給了兩人一條路走：「你要嘛坦白從寬，要嘛保持緘默。但如果你招了而另一個不肯招，我就不起訴你，而且會用你的證詞，讓另一個被關上好一陣子；相反地，另一個招了而你不肯招，就不起訴他，而你要進大牢。兩個都招的話，看在你們肯合作的份上，就讓你們早點假釋；兩個都不肯招的話，我就會依持有槍械起訴，判個意思意思的刑期。肯招的話，要在明天早上前和員警講。」

　　典型的囚犯困局可列成下表。

囚犯困局

	嫌犯 B 不招	嫌犯 B 招了
嫌犯 A 不招	各服刑 8 個月	A 服刑 12 年 B 脫身
嫌犯 A 招了	A 脫身 B 服刑 12 年	各服刑 5 年

　　有意思的是，這個局背後的規則指出，儘管結果會利人利己，兩人就是難以避免互捅對方一刀的局面。

　　整體看來，串供不招，似乎對兩人的結局最好，雙雙進牢 8 個月就出獄，但受到局勢所逼，卻不會發生這種情況。不管兩人串供招或不招，背叛另一人，自己的刑期都會縮短。換句話說，無論另一個搶匪怎麼想，自己當「抓耙仔」都比較占便宜。

　　「玩一次」（single-play game）則是本例的另一個規則。當局者在一局結束後，命運就底定了，有別於可以重複玩的賽局。舉例來說，戰場上就有不少很有意思的理論，兩個陣營駐紮於壕溝，從賽局理論得知：建議不要趁半夜、週末、假日、用餐等時段打仗。為什麼？趁對方睡覺時進攻，不是很合情合理嗎？

　　這麼說好了，除非這一仗一打就能定輸贏，否則對手也可能趁你吃飯、放假、放風時回敬你，下場就是仗打不完，而且連消遣時間都沒了。這種以眼還眼的策略，能夠讓局勢保持均衡。人不在吃飯時間犯我，我就不在吃飯時間犯人，這樣大家都好過，否則便會變成：你搞我，我就搞你，直到你改回去為止。

　　當局者在盤算的時候，如同囚犯困局的例子，除了要思考有哪些外力能左右決策成敗，還要思考得做幾次的決定。局面是一次搞定，還是得談好幾次，另外是否更看重先例及名聲？

▋ 募資的賽局

相形之下，募集創投資金的賽局就簡單多了。第一，真的有皆大歡喜的雙贏局面；第二，不必像被隔離偵訊的囚犯那樣，對著空氣獨自盤算，第三，最重要的是，這不是一次就能搞定的賽局，因此雙方的名聲及一報還一報的顧忌，會左右彼此的算盤。

投資事成後，創投和創業雙方來日方長，彼此日後好相見比較重要，募資不過是漫長重複賽局中的一次談判而已。任何會招致對手報復的舉動，都非明智之舉，甚至違反理性。

此外，對創投公司來說，該回募資只是其中一筆買賣，因此創投公司還會考量到一個因素：自家公司名聲的好壞在兩方交手後，還會遞延很長一段時間。隨著創投行業的成熟，現在大多數創投業者的情報都很容易到手，信譽太差這種事根本瞞不住，也會扼殺創投業者日後的發展。

任何一次的談判都不會是一勞永逸、贏者全拿的局面，但這個道理不是每家創投公司都懂。通常愈老練的創投公司，眼光愈長遠，但也有目光短視的時候。

除了菜鳥創投，經常代表創投公司或企業的律師很容易短視，而企業主也很常犯這個毛病，和這種人交手時，我們通常不太看得起對方，有時候乾脆連投資案都不跟他做。如果你遇到那種以「談完這次，從此成王敗寇」出名的創投公司，就要非常小心了。

> ▲ 創業老鳥觀點 ▲
>
> 對付創投公司有一個很管用的手法：一開頭趁雙方還沒亮出投資條件書前，先問創投公司覺得哪三項條款最重要；同時也把自己最看重的三項條款準備好。
>
> 這麼問是讓自己對接下來的談判有個底，在攻防激烈時可以幫自己一把。當創投公司猛攻他們沒提到的地方時，你想據理力爭就容易多了，而且要提醒對方，對方已經達到大多數的目的了。

　　賽局理論還能用在更多其他談判場合。例如，當創業方決定把公司賣掉，那麼收購的商談就類似之前提到的囚犯困局。訴訟常給人一刀兩斷之感，殊不知合作關係應該要細水長流；打起官司來非得拚個你死我活，完全忘了判決後雙方還要繼續合作呢！

　　記住，當局者改變不了規則，但可判斷出差勁的玩家，而且賽局理論也是洞察對手的好方法。

▎在其他賽局情勢中進行談判

　　不是所有賽局都是雙贏局面。還有許多不同種類的賽局，但其中有三種，與募資賽局形成有趣的對比。我們先從與雙贏賽局完全相反的對立賽局開始談起。「贏者全拿」（winner-takes-all）賽局，就是典型的高賭注訴訟情況。你可能被專利流氓控告，或者面對了某種「賭上全公司」的情境。在這種賽局中，名譽微不足道，結果才是重要的。你要做好準備，這會是一場拉扯情緒、耗費時間、冗長、心力交瘁的戰爭。別假設對手會擁有跟你一樣的道德標準，因為撒謊除了在法庭宣誓之外，都不算犯罪。即使如此，我們都還見過有人在法庭宣誓取證時撒謊。這些案件往往都會讓你的律師化身為電影中好鬥的惡犬。這一點也不好玩。但

請記住，參加槍戰時千萬不要只帶著一把刀。

第二種賽局就是，你身處非常對立的情況，但名譽仍然很重要。典型的例子就是當公司創辦人在非自願情況下離開公司。這其中將牽涉到大量的情緒，也很傷感情。不過，雖然雙方偶爾可能扯破臉，但也不算是贏者全拿的局面。公司與離開的創辦人雙方都有共同利益，雙方都希望保住聲望，而且離開的創辦人很有可能還將持有公司部分股權。因此，這種賽局會對雙方行為有一定限制。雖然大家在募資後不見得還是朋友，但還是會保持禮貌。在這些案例中，我們通常會看見律師帶著尊重，但堅持守住立場。也有很多時候，律師無法與離開的創辦人達成解決方案，公司就會直接出面弭平雙方的異議之處。

第三種賽局就是併購賽局。我們將在第十六章討論細節。你可能總有一天會將公司出售。在這種情況下，你會面對贏者全拿與雙贏局面。一方面，公司的大餅要被切割。併購的談判將決定哪一方將得到什麼，而且會談到最細節的部分。而且你也只有一次談判機會。不像創業募資，在公司生命中只是一次事件，公司併購所談的各項條件就是最終的結果。而這就是賽局中贏者全拿的部分。雖然如此，在併購完成後，大部分管理團隊的人仍會與買下公司的人一起工作。在賽局的這個部分，大家都期待創造雙贏局面。由於這個特質，併購本身變得相當詭譎，會有咬牙切齒的時候，也會需要冷靜的態度。正如我們稍後將詳細討論的，在公司併購的情境下，各方都會扮演這些角色的部分或全部。

七種談判風格及應對手法

每個人都有天生的談判作風，年齡、種族、性別、教養、在某一天的情緒、你與親密愛人與小孩的關係、你與父母與手足的關係，還有許多其他事情，都會影響到你的談判方式。請記住你在兩歲左右就已經開始談判了，所有談判的經驗造就了今日的你。

已經有新的研究結果顯示，性別對於談判有很大的影響。哈佛商學院的報告指出，女性在協商工作機會時與男性的表現不同，因為她們擔

心這種談判，會在她們開始新的工作時會傷害自己的風評，而男性就比較不會經歷到這種傷害。還有資料似乎顯示，男人在與其他男性進行激烈談判時，比女性感到自在，因此女性可能有更大的社交成本。 *

我們希望透過本書，盡可能讓這些條款、議題及談判方法透明化，可以打破部分的障礙。我們鼓勵大家在與對方談判前，無論你是誰，都先自我內省，並確定你內在的偏見沒有影響你進行談判的方式。

就像所有的事情一樣，很少人能精通很多事。在談判的領域，這表示大部分的人並沒有真正截然不同的談判模式，但這並不表示你不能練習根據不同處境而擁有各種不同的因應行為。

談判好手大多有自知之明，知道如何靠對手的風格借力使力。以下是幾個你可能會遇到的性格，以及如何對付這些性格之人的方法。

1. 霸凌型

霸凌作風包括：說話大聲、喜歡吵架、用詞刻薄及威脅他人，這種人通常腦袋都不大好，根本沒真正弄懂問題，只想壓過對手。

對付這種人有兩個法子：和他硬碰硬，或和他乾耗。如果你能比對方更兇，那就儘管兇回去。但別誤判形勢，否則會碰一鼻子灰。其實，談判對手就算再惡形惡狀，對你也沒什麼傷害，所以除非你生性火爆，否則還是應該在砲聲隆隆時冷靜下來。

2. 好人型（又稱「中古車業務」）

雙方碰面如沐春風，對方像是在向你推銷什麼，你卻經常不確定對方葫蘆裡賣什麼藥。聽到你的拒絕時，你看得出對方很失望，不過仍面帶微笑，像個看秀的觀眾。對他們而言，你只要乖乖對他們提出的條件上鉤，世界就變得更美好。

然而隨著談判攤牌，對方人雖好，卻愈來愈不想讓投資案拍板定案，如同凡事都要請示主管的二手車商業務，對方不停冒出「我回去想

* https://hbr.org/2014/06/why-women-dont-negotiate-their-job-offers.

一想再告訴你」之類的話；雖然不會對你大小聲，但就是遲遲不肯答覆，或整個投資案沒有進展，令人覺得很挫敗。

　　遇到這種人，建議你就直來直往，但要耐住性子，畢竟對方可以一整天說個沒完。一旦對方讓你束手無策時，不妨硬一點，好讓投資案順利進行。

3. 技術官僚型（又稱「鐵桶」）

　　這種人沉迷於技術細節，雖然不會大小聲，也不像好人型那樣沒真實感，卻讓你覺得自己永遠無法從細節脫身，問題千頭萬緒，說不清哪個重要，而且各有某些原因，一個都不能放過。

　　遇到這種人，建議你就逆來順受，也許趁對方沒完沒了，你還可以拿農場遊戲 FarmVille 出來玩。這類鐵桶般的對手，會讓你在中途失去焦點，所以要提醒自己抓緊重點，對重點以外的部分可以讓步。此外，由於對方經常將條件逐項從頭談起，讓你沒辦法綜合各項條件的讓步，容易顧此失彼，所以記得要整個資料一起看過。

4. 窩囊型（又稱「花瓶」）

　　窩囊型的對手看起來好像很好對付，但問題也出在這裡。這種人雖然很容易做成投資案，可以讓你談進大筆資金，但事成之後，你的董事會就會多了個豬一般的隊友。與窩囊型交手，未來要同時搞定內外雙方，這種事有時比你對付敵人更棘手。

5. 奧客型（又稱「怪老頭」）

　　碰到這種對手，談什麼都令人不快。不管你們談成了什麼，感覺都很糟糕，每道談判步驟都像找牙醫幫你拔牙一樣，讓你肉痛不已。對手既不大小聲，也不給你好臉色，雖然不太計較細節，但也沒有哪裡看得順眼。

　　這種人不是花瓶型，而是等著占你便宜，活像個壞脾氣的怪老頭。但只要你有耐性，一路保持樂觀和豁達，最後一定能如願以償。不過，

你永遠不會讓他滿意。

6. 平順、穩定，聰明型（又稱「零死角完人」）

　　這是一種性格什麼都有的人。這種人可以轉變成我們提過的一種或多種人格特質，但又有一種自然平靜的風采，讓他成為強大的對手。這種人會利用恰當的時間來準備、知道臺面上的所有重點，還花了工夫研究你。他們對自己的工作產品具備極大的自信，以至於他們渾身散發著平靜的感覺，彷彿他們是在公園裡散步一般。如果你也做足了功課，那你們二人就能產生立即的尊重，有時甚至能產生信任感。這是最好的情況，而且能真正造成雙贏結果。從另一個角度來看，如果你沒有做足準備，他們會碾壓你，還讓你自我感覺良好。直到當天晚上，當你用你最喜歡的成人飲料安慰自己的時候，才會有點不一樣的感覺。

▲ **創業老鳥觀點** ▲

談判可以看出一個人的秉性如何，所以說，在簽下含排他協議的投資條件書之前，與對方談得愈詳盡愈好。如果你從談判桌上看出某個人是個混蛋，那你最好再想一想，要不要讓對方進董事會，成為公司內部的一員。

---

7. 直來直往型

　　如果是正常人呢？譬如直腸子、友好、聰明、冷靜、是你希望在談判桌上遇到的人，這時又要如何應對呢？的確有這種人，不過，每個人都有自己的脾氣，有時難免會在談判桌上爆發，尤其是遇到壓力或事情不順利時，特別容易失控。所以，你要先認清自己，以免失控時突然被自己嚇到。

　　如果你可以控制好自己的脾氣，你自己會想以什麼樣的狀態上場？

考慮到雙方的名聲及交情，你要盡量當個直腸子、好相處的對手，讓對方摸得透、看得懂你這個人。如果你只和對方做一次投資案，日後不想往來的話，那就非贏不可！如同運動賽事，此時最好的策略是：臨時改變打法，讓對手無暇他顧。

▌威脅走人的時機與眉角

我們經常收到有關談判的提問，其中最常見的是「何時退出投資案」。多數人一想到要掉頭離去，臉色不免一沉，尤其已經為談判投入了大量時間和心力的人，更是如此。要考慮是否拉倒走人，關鍵在於事前的準備：在開始談判之前，就該清楚走人的時機，這樣的決定是理性且審慎的，而不是因為談判過程太煎熬，一時賭氣下的決定。

當你決定走人時，要先想好「次佳替代方案（best alternative to a negotiating agreement, BATNA）」。也就是說，如果投資案沒談成，你有什麼備案？答案視情況差異很大。運氣好的話，你的備案也許就是：答應另一家創投公司的次佳投資條件書；運氣如果不夠好，就只能放棄增資，自求多福了。

了解投資案以外的次佳替代方案，對任何談判都很重要，包括收購（繼續當獨立公司）、官司（和解或開庭）、客戶合約（閃人或繼續留在一個爛投資案裡）。

展開任何談判前，要先認清自己的整體限制、各方限制是什麼。只要事前想清楚，一旦有人試圖逼你破功時，自然就能察覺。有些人明明沒有、卻假裝自己被逼到懸崖，這種作假通常也不難看出，畢竟真的假不了。

如果談到某個地方，你發覺自己沒路可走了，或被逼進受不了的地方時，直接告訴對手你不做了，然後走人；讓對手清楚知道談不下去的地方，好讓對方能重新思考自己的立場。如果你的拂袖而去不是故作姿態，對方也有意思要和你做交易，很可能就會擇期重回談判桌，提出一個你能接受的方案；否則即表示這筆投資案本來就不該做。

　　有時創投公司只要看與你談判的對手類型，就可能察覺出你的界限，或乾脆逼你破功，直接讓談判以外的次佳替代方案上場。如果談判過程中一再發生這種情形，那這家創投公司很可能是不留後路。此時你就要認真思考是否要和對方合作，畢竟日後雙方的關係好壞，是建立在來回交手上。

　　最後，在談判期間千萬不要說你不談了。如果你虛張聲勢卻無意做到，接下來就別想再討價還價了。當我們聽見對方第十七次提到「這是最後的條件」，我們都知道，只要按兵不動就會有第十八次，而且會是更好的條件。

▍創投競爭與固定條款是創業方的籌碼

　　除了掌握重點，知道如何與對手談投資案之外，有些事情你如果能夠做到，就能增加你的談判籌碼。

　　運氣夠好的話，創投業者對你的企業趨之若鶩，這一點大大有利於投資條件書的敲定。不過，同時腳踏多條船，也可能陰溝裡翻船，要顧慮作業的透明化及時機，不要出錯招，否則以後可能再也沒人想理你了。

▲ 創業老鳥觀點 ▲

之前提過，有好的備案是談判的絕佳武器。對每個找上門來的投資人，合理坦言實情並不是壞事。但也要有所保留，例如，你正在交涉的其他投資人的底細，畢竟讓兩個創投公司有機會私底下交換意見，對你不是件好事；表明你有來自其他業者的合理利益，就能加快投資案過程，並迅速達到最終的結果。

　　對創業新手來說，時機非常重要；最好能讓每家創投公司都在差不多的時間內提出投資條件書。這件事不見得容易達成，因為有時你會對某方提不起勁，但對另一方又想加快步伐。光想就不簡單，不過，如果能讓各創投公司差不多同時同意投資，那麼比起先到手一份投資條件書，你的處境會好過許多，然後再靠到手的條件騎驢找馬。

　　一旦拿到某家創投公司的投資條件書，就可以用來誘使其他創投公司有所行動，但是要拿捏好瞞與不瞞的分寸，以免過猶不及。

　　像我們公司就會希望創業方早點講，告訴我們還有其他同行想插一腳，以及雙方進展到哪裡了。我們從不要求對方讓我們知道其他人的投資條件書，而且建議你也別讓其他投資人看你的投資條件書。

　　最重要的是，千萬別透露交涉的對象是誰，如果創投公司聽到有同行也對你感興趣，大多會寫信去問對方，例如：「聽說你有意思投資XX，願不願意分享一下情報？」如此一來，你可能會失去「讓兩家創投公司競爭」的優勢，現在對方會交換意見，說不定將來就會聯手對付你。當然，如果你主動希望對方結盟，組成投資結盟團隊，那就另當別論了。

　　當你終於拿到好幾份投資條件書，上面的條款多半大同小異（通常有利於創業方），真正要談的就只剩下估值與董事會控制權。你大可表示自己可能會接受的其他選項。切記，怎麼做都好，就是不要簽了約之後三心二意，隔天又改變主意。創業圈子不大，任何消息都傳得很快，所以一定要好好珍惜自己的名聲。

　　挑出幾個地方，明確說出自己的期待，而且堅持不讓步；但要挑對地方，並在談判時留下些許餘地，只要你願意在其他較不看重的地方妥協，合作案很快就能談成了。

　　雖然你應該設法調整談判的進度，但一切必須等到創投公司報給你第一份投資條件書後再說。絕對不要自己去找創投公司並提出投資條件書，更不可以把價格寫進去合約裡，否則就是自己把上限說死了。

　　一定要等創投公司提出投資條件書後，再做反應，如此一來，肯定更占上風，尤其手握多家創投選項時更是如此。不過只要投資條件書到

手了，你就應該努力控制談判的步調。

任何談判都一樣，只要設法讓對方飄飄然，多少對你有幫助。找出對手想聽的，然後投其所好；禮尚往來是人之常情。例如，和技術專家交手時，讓話題深入幾個投資案項目，雖然對你不重要，但你的目的是要讓對方開心，並且自以為主導著局面。

如果談判由你主導，那麼對於處理項目的順序，你要有自己的一套。順序的選擇有兩種：一種是按照先後順序，一種是隨自己的意思。

談判老手大致上都會依先後順序，這樣一來，自己看重的痛點就不會被識破。通常談判老手會設法逐項討論，以免對手在過程中恍然大悟，發現投資案這麼做並不公平。

如果要讓以上策略奏效，你得先身經百戰，否則對手比你經驗老到時，就可能反客為主，結果你是搬石頭砸自己的腳，除了各個條件被擊破，還會落得遍體鱗傷。

除非你很有談判經驗，否則建議你先從幾個自認容易得手的要項開始，這麼一來，雙方都會滿意投資案的進展，例如，可以先從優先清算權或認股權計畫分配下手；接著深入細節，估值可能要擺在最後一項，此時其他條款可能已經談成了，而估值還要商談幾回，所以有些條款拖得比較久是很正常的。

所有這些戰術與理論都假設，與你談判的是一個理性的對手，會依據對他利益最好的方式行事。一名不理性的對手（想想還在坐嬰兒車的孩子或綁架人質的人），將不會針對提出的意見做出預期的回應。雖然我們在我們的生態圈裡沒有見過真正不理性的對手，但這種情況的確會發生。在這些情況下，我們強烈建議你成為同理心專家，就像你面對你家三歲的小孩，說服他去睡覺時一樣。

▎談募資時的提醒

既然這是一本關於融資的書籍，我們想針對當你為公司談判一筆募資交易時，絕對不該做的事情，提供一些建議：

　　別自己去找創投公司報投資條件書。此舉除了顯示你沒經驗之外，因為你先出牌也占不到便宜，畢竟你不清楚創投公司會給你什麼，而創投公司反而因此開出比原先打算給你的條件差，或因為你提出的條件不妥，搞得你像個菜鳥一樣。

　　但如果募資對象要你先報條件，那你就要小心了，這表示對方可能不是專業創投公司，或純粹是職業性怠惰。

▲ 創業老鳥觀點 ▲

絕不要先報條件，沒理由這麼做，除非你已一鳥在手，否則何必冒這種開價過低的風險？

　　掌握住動口和動耳的時機。不開口就不會談輸人家。多傾聽對方說話，就能接收對方的進一步資訊，例如，你握有時間優勢，因為對方一個小時後，要去當業餘棒球賽裁判，以及對方偏愛什麼談判風格。米勒法則宣稱，不論在任何時間，人類的大腦最多只能記住七項資訊（大概可以增減兩項資訊）。當你覺得不知所措時，仔細聆聽，並讓自己平靜下來。在這種時刻，你最不該做的事就是開口說話。

▲ 創業老鳥觀點 ▲

俗話說得好，人的耳朵有兩隻，嘴卻只有一張。所以談判時「少說多聽」方為上策，尤其是談判一開始的時候。

別照法律文件的順序討論投資案。談判桌上若是由對方主導，切記別照著官方文件的順序談，這點對所有談判都通用，不僅只在募資談判時。如果任由對手逐一處理各項決議，非得敲定這一項，才能再看下一項，會讓自己因小失大；也許每項決議看似合理，等回過頭來看整筆投資案，發覺情況不妙時，已經來不及了。

如果有人逼你非照這樣的模式不可，那你千萬別認帳；姑且聽之就好，並讓對方知道，你要等聽完全部意見才開始斟酌。許多律師都深諳此道，然後逐項蠶食創業方的利益。

「市場就是這樣」是很不夠力的論點。很多人在談判期間會不斷重複同一套說辭。慣於談判的人，包括創投公司和律師在內，經常用「市場就是這樣」的說法，企圖說服對手默默順從；但通常我們聽到對方拿市場當藉口時，都會很高興，因為這表示對方的談判能力不太行。聽到「市場就是這樣」，就像聽到爸媽說：「不可以就是不可以！」小孩則回嘴：「別人就可以！」這種國小程度的談判，上大學前就不該拿出來用了。

募資這一行隨時都會聽到這種話術。你不必覺得深受打擊，而是要認清這只是個不夠力的論點，畢竟市場條件的概念，並非談判場上的唯一評判；所以你要反過頭來，打破砂鍋問到底，問對方市場條件何以能適用？很多時候對方都沒辦法講出一番道理，這時候就變成你占上風了。

> **▲ 創業老鳥觀點 ▲**
> 除了要了解市場條件之外，也要判斷自己的情況是否適用。別忘了，你一輩子做不了幾筆這樣的投資案，但創投業者卻是以此為生。了解市場到底是什麼，就能拋開負面情緒，只憑事實去回應對方拿市場當藉口。

　　最後，不要假設其他人和你有一樣的道德標準。這麼說不是在批評創投業者或律師，而是一種人生的感想，而且適用於你會碰到的各種談判。每個人的道德標準都不同，而且會視談判的脈絡而異。

　　舉例來說，如果你對創投公司謊報大客戶的現況，結果在投資案完成前被抓包，那投資案很可能就這麼吹了；也可能在投資案完成之後，你就被炒魷魚了。有些同業可能聽到了風聲，使得雙方（創投方和創業方）在募資過程中，一言一行都特別謹慎恰當。

　　然而比起多數人的行為，律師這一行自有其遊戲規則，可以容許官司訴訟時，謊言和真假參半的行為。所以，不管是做何種談判，請務必了解對手的道德標準。

▌好律師、壞律師、沒律師

　　就算你自認能力強、見識廣，也一定要找個律師幫你。很多時候你都是談判桌上最菜的那個人；談判可是創投業者的吃飯傢伙，你若一人單打獨鬥，絕對討不了什麼便宜。而找個好律師幫忙，可助你扳回局面。

　　挑律師的時候，要先確認對方除了懂得投資案怎麼做，而且是可以共事的人，他的作風要能讓你放心與他並肩作戰。在這方面千萬不要隨便，因為律師就像是你的分身，如果你挑的律師沒經驗、沒成績，或前後不一，就會連帶拖累你，減損你的談判可信度。

　　所以，一定要找個好律師，但前提是你要知道何謂「好」。你可以先徵詢幾位企業家，問問他們都聘了誰當律師；或向當地的創業社群打聽看看，哪位律師的名聲好、信譽佳。不要只看律師的鐘點費、熱誠、才智，也要打聽律師的作風，聽聽他會如何解決爭議談判。而募資前後，你也可以徵詢創投公司對你的律師的看法。

▲ 創業老鳥觀點 ▲

所謂「挑個好律師」不是要你聽創投公司的建議，去找貴一點的或
創投公司聽過的律師。如果你找的是頂尖的律師事務所，對方得知
你想為創投案找律師，通常只會派個二流或沒人帶的資淺律師給
你，而且還收費昂貴。

你也可以找小一點的事務所，費用會比較便宜，又有合夥人幫你盯
著律師，這樣會比較保險。但務必要先做功課，確認對方有募集創
投資金的經驗，而且要有人推薦，即使推薦者是過去的談判對頭也
無妨。

▎如何讓壞交易起死回生？

　　假如你把一切搞砸了，不得不談一筆很爛的投資案時，你也沒什麼
選擇了。偏偏創投公司惡質又奸巧，給的條件令你嫌棄；這時候你就只
能失望，什麼都不能做嗎？其實，多數創業人從來沒想過：很多情況可
以事後再搞定。

　　首先，除非你要退場了，譬如說被收購或掛牌上市，否則有很多條
款其實並不重要。但是如果你打算在新投資者的帶領下進行新一輪的募
資，那麼，這時你將有一個潛在的盟友來為你處理第一次投資中沒有談
判好的事。新的創投將會盡力確保你和你的團隊感到滿意（假設你的公司
表現良好）。如果你與潛在的投資夥伴討論過往投資中困擾你的問題，
在許多情況下，新的創投會認真嘗試在新的募資輪中矯正這些問題。一
般來說，新的創投會比過往的投資人更關心創業者的幸福。

　　如果最後你沒能和新的創投公司合作，你還是有機會在雙方磨合了
一段時間後，回頭和原本的創投公司談。這種吃回頭草的情形，我們就
親身經歷過很多次，雙方對談變得很有建設性，第二次的投資案談判通

常也會變得對創業方較有利。

你也可以撐到退場，再來處理問題也不遲。多數的收購談判都很看重管理團隊的留任，有的會將投資人的部分收入，重新配給管理階層。不過，事情的發展要看創投公司的作風。

不打算再和你往來的創投公司，通常不在乎談成後的事，那就沒有什麼彈性了；如果對方覺得日後可能再和你往來，就會把眼光放遠，願意修正部分條件，配些價金給管理階層和員工，如果收購人樂意留任原團隊成員，那就更有機會如你所願了。

不過，你心裡對內外交迫的演變要有個底；畢竟很多收購人砍起投資人的利潤時，都不會手軟。記住，身為創業者，既然已經與投資人做了投資案，就有一份責任；如果你沒給投資人後路走，反而和收購方聯手，最後可能兩頭都落空。所以說，激勵報酬和局勢發展應該要周延、公道，並坦誠地對待投資人。

▲ 創業老鳥觀點 ▲

遇到有人想收購你的公司，而你卻坦誠對待創投公司、積極與對方合作，雖然看起來好像是向創投公司示弱，但這麼做其實很有用。

早點和投資人講清楚你和團隊看重的部分，有助於談判的定調，雙方一起敲定正確的投資案架構；尤其在收購方試圖挑撥你與投資人時，更要如此。子彈充裕的談判絕對會比彈盡糧絕的談判要容易許多。

就我們的經驗來說，創業方和創投方在談判時開誠布公，談判成果通常都比一般談判結果好很多。上場談判已經夠讓人頭大了，如果各方（如收購方、創業方、創投方）又心懷鬼胎，那真的會累死人。

　　不管投資條件書如何，創業人都要與創投公司合力做出對全體股東有利的事，別因為任何議題就輕易棄守；尤其某一方對先前的結果不太滿意時，更不能忘了這一點。

在地觀點

回顧第一章提到的創業團隊與投資人，在發展事業時各自的角色定位，雙方都要有基於未來將共事五年以上的認知，來進行募資協商，同時，也要站在平等、同舟一命的立場，一起努力。

書中提到的基本的賽局理論及談判技巧，都是很好的參考，可以避免雙方在枝微末節上打轉。整體而言，畢竟創業團隊對募資及公司運作相對沒有經驗，建議以本書為起點，在募資前多做功課，不卑不亢的與潛在投資人進行協商。

14

千萬不能做的
八件事

"Raising Money the Right Way "

多數打算找創投業者募資的人都會想：「我該做些什麼？」但有些事卻是你不該做的。如果你有以下的舉動，運氣好的話，只是讓你看起來像菜鳥（雖說菜鳥大家都當過，但還是裝一下），運氣不好的話，可能就此斷送雙方日後的往來機會。所以在找創投業者募資時，一定要避免以下行徑。

▍別像個死板的機器人

雖然你可能創造了世上最棒的好科技，但募資最終還是與投入的人有關。如果創投業者不喜歡你這個人，他們可能就不會對你的公司投資，哪怕你的點子再好也沒用。

我們總是會告訴新創業者，我們希望以「第一次約會」的那種能量愛上他們。我們希望感覺會面時間飛速流逝，並因為必須接待下一組來賓結束這次會面而感到懊惱。在新創業者離去後，我們希望能繼續想著他們，並好奇何時還能與他們再次相見。

有些人將此稱為「啤酒測試」（beer test）。如果我們現在就不想與你一起喝杯啤酒，想想稍後當事情無法避免地變得更難以因應時，情況會有多糟糕。由於我們來自柯羅拉多州的博德市，所以也能接受一起去

喝一杯印度奶茶拿鐵或者維他命飲品。我們知道有些人可能不習慣拿著一杯啤酒聊天，也不想一起去喝杯拿鐵。這種活動本身不是關鍵，但我們確實想要更了解你，而不只是坐著聽你的募資演講，因為如果我們最後投資你的公司，大家就要長期當合夥人。

所以，別當個機器人。要有人味。做你自己，讓我們了解你，也讓我們因你而受到啟發。既然創投業者與新創業者維持關係的年份，比美國婚姻的平均期間還長，這就是一個長期承諾了。這段關係不該只是一個點子跟一堆 PowerPoint 的簡報畫面。

▎別和創投公司提保密協議

別和創投公司要求簽署保密協議（nondisclosure agreement, NDA）。創投公司大多會尊重你的創意、創新，或公司在你心中的地位，但在他們手上成堆的商業計畫裡，也許就有類似點子，簽署保密協議可能會使創投公司擔負責任，到頭來反而會變成：你是在幫你的競爭對手募資。保密協議還會妨礙創投公司和同行談論你的公司，使你在無意間失去了許多好的潛在投資人。

另一方面，如果你找上的是有名氣的創投公司，卻沒和你簽署保密協議，也別太介意。創投的圈子很小，創投公司若隨便拿別人的知識來說嘴，在這圈子是待不久的。此外，也別擔心創投公司會偷你的點子自己開公司，他們都很愛惜羽毛，也沒時間創業，所以這種可能性不大。你雖然可能所託非人，但只要你有做功課，一般結果都不至於太糟。

▎別用垃圾信亂槍打鳥

你和創投公司也許沒交情，無法直接接觸，但抄創投公司地址狂送量身訂製的垃圾郵件，並不是打交道的途徑，不管你是自己做或請別人做都一樣。創投公司知道什麼是上門的生意、什麼是垃圾郵件，如果你的企劃書成了垃圾郵件，那絕不會得到什麼正面的回響。

　　寄垃圾信是懶惰的行徑。如果你連誰適合當投資夥伴都不好好想想，那創投公司對你其他方面的能力會做何感想？在首次溝通時，要思慮周全、具體，而且有策略性。你沒有第二次機會給人留下第一印象，而且別人對你個人的判斷，遠多於你的商業點子與資歷。

▍別對創投公司死纏爛打

　　「堅持」雖然是大多數創投公司讚賞的優點，但他們如果沒興趣就是沒興趣，並不是要你再試一次的意思。創投公司不接受你的提案，可能是因為企劃案沒能投其所好、不符合他們公司目前的投資主軸、你的點子不好，或只是單純忙不過來。還有，創投公司說不，並不是說你的點子愚蠢，只是和他們不合拍而已。也或許我們只是太忙了。別把拒絕當成是個人因素。每家創投公司（包括我們）都曾經多次拒絕某些創業者的募資案，但這些人最後卻建立了極成功的公司。我們不一定都判斷正確，但如果我們拒絕了你的提案，請尊重這個結果。

▍別拜託創投公司順便介紹你

　　創投公司通常會收到很多創業者（還有銀行和律師）來信試探，我們公司是會全看，而且盡量隔天回覆，其中多數是拒絕，但我們樂於收信（也隨時歡迎讀者來信）。讓我說得清楚一點，親愛的讀者，請隨時發電子郵件給我們，只要說出你讀過這本書即可。對的，我們的電子郵件信箱地址，就在我們的網站上。

　　我們會盡量明快地拒絕對方，雖然會試著說明原因，但不太想辯解或辯論。我們也知道這些遭到拒絕的創業公司裡，有不少家公司將來都會募到錢，有些則會是出色的企業，我們雖然拒絕了對方，但仍會祝福他們。

　　還有，別在我們拒絕你以後，寫信希望我們引薦你給別家創投公司。你可能沒意識到，你自己其實也不想這麼做。把你介紹給某某人，

多少算是我們在幫你背書，可是我們明明才說沒興趣募資給你，卻緊接著把你介紹給其他創投公司，這不是很矛盾嗎？

而且對方也會馬上反問我們打不打算投資，這時我們就尷尬了。這種行為表面上好像在為你背書，實際上卻又拒絕你，我們不太喜歡這樣，對你也沒有幫助，因為新的創投公司很可能不會將此事當真。事實上，少了我們的攪和，你成功的機會反而更大。

▲ **創業老鳥觀點** ▲

只有在一個特殊情況下，請人幫忙推薦才不會被扣分。如果你和創投公司有交情（不是冒昧拜訪），可以詢問對方拒絕的理由。若只是創投公司自己的顧慮（例如「你這個標的太小」，或已經投資了競爭公司），而不是你的公司有問題，那麼也許能請對方將你引薦給另一家合適的創投公司。當然，如果對方沒有意願，也不能勉強。

可能是冥冥之中有股力量（如人脈、勵志講座聽到過的），讓你在聽見對方說「不」時，會不由自主地接著說：「那可不可以……」（延續對話、順便推薦，或換個話題）。不過，有時這麼做只是多此一舉。

▌別一個人單打獨鬥

除了極稀罕的案例，否則沒有團隊的孤鳥（solo）很難募到錢。即使是兩人團隊也無妨，但只有一個人單槍匹馬去募集創投資金，本身就是一大警訊。

首先，一個人能做多少事？我們還沒遇過誰有本事一個人搞定產品願景、計畫執行、工程開發、行銷、銷售、營運等。公司要順利開辦，牽涉到太多關鍵的任務，有個夥伴會讓你輕鬆很多。

其次，沒人響應不是好兆頭。創投公司願意掏錢出來，也是經過一番掙扎；如果你連一個和你一樣熱情和堅持信念的成員都找不到，那對創投業者來說就是一個警訊。

最後，創投業者不投資團隊，要投資什麼？執行團隊能力好不好，經常比點子本身還要重要，大多數創投業者都認為：A 咖團隊可以用 B 咖點子賺到錢，但 A 咖點了如果交到不及格的團隊手上，也只會白忙一場。

唯一例外的是「再度創業」。創投業者曾經和同一位創業者合作愉快，認為募資後對方定能組成一支優秀團隊，此時就可能募資給這個人。

別誇大自家產品的專利

如果你是間軟體公司，別依賴你的專利。很多創業者的企業價值基本上只取決於專利策略。「專利獨大」在生技業或醫療儀器業中或許行得通，但如果是軟體業，專利頂多是防禦追兵的武器；所以要打造一家成功的軟體公司，不是靠專利，而是看公司的點子和執行力有多好。

事實上，我們希望商業方法和軟體專利統統不存在（我們的部落格 www.jasonmendelson.com 和 www.feld.com 有許多這方面的議論），打算靠軟體專利說服我們投資一家軟體公司的人，請打消主意。因為那只會被我們看出你沒做功課，沒有真正了解到專利的價值，也不懂優秀的經營團隊和軟體工程師實踐遠大抱負之間的差距。

看見不良行為，別保持沉默

去年，我們聽說有創投業者性騷擾女性創業者這種讓人作嘔的報告。在好幾起案件中，我們都認識新創業者與創投業者，也盡力在這些情況下支持新創業者。我們絕不容忍性騷擾行為，事實上，我們完全不支持任何騷擾行為。除了支持被騷擾的人以外，我們也一直提倡將不良

分子逐出我們的生態圈。

　　雖然如此，我們也不會天真的認為騷擾行為就不會再發生。如果你看到此類行為，或者本人就是不良行動的受害方，勇敢挺身而出。我們需要彼此互助，將這個行業裡的不良分子掃除乾淨。

在地觀點

本章談及的內容，台灣與美國沒有太大差異，普遍適用於網路及軟體事業。過去台灣產業屢屢因為專利問題，而受制於國際企業，導致在情感上對專利異常迷戀，因此，這一點提醒尤其重要：專利絕對不是新創事業的成功因素。另外也如本章最後一小節所提到，每個行業都有不良份子，需要大家一起努力透明化，讓整個行業更乾淨。

15

CHAPTER

各階段的考量

" *Issues at Different Financing Stages* "

　　募資一般沒有「比照辦理」這回事，因為創投業者必須考量企業在不同階段的發展。在募資的種子輪、早期、中期、後期等階段，創投業者要研判的問題重點會有所差異。雖然本書主要專注在初期階段的募資，而且許多議題可以適用於所有階段，但還是有一些關鍵差異。本章會提及一些重要的議題。

▍種子輪交易：好的開始是成功的一半

　　種子輪的法律成本會比較低，爭議性的談判也不多，容許犯錯的空間通常最大；但凡事只要開了先例，都可能影響到日後的募資，如果具體條款造成了不良後果，接下來的麻煩就沒完沒了了。很神奇的，創業方占便宜的情況遠多於吃虧。

　　拿到好的投資條件書，到底會有什麼問題呢？新創公司若在下一輪交不出好成績，就會對初始投資人不好交代。例如，你當初拿到比現況好很多的估值，但下一輪的估值卻沒能更好時，就會稀釋原本股東的股份。

　　這些人在種子輪投資可是冒了極大風險，到時候公司估值如果變差，你得補償這些人，不然股東可能就會投票反對新的募資！尤其是以

為公司價值會一路水漲船高的外行種子投資人，最容易做出這種事了。

　　你在公司初期募資輪所接觸的投資者數量與種類，也可能對這件事有長期影響。假設你要為公司的種子輪募資 100 萬美元，而你也成功地製造了大家的興趣。你收到好幾個提議，其中一個是來自創投，承諾投資 75 萬美元，剩餘的 25 萬美元，則由 AngelList 網站的聯合投資功能提供。另外一個提議則是來自五家創投公司，其中有兩家規模很大，每家創投公司承諾投資本輪資金的 20％。哪一個提議從長期來看，對你比較好呢？

　　根據我們的經驗，第一筆交易會比較好。在這種情況下，你的公司有一個明顯的領投人，他會投入你的公司，並努力幫助你。你還擁有一些額外的天使投資人，理想上會包括一些人脈廣且地位崇高的人，這些人都能幫到你。第二個提案一般稱為派對輪（party round），在這個提案中，你沒有明顯的領投人。相反地，每一家創投公司都認為，自己為你的下一輪募資買了選擇權。在最壞的情況下，沒有人會特別注意你，直到你把 100 萬美元花完了為止，到那個時候，他們在考慮是否要投資下一輪時，就會開始評估你的公司是否有所進展。把這個想像成複雜的網球雙打，你的對手發出墜擊，球直接落在球場正中央，而你跟你的夥伴卻都各自大喊：「那是你的球！」

▍早期階段募資：小心優先清算權和保護性條款

　　和種子輪一樣，「先例」也是這個階段的重點。就我們的經驗來說，創投業者主事的第一個募資輪得到的條件，會一路沿用下去，其中一項讓你翻不了身的就是「優先清算權」（liquidation preference）。因為早期的募資輪，投資金額多半不大，同意參與式特別股好像也沒什麼關係，然而等到要大規模募資時，這項先例會大大損及普通股股東的報酬。

　　另一項要多加留意的是保護性條款。你最好裁併保護性條款，讓不分募資輪的全體特別股股東聯合表決。如果你到了第二輪募資時，因為保護性條款必須做兩次單獨的表決，很可能之後每一輪都要單獨表決。

如果每一輪的領投人都有自身利益要考量，這種情形就會非常棘手了。

　　這種狀況會因你預期未來要募資的輪數不同而受到影響。如果你可能只募集二或三輪，那麼每兩輪之間的同步，就沒有那麼重要。但如果你預期會募集多於三輪，那麼讓各類特別股東的條件盡可能一致化，將會讓你的日子單純也好過得多，因為你不必在每次有影響特別股股東的動作時，進行無止境的多組人員談判。但要接受，許多創業者關於他們究竟需要多少輪的募資，都有太樂觀的誤判。

▌中後期階段募資：董事會、表決控制權、估值問題很難搞

　　在公司後期的募資輪中，董事會的組成與投票控制便開始產生重大的影響。由於每輪領投人都想在董事會擁有一席席次，讓你面臨如何繼續控制董事會的運作問題，因此公司初期的投票控制議題會開始放大。你可以將董事會席次增加到七、九，甚至更多席次，但這通常會讓原本運作順利的董事會變得很不順暢，或者更可能發生的情形就是董事會將由投資人主導。如果你的投資人行為良好，那這可能就不是問題，但你在董事會議時還是要處處關照。

　　這個議題不見得有好的答案。除非你在一個超級熱門的公司裡，因此擁有強勢的談判權力，否則你可能在每輪募資時，都要提供一席董事席次給帶頭的投資人。如果你的公司後續進行多輪募資，除非你在初期就努力避免這種現象，否則你的董事會席次就會擴充，而在許多案例中，公司創辦人就會失去對董事會的控制。

▲ 創業老鳥觀點 ▲

可以採取一些方法來緩解董事會席次擴充與投票失控的情形，例如在一開始的時候就對創投人員擔任董事會席次，或創投業者對獨立董事的百分比設定上限，或者先對任何被除名的董事提供觀察員權利，或者成立一個董事會的執行委員會，讓這個委員會可以隨時隨地由你召開，而不必所有董事都列席。

　　估值在公司後期的募資輪中也開始變成擾亂因素。雖然任何新創業者的本能，都是在每一個募資輪將估值最大化，但放棄較低估值、簡單明快的交易，接受有大量控制與經濟特色條款（稱為**結構**）的複雜交易，經常會讓當時看來對新創業者有利的好交易，成為未來的惡夢。

　　與我們在種子輪募資交易時看見的議題很類似，有些募資交易看來太美好，強迫創投業者支持一個很高的出場價格。最後的結果就是，以這麼高的估值取得資金之後，新創業者也喪失了將公司以他們樂於接受的價格出售的機會，因為當創投業者付出這麼高的價格投資後，本能上就會想要創造更高的估值，才肯出售自己的投資。我們見過在交易條件中明確指出不允許在某個價值之下出售公司，或者要求未來出場時，提供本輪創投業者投資金額的保證倍數，這其實是犧牲了前幾輪投資人、創辦人與員工，來提高本輪投資人的報酬率。最近幾年對**獨角獸**（unicorn，按：指市值超過十億美元的新創公司。）公司的投資熱潮，更加劇了這種現象，因為精明的投資人紛紛要求更複雜的投資結構，造成公司初期與後期投資人之間的收益非常不均衡。

　　我們先前已經提過，當你從投資於初期階段的創投公司那裡獲得投資條件書時，創投公司幾乎都已經同意進行這項投資。但對後期投資人而言，卻不見得都是如此。它們往往都至少還需要一個核准步驟，而這往往要在整個交易都談判完成後才能得到核准。我們就見過在許多案例

中，這個所謂最後的核准步驟沒能通過，而整個投資交易就這樣在整個過程的最後破局。

在這種情況下，你已經簽了投資條件書，並且因為條件書裡有禁止接觸條款，所以你也關上了與其他正在談判的投資人的溝通大門，還跟這個投資人展開了盡職核實調查過程。在這個過程中，他們告知你還需要他們公司的投資委員會（投審會）批准，但不知道為什麼，批准並沒有通過。在這個時候，你就被卡住了。你結束了其他可能的投資選項，但現在卻沒有任何有效的投資條件書。

有時投資人會在心知肚明自己掌握了優勢的情況下，重新議定價格或其他條件。我們認為這種狀況實在很悲慘，這也是我們自行籌資設立 Foundry Select 基金的一個原因。我們對於投資後期公司的創投業者玩弄這種手法感到厭倦，希望能在後期支持我們投資的公司。

新創公司在中期與後期進行募資交易時，還有一個因素要加以注意。要記住募資的基準，在種子期與初期重視的是「希望」，後期重視的是「結果」。在公司初期，你可以憑藉強大的團隊與偉大的想法募得資金，因為在那個時期，希望確實就是一種策略。但在公司後期，試算表和實際成績才是決定你募資成敗的因素。

在地觀點

創業是一段漫長的旅程，每一次的募資，不過是中途的加油站，並非終點，在台灣完整經歷過種子期到上市前募資的團隊不多，本章可作為長期募資策略的參考，避免在募資協商的過程中，因為過度執著於當下細節而忽略更深遠的全局。

16

另一種投資條件書：
收購意向書

" *Letters of Intent: The Other Term Sheet* "

　　創業者還有另一樣重要的投資條件書，那就是「意向書」（letter of intent, LOI）；但願有一天你能從潛在的收購方手上拿到一份，從此收下名聲、財富及幸福——或至少多拿到一張精美的名片。

　　一般而言，有意收購企業的收購者正式出手的第一步，就是發出一張意向書。這份令人愉快、通常無約束力的文件（排他協議除外），也稱為「參加意向書」（indication of interest, IOI）、「諒解備忘錄」（memorandum of understanding, MOU），有時乾脆就叫投資條件書。

　　就像投資條件書一樣，有些意向書條款大有關係，有些則無關緊要。另外，有不少莫名其妙的字眼，但老到的交易高手就是知道如何及何時做手腳，以便後來可以口出：「不過 X 意思是 Y……」於是律師們往往有得吵。我們公司有些意向書沒幾個鐘頭就搞定了，有些卻要拖上幾個月才能簽成。任何談判都一樣，看重的是經驗、知識及了解程度。談意向書通常是掌握對手談判風格的前哨戰。

　　這場談判將是你公司獨立性結束的開端。與創投募資這種隨著時間把餅做大，讓所有人都成為贏家的方式不同，你現在要針對大小固定的餅來進行談判。和一般的創投募資相比，這些談判的氛圍和壓力會困難得多。

　　為了方便起見，在此專門介紹涉及買賣雙方的典型兩方交易，並直

接視其為收購。但實際上收購投資案往往更複雜，有時會涉及三方或四方，但本書就不介紹了。

買家交給賣方意向書時，其實已經開完會、商量過、吃過飯、喝過酒、通完電話會議，甚至吵完架了；因為雙方互有所圖，所以場面還算好看。意向書一般是雙方關係真正破冰的開端。

早在意向書的做法剛開始的時代，就有人寫了一段引言，內容類似：

致賣方之執行長：

我方對於至今的對談甚感愉快，很榮幸提出本意向書，茲以收購 ＿＿＿＿＿＿＿（賣方公司）。我方期待於未來數個月正式著手商洽，並對收購貴公司一事達成協議。我方望請貴公司考慮之提案如下：

每家公司的作風不盡相同，但多數意向書開頭都會來點類似的官腔。稍後你會注意到意向書有個修飾語，指出意向書幾乎沒有一處具有約束力——包括談判的禮節。

▎收購交易最重要的還是錢

就像向創投公司募資一樣，真正重要的地方只有兩個：價錢與架構。不管誰從事投資案，首先想到的一般都是：「價錢多少？」因此我們先就這點做說明。

創投募資的價格通常很容易看懂，但要搞懂收購的價格就難多了。談判之初，有些數字常舉棋不定，並非實際的價格，等到談判終了、投資案生效之時，有很多後來的因素也可能會影響到最終價格。所以，不妨假定寫在意向書首頁的數字，是最佳情況下的收購價。以下舉例說明一般意向書的寫法。

收購價格／對價：1 億美元之現金將會在成交時支付，其中 1,500萬美元依本意向書第三條代管條文之條款規定。最低 100 萬美元之營運

資金，應於成交時交付。4,000 萬美元之現金將依或有價金之規定給付，
而且 1,000 萬美元之現金將歸屬管理留任池。

　　買方將不承擔流通在外之公司普通股認購選擇權，任何公司普通股
認購選擇權未於成交前行使者，將於截止成交之時終止。認購公司股本
股份之認股權證未於成交前行使者，將於截止成交之時終止。

　　以上這個例子，在還沒擬訂條文之前，談的價錢可能上看 1.5 億元。
首先要注意條文中提到的 1,500 萬美元的「代管」（escrow），或稱為「扣
留」（holdback），買方會扣住這筆錢一段時間，用來解決任何之後冒出
來、但未於收購協議時揭露的問題。
　　有些意向書把每條條文都寫得很詳細，包含扣留的百分比、時間多
久，及補償協議的「除外」（carve-outs）；有些只會簡單表示「適用標
準代管與補償條款」。但有兩件事要先告訴你：第一，沒有所謂的標準
條文；第二，不論怎麼安排，萬一有任何理由必須動用到代管金，實際
的收購價就會變少。所以，代管的金額、條款、補償的條文顯然都很重
要。
　　接著提到 100 萬美元的營運資金。數字乍看不大，許多新手公司的
營運資金（等於流動資產－流動負債）到成交時是負的，原因是債、遞延
收入、保證準備、存貨持有成本，及投資案衍生的開銷花費；因此等到
要成交時（或其他成交後的預定日），賣方短少的營運資金會直接從收購
價裡扣除。
　　除非公司明確遵守相關要求，否則決定營運資金的門檻將會是一場
左右收購價的硬仗。如果賣方的資產負債表上的營運資金，高於買主的
規定時，就有利於賣方提高投資案價值，但前提是：營運資金涉及的條
款效力能及於雙方（但本例不是）。最後一點，我們認為一家價值數十億
美元的公司要提出大於 0 的營運資金，是一件愚蠢且沒必要的事。我們
通常會努力將營運資金歸零，並把任何多於這個數字的金額，都分給公
司股東。

或有價金（earn-outs）聽來像是抬價的機制，以我們的經驗來說，通常這個工具會讓收購者在成交時少付部分金額，除非後續克服了特定難題，買方才會全額支付。在以上的案例中，收購者願意支付 1.5 億元，但真正給的卻是 1 億元，連同或有價金 4,000 萬元。或有價金之後會單獨介紹，因為變化很多，尤其在賣方收的價金是股票而非現金時。

以這個例子來看，買家明言撥 1,000 萬元到管理留任池，這是常見做法，因為買主希望給管理階層直接的財務誘因；本例中這筆錢是統算成收購價（即 1.5 億元）。買主通常會希望有兩種價格計算方式：一是統算在收購價，一是收購價外加。

總之這算是投資案對價的一部分，但賣方不見得能拿得到，畢竟這筆錢一般是分幾年支付給繼續為收購者工作的管理階層；一旦有人離開公司，這個人占的部分就消失。另外，買方有個動作是：會從公司原所有權人的手中配置出某個比例的收購價，目的是造成管理階層與投資人之間的不同利益，以便在談判上有個施力點。

▲ 創業老鳥觀點 ▲

有人肯出大筆錢買你的公司時，你要找得到好的律師、顧問或獨立董事帶你談條款。投資案的架構非常重要，你要願意為聲明與保證背書，代管至少願意訂在 12 到 18 個月；做不到這一點，就會被認為有所隱瞞。管理留任池、淨營運資金與或有價金，是有關投資案及價格的談判重點。

最後，例子中有一段是買方不承擔認股權與認股權證，這點稍後會再說明，要看是哪一方收到這種類似營運成本的條款，可能會影響到整體投資案的價值。

買家喜歡資產交易，賣家想做股票交易

通常賣家會優先盤算價錢，其次才是交易方式。律師通常把交易分成兩種方式：資產交易（asset deal）及股票交易（stock deal），但兩種方式都有各自的問題。先基本介紹一下資產交易和股票交易。

一般而言，賣方比較想做股票交易，而買方則比較想做資產交易；更好玩的是，股票交易可用現金成交，資產交易可用股權成交。所以，別被交易的類型和實際收受的對價搞混了。

創投公司經常諷刺地把資產交易形容為：「不是真正買下公司的買法。」買家如果提出要用資產交易，那就是存心不管公司的特定負債，只想買下自己中意的特定公司資產，便心滿意足地收手了。打交道的律師和會計師會扯出稅務、會計、責任等問題，但以我們的經驗來說，收購者多半只想買有用的部分、確保責任明確、簡化交易，然後把麻煩都留給賣家。

資產交易常見於景氣搖搖欲墜的時期，也就是說，收購者不想碰債權人問題及繼受者責任。資產交易在 1990 年代末比較少見，但 2000 年初就普遍起來了；到了 2012 年又再度式微，僅見於企業賤賣時。

對賣家來說，資產交易最根本的麻煩是：公司沒有真正賣掉！資產出脫後（落入買家之手），公司只剩一個空殼，以及合約、責任、人事和報稅；即使公司仍井然有序地運作著，可能也要花上好幾年時間停業清理（取決於稅務、資本結構、管轄權）。在這段期間，主管與董事仍未能脫身，公司想必也拿不出資產開門營運（因為賺錢的資產已賣給買家了）。

股票交易即收購者買下整家公司。一旦收購生效，賣家公司便併入買家的公司架構，只剩下一堆公司制服和曾在牆上的企業標誌。公司已成為歷史，根本用不著停業清理了。

所以，資產交易是不好或只是麻煩，要視情況而定，如果賣方有數家子公司、很多合約和未結資遣費、股東不滿、瀕臨無力償債邊緣等等，此時主管和董事接受以資產交易，就有可能有非法脫產之嫌；如果公司情況良好，但規模很小，或股東沒幾個，也許就比較不方便這麼做了。

換言之，如果公司瀕臨倒閉，但公司還有欠款的債權人時，公司就不能出售資產，除非符合債權人的最佳利益。如果公司出售資產，那麼高階主管與董事就可能要承擔個人債務責任。

如果公司的狀況相對良好，股東人數不多，或者本身規模較小，那這樣做只是徒增麻煩。當然，如果上述這些情況是真的，那我們該反問的問題就是：「為什麼收購者不乾脆透過股票交易，直接把整間公司買下來呢？」

以我們的經驗來說，股票交易占絕大多數。意向書一開始通常都表示要以資產交易，但經常會率先淪為攻防的重點，然後由精明的賣家得逞，最後以股票交易做收，除非公司陷入極大的困境，否則不會輕易以資產做交易。

許多買家會以資產交易的種種保障為由，想做資產交易，但這個藉口根本說不通，因為股票交易也可以提供買家相當的保障，同時為賣家省掉諸多不便。另外，因為法院更希望買方成為顧及賣家責任的利益繼受者，因此資產交易和股票交易，在責任上也沒有太大的不同了。

交易架構還關係到衍生的稅務問題。一旦開始最佳化交易及稅務考量，就牽涉賣家收到對價的方式（股票或現金），賣方很快就會發現自己開始繞圈圈。公司即將被收購，賣方多少都想操弄一下稅金與對價；但這兩者牽一髮而動全身，經常會回過頭來影響賣家最在意的價格。

▲ **創業老鳥觀點** ▲

如果公司情況惡劣，你可能沒得選，只能出售資產，並自理負債和相關停業清理。所以，你應該正視這件事，並做好打算，還要經常盤算資產交易的花費及不便，然後想好可替代的方案。

▌股票很麻煩，還是收現金最好

以下是創業者與創投業者的對話：

創業者：「我收到 X 對公司出價 1,500 萬美元。」

創投業者：「太好了，X 是哪位？我怎麼沒聽過這家公司？」

創業者：「是創投業者 Y 投的未上市公司。」

創投業者：「不錯嘛，1,500 萬是現金嗎？」

創業者：「不，全部都是股票。」

創投業者：「那……他們是出特別股還是普通股？」

創業者：「普通股，怎麼了嗎？」

創投業者：「那公司募到多少錢了？」

創業者：「1.1 億美元。」

創投業者：「優先清算權是幾倍？是參與優先權嗎？公司的估值是多少？」

創業者：「我不擔心這些，公司的估值是 3 億，對方說他們很快就要上市了。」

如果前面的章節你都有讀進去，就知道怎麼回事了。創業者剛收到一份報價，在公司有 1.1 億優先清算權且可能會參與分配的情況下，收購者以 5% 不流通的未上市股票買下公司（交易後來看，實際上是 4.76％）。如果創業者找人來幫這些股票鑑價，他會聽到鑑定人說這些股票價值遠低於 1,500 萬美元（這對報稅可能有好處，但對買車買房無濟於事）。

對價方式很重要。要知道現金為王，其餘的都比較差；甚至還不如雞肋。你聽過收購者拿「免費軟體產品」上門交換公司資產這種事嗎？呃，謝謝再聯絡。

現金乾脆又一目瞭然；股票就很複雜了。若是未上市的股票，價值不明，想弄懂自己能拿到什麼，就要先從現有的資本結構下手。若是上市的股票，要先釐清幾個問題：這些股票可自由買賣嗎？你會不會被人

認定是內部人士，想脫手股票時是否受到限制？如果這些股票不能自由買賣，你又握有什麼登記權？光是搞清楚這些，就夠你一個頭兩個大了，尤其考量到報稅一事（又是稅的問題），那就更麻煩了。

重點是：要懂得公司和對價不見得等值，別早早對某個價錢上鉤，一切等你弄清楚對價方式再說。

▍認股權由誰承擔？

接下來要討論的是意向書一般會寫到其他交易重點。如果你沒有在意向書上面看到這些條款，那可不是好兆頭，詳細的意向書永遠好過含糊的意向書（但也別讓律師花太多工夫）。

照理說，意向書商議過程大多是公司主事者之間在談，而不是交由律師處理；要等雙方簽訂投資條件書後，律師才會變成主要的交易推手。把重大的事業重點交給律師去談，只會拖累整個過程、增加生意成本，招致許多不必要的辛苦與不安。建議將大多數重點條件清楚寫進意向書，經主事者雙方同意，然後再讓律師上陣廝殺。

股票選擇權的處理方式（無論你如何處理 409A，這個議題我們會在稍後討論）在意向書中可能有很大差異。過去五年以來，在併購案裡的選擇權處理實務改變很大。我們先談一些歷史演變。

在 2010 年之前，幾乎所有架構良好的選擇權方案，都提供了自動承續機制。如果公司被收購，選擇權方案就會自動指派，由收購人予以承續，否則所有尚未授予的選擇權就會立即生效，員工就必須立即付出現金。這種處置方法提供了誘因，讓所有相關人員同意將選擇權承續下來。由於世界上沒有免費的東西，承續選擇權方案的成本（不是法律成本，而是這個方案積欠員工的整體補償費用）將會算進未來的購買價格。簡單來說，如果公司收購者轉換至選擇權的承續方案價值 1,000 萬美元，那麼選擇權的購買價格，就會扣除這 1,000 萬美元。

這種處理方法背後的想法，是為了保護在公司的併購過程中，未能坐上談判桌發言的公司員工。在過去十年間，收購公司的人開始提供他

們認為相當的補償性方案，而不是簡單的承續選擇權方案。他們不用選擇權，而是可能創造以現金為基準的員工激勵計畫。或者他們會選擇發行限制性股票單位（restricted stock units, RSUs），而不採用選擇權，因為複雜難懂的稅法，強迫公司將選擇權費用化。無論如何，收購者會希望擁有激勵新員工的彈性，而不是被迫接受某個特定的方案。

在某些情況中，公司收購者並不承續選擇權方案，有時是因為稅法因素，反而選擇讓所有的員工選擇權生效。雖然這聽來對員工很友善（也確實如此），但卻可能造成員工之間的摩擦。舉例來說，假設有一名員工，在公司任職三年，而大部分的選擇權已經授予。這名員工就只有相對很短的生效期（一年），但相較於一名一個月前剛剛加入公司的員工，他的生效期就還有三年又十一個月。

隨著時間經過，選擇權方案也會演進。如今，一般處理方式就是選擇權方案可以用類似方案承續或替換，但會明確指出公司收購者並無義務這麼做。被收購公司的董事會如果選擇這麼做，可以投票加速選擇權生效，但不再保護員工一定能享有股票選擇權。這通常無關緊要，因為雙方（包括買方與賣方，以及相應的董事會）都會對員工做正確的事情。不過情況也不一定是這樣。

我們見過買方拒絕承續選擇權方案，也拒絕提供任何有意義的替換補償方案的情況。在這種情況下，擁有選擇權的員工受到欺騙，而選擇權已經生效的員工，則得到所有的補償。在這種情形中，收購者只在意技術、管理團隊，以及長期服務的員工。

我們也見過另外一種情況，也就是收購者提議承續，或者替換（使用限制性股票單位）選擇權方案，但要求團隊裡的關鍵成員將選擇權「再次授予」。再次授予的意思，就是即使員工已經讓其選擇權的一部分生效，還是得在公司繼續任職一定期間，才能再次讓這些選擇權生效。舉例來說，假設收購者希望大家將選擇權再次授予兩年。這麼一來你有多少選擇權已經生效都不重要。你現在都得重啟選擇權的授予時間。收購者通常會做更複雜的安排，例如提供所有人最高二年的授予寬限期，但把所有既有的選擇權再次授予四年。這種安排對收購者毫無成本，但對

根據還留任公司多久來計算可能補償金額的員工而言，卻有實質影響。

另一個影響股票選擇權的議題，就是公司收購是以現金、公開上市公司股票，還是私人公司股票進行。我們暫時忽視稅務考量（但在真實的收購案中，你不該忽視租稅影響）。如果我是出售方的公司員工，我對現金與公開發行公司股票（無論有限制或無限制）的評估會不一樣，而對公開發行公司股票的選擇權與私人公司股票（或選擇權）的評估也會不一樣。如果買方為公開發行公司或者付現，那麼計算選擇權就很直接，也很容易對員工說明。如果收購公司為私人企業，這個任務就變得很有挑戰性，因此管理階層與架構這筆交易的買方代表人，都應該謹慎地思考徹底。

認股權的基價（又稱履約價或互易項）會減低認股權的價值。假設交易時股票一股值 1 元，認股權的基價是 0.4 元，那認股權實際值就只有 0.6 元。很多賣方忘記在收購價中拿回互易項的價值，讓收購價內含認股權（已授予或未授予）總值，那麼，互易項就不會再增加價值了。

舉例來說，假設你有筆 1 億元的現金交易，其中 1,000 萬給選擇權持有人去分，這 1,000 萬元中已授予和未授予各占 50%。為了簡化起見，由買主承擔未授予的選擇權，但是要算進總價（1 億），此外，已授予股票的互易項總價為 100 萬，未授予的股票則為 300 萬。

已授予股票值 400 萬（500 萬－互易項 100 萬），未授予股票值 200 萬（500 萬－互易項 300 萬），這樣算下來，選擇權持有人總共淨值 600 萬。通常賣方不會漏掉已授予股票金額（即 1 億元裡已授予選擇權是 400 萬），卻將 500 萬一毛不少地配給未授予選擇權（而非實際價值，即買主的成本 200 萬）。這兩者的差別就大了（也就是要分給非選擇權持有人 9,100 萬還是 9,400 萬）。

當然，上例是假設認股權為價內；若交易的收購價使選擇權來到價外（例如收購價低於優先清算權），此時選擇權根本一文不值，自然也就無關緊要了。

雖然這是很複雜的事，但在意向書階段就要開始討論這件事，以確定你是在為了員工與投資人的權益而做著正確的事情，這一點相當重

要。這件事很容易被略過並拖到後面的階段，但這麼做的話，你只會發現自己困在買方、投資人，以及員工所組成的多方談判情境，找不到明顯可以滿足各方需求的方式。還有，到這個時候，你已經停止與有收購意向者談判，因此手裡沒有實質的談判籌碼了。

▲ 創業老鳥觀點 ▲
公司是因為員工的努力才有目前的光景，無論有沒有或有價金的附帶條件，都別在退場時蹧躂員工，這關係到你身為企業家的名聲，更別說本來就要這樣做才對。

聲明與保證及補償怎麼談？

　　意向書一定會牽扯到「聲明與保證」（representations and warranties）。聲明與保證是一方給另一方關於公司的事實與保證。多數的意向書對這部分只會輕描淡寫，但影響卻很大，經常在最終協議的磋商過程中，耗掉驚人的律師費。

　　第一個重點是由誰聲明，是被收購公司單獨做聲明就好，還是被收購公司和股東都要做聲明？但意向書通常都沒說究竟是誰要站出來。由於很多股東（包含持有被收購公司股票的創投業者及個人）無意或無力聲明及保證賣家的狀況，所以必須在意向書裡寫明實際上由誰來做聲明。情況理想的話，雙方能在律師介入之前解決問題，畢竟多數買主最後會接受的是公司，而非公司股東做的聲明。

　　凡是意向書都會提到：發生違反聲明與保證情事時的「補償」（indemnification），由於這項條款對賣家十分重要，通常買家會想偷渡下列用語：

公司應提出標準聲明與保證，並提供標準補償給收購人。

意思是說：

我們要好好談一談補償的條款，現階段不說白，是要讓你先簽下意向書，下定決心開門交易。說真的，我們的同事和律師人都很好。

所以建議你事前至少要勾勒出補償的大概，否則一旦律師參一腳，嚷著「市場都這樣，這沒得談」或「我一直都有加上這個」之類的說詞，你就會不停被對方打回票。

買主通常也會提出若干聲明，不過既然買方出錢，賣方收錢，這部分一般都輕輕放過，除非買主付的是未上市公司的股票。但如果賣家拿到的是買主未上市的股票，最合理的做法是：讓買主也提出聲明與保證。

雖然許多此類聲明與保證條款，都與你在募資文件中看見的類似，不過創投幾乎從來不會對他們投資的公司提起上訴。不過，在併購時，這些聲明與保證經常在合併完成後開始起作用，所以你應該了解它們的內容，並嚴肅對待。由於有代管公司與帳戶，買方可以不需提起訴訟，而根據違反聲明事實直接取回金錢。

▲ **創業老鳥觀點** ▲

只要多數的聲明與保證有加上修飾語，例如「在現時確認之範圍……」之類的，那你簽下去就不至於會出問題了；如果你對這部分有意見，就會讓投資人或買主很介意了。

買主為什麼要扣一筆錢代管？

「代管」是另一個談意向書的攻防焦點，後來常引起歧義。代管（或稱「扣留」）的意思是：買主會好好看管一段時間的錢，若有任何未於收購協議中揭露、收購後卻冒出來的問題，就可以用這筆錢來解決。

有些意向書把代管協議寫得很詳細──而且是每一條，包含扣留的百分比、時間長短，及補償協議的除外條款；有些只會簡單表示「適用標準代管與補償條款」。其實，並沒有所謂的標準條款，這不過是買主設的局，想把火爆談判發生的時間，延到賣方簽下意向書之後。不管代管如何安排，萬一真的據以請求，實際的收購價就會變少，所以說，這部分的條款很重要，會直接影響到賣家拿到的金額。

代管一般只設來彌補聲明與保證的違約情況，加上若干例外情況，稱為「除外」。正常來說，總收購價的 10% 到 20% 會被買方扣住 12 到 24 個月，以便補正任何聲明的違約情況。

這筆錢通常會扣留到代管條款結束（常稱為代管上限）為止，但整個談判過程可能異常艱辛。在意向書未規範上限時，買主會常常出招，求取無上限的補償、高層及大股東的個人連帶責任，甚至求取高於交易本身的價值。

▲ 創業老鳥觀點 ▲

買主對代管條款出招是愚蠢的行徑，尤其是找上了正派經營、會找會計師查核、會聘外部董事的公司時，更是如此。記住，被收購的如果是上市公司，聲明與保證通常會在交易生效時到期。

代管上限的「除外」，一般包含詐欺、股權結構及稅務；有時買主會施壓，讓智慧財產權也除外。我們也看過未遵守 409A 所致責任的代

管除外，理由是 409A 等同於稅。總之，除外的最高值應該是交易的價值，畢竟，賣方沒道理為了滿足代管請求，就掏出比收到還多的錢。

很多買家的說法是：「詳細數字要等做了更多盡職核實調查才會清楚。」根本就是胡說八道，我們還從來沒看過有買家會如此無能，連意向書的初始代管內容、界定若干細節和上限都提不出來。這部分仍受制於盡職核實調查，但商定後要換約的難度較高，除非出現某些重要的點，否則沒得討論。

最後，代管的對價方式也很重要。現金就是現金，很單純。不過，在股票或現金併股票的買賣中，代管的價值也會隨股價浮動，若是私人公司的股票，起伏就更大了。其實有很多手法可以替賣方妥善管理這些股票；如果你顧慮買主股票的波動性，這部分就要謹慎盤算。如果股價下跌，但買主對代管的請求價值卻比標的股票還高時，合理的買主通常都會同意賣方不必額外掏錢來補。

▌保密協定非簽不可

創投業者幾乎不會在投資場合簽保密協定，然而一旦決定收購標的公司，保密協定幾乎一定要強制附加。如果交易沒做成，到頭來一場空，但買賣雙方卻手握對方的敏感資訊，那還得了。

此外，在意向書中，保密協定通常是少數具有約束力的條文之一（除了司法管轄權、破局費）。一旦交易生效，保密協定多半就變得無關緊要，畢竟所有權已落入買方之手。

買賣雙方應有志一同，共擬一份全面且強效的保密協定，讓彼此都能受惠；如果你拿到的是薄弱或片面的保密協定，表示收購者可能有意藉盡職核實調查打探你的公司，卻不見得要和你交易。

一般而言，片面的保密協定意義不大；按理來說，雙方理當有意遵守相同的標準。上市公司往往極為講究保密協定的形式，雖然不建議賣方照單全收，但其效力若能及於雙方，那賣方就不至於是在冒險。

僱傭協議要在雙方交易時搞定

董事會對公司全體員工與股東，負有受託人義務，雖說如此，一旦有人要收購公司，每位員工及股東不見得都會被照顧到。上市公司被收購時，不時會傳出高層自肥（出力的董事也會分到一杯羹），卻犧牲掉股東的權益。未上市公司也可能碰到這種事，買主明白得靠高層內應，才能順利收購標的公司，所以也願意分一杯羹給高層。當然，也有可能相反，當收購的對價微薄，投資人盤算獨吞時，就會讓管理階層空手而歸。

對於進行中的交易，管理階層與董事會的看法要符合個人處境。如果身在賣方的董事會，可以延後細談個人的待遇，等意向書簽好了，買賣雙方的管理階層花時間為對方做盡職核實調查、建立工作關係、清楚各人的角色後再說。

一開始花太多時間在談高層的待遇方案，往往過早引起交易疲乏，一般會令買主懷疑出售方管理階層的動機，引起賣方管理階層與其他股東間的不和。並不是說不應在交易中顧及管理階層與員工，而是如果不開始做正事，就沒機會妥善照顧到每個人。太早細談這一部分，經常造成許多不必要的壓力，尤其是在管理階層與投資人間。

在此不建議雙方太早談僱傭協議，但也不建議拖到最後再談。許多買主會利用這種手法，盡可能對賣方的核心雇員施壓，畢竟大家急著成交，又只剩僱傭協議懸而未決。諷刺的是，許多賣家的看法剛好相反，認為既然交易已大致底定，就輪到向買主獅子大開口了。這兩種心態的結果都不好，也常在交易尾聲引發不必要的緊張，有時會讓買賣雙方在交易後互有嫌隙。

過猶不及才是問題。牽涉到雇員事項時，好好談是無可厚非，不過，務必在交易的情境下談，否則可能永遠談不成交易。

使協議生效的條件

正常來說，買家會在意向書中納入特定使協議生效的條件。做法可

能是一般性字眼，像是「收購者須經董事會批准」、「須經盡職核實調查及最終文件之協定」；也可能是具體的賣方情況，例如「公司須解決未決之著作權訴訟」，或「公司須清算其國外子公司」。我們通常不太擔心這類條文，因為萬一買主決定不做交易了，很容易就能發動這些出局條件。

　　與其擔心這項條文是不是意向書的一部分，不如著重使協議生效條件的內容，因為從中也可得知買家的態度；如果條件列得又長又複雜，你可能遇到一個怪咖買家，此時不妨趁早回拒其中幾個生效的條件，尤其是限制較多的，以事先了解談判的可能過程。

　▲ **創業老鳥觀點** ▲

　　切記，一旦買主和你一起進入重要的法律及盡職核實調查程序，買主對於交易的情感和財務投入，和你是一樣的（很多時候買主還押上了名聲）。

　　賣方應該想到：一旦同意具體的協議生效條件，自己就要說話算數；在盡職核實調查過程中趁早處理為宜，以免因為意外而進退兩難，譬如要清算國外子公司，或辦好其他不尋常的事，若以前未曾處理過這類的事，更是要小心謹慎。

▎排他期不要超過 60 天

　　簽下意向書是買賣雙方認真以及花錢的起點。因此，若買方堅持放進類似之前投資條件書提到過的排他條款，不要覺得意外。而收購中的排他條款幾乎只有單方面附加，尤其當對方是積極併購型的買家。

　　賣家理應談到合理的排他時間，一般訂在 45 到 60 天。若買家要求

比 60 天長，賣家應該強硬回拒，畢竟對賣方而言，延長被鎖住的時間絕無好處。此外，多數交易應能在意向書簽訂後的 60 天內生效，所以一定要訂一個合理的截止日，逼迫雙方專心早日完成交易。

因為多數排他協議都是單方面的，買方一般有權利卻無義務在決定收手時，取消排他協議；因此，排他期截止日就很關鍵了，畢竟即使買主收手，賣方很可能仍被鎖在排他期。有些好心的買主決定收手之後，會馬上終止排他期；但有更多買主則是拖拖拉拉，直到排他期屆滿。

當交易有所進展，但排他期快屆滿時，買主理應提前幾天要求延長時間。此時賣方就可能拿到額外的籌碼，例如減免淨值門檻、買主可能短期融通，甚至要求買主對談僵了的聲明與保證做出讓步。

但賣方要拿捏好分寸，要求不能太超過，畢竟最終階段的談判局面，可能要視延期期間的動作而定。賣方若在這個時間點上要求太多，買主隨後就會在其他地方討回來。與其在排他期上面爭，更有效的法子是限制排他期的存續，設立特定的除外事件，最明顯的事就是原投資人再加碼一定的額度（至少是原投資結盟團隊的募資），好讓買主背負若干壓力。

▲ 創業老鳥觀點 ▲
如同讓創投業者排他一樣，讓買主排他也要將買方終止過程當成買方自動出局。

交易費用由賣方買單

意向書通常會指明誰付哪項成本，以及什麼會限制賣方膨脹收購的交易成本。交易成本若是關係到仲介或銀行業者、律師費，以及任何其他賣方成本，一般都會寫進交易費用的條文。可想而知，買家會擔心交

易費用是誰在把關，精明的買家會非常小心確認交易費用是由賣家支付，尤其是費用特別高的時候。

破局費偶爾會適用在買賣沒生效、或賣方後來另尋買主時。破局費很少見於創投參與的交易案，但盛行於上市企業收購其他上市企業時。我們一般會抵制買方安插破局費的舉動，並告訴對方改成排他條款。

多數有創投支持的企業買方，規模都遠大於買方打算收購的賣方，資源也更優渥，所以靠生意破局賺進意外之財，聽起來怪怪的，何況雙方過程中都還有若干成本產生。我們當賣方的時候，很少會要求破局費。

▲ 創業老鳥觀點 ▲

只有在極少數的情況下，買方才可以合理要求破局費。例如，買方是競業關係，賣方顧慮買方可能來者不善，只是來探底細時，或賣方因洽商收購交易，背負極大的客戶或雇員風險，收破局費就有道理。

確認買方給的股票是否已經登記

如果上市公司以股票買下一家私人公司，對賣方而言，重點是了解股票登記的詳情、即將入手之股票的相關權利。有些買主會含糊其事；好賣家應該當面據以力爭，以達成協議。即使公司已經公開上市，也不代表其所有股票都已經可以在股市交易。如果你在收購案中取得股票，你通常會收到未登記股票，你必須先進行登記，才能出售。

買主往往會提出未登記的股票，同時承諾賣方日後會登記股份。但這種承諾幾乎算是空口說白話，毫無約束力可言，買主無法保證股票何時能登記，這得看證券交易委員會（SEC），買主根本管不著。此時，

買主和證券交易委員會往來的紀錄就很關鍵了，其中包含在證券交易委員會申請的現況，任何未決的登記報單，以及買主對其他收購對象股東做過的承諾等等。

我們有幾次就碰到買方承諾股票會盡快登記，但其實只是推拖拉的藉口，買方可能想等事後再申請，或他們的申請還卡在證券交易委員會裡。以現在的監理環境來說，有些四大 * 會計事務所竟表示無暇處理證券交易委員會提出關於收購的會計問題，尤其是在收購之後，會計事務所並不與收購方聯手合作，實在令人訝異。

未登記的股票過了 12 個月的等待期，便會轉為可交易股票，然而一年的時間也不算短，期間會牽涉到許多變數，對交易清淡的股票更是不利。所以，一定要確認：真正入手的股票和你自以為的股票沒有落差。

▌ 找股東代表要避免利益衝突

交易協議生效、錢到手之時，並不代表收購就結束了；像辦理代管、或有價金、營運資金調整，甚至聲明與保證的相關訴訟，可能會拖上好長一段時間。每一件收購都會有個人被指派為賣方全體前任股東的代表，出面打理這些問題，此人即為股東代表。

這個倒楣鬼一般是無償出力，在交易後必須接洽買賣雙方，著手處理各項問題，其中可能牽涉買方的反悔或司法層面。這些問題的處理往往很耗時間，或所費不貲，還會影響到交易最後的財務績效。

一般這個職位會找賣方的主管，或創投方董事席次的人士擔任。如果事事順利，這人就無事一身輕；但如果出事了，例如買主請求代管賠付，或威脅要告前任股東，這份工作就很令人頭大了。

股東代表一般都有正職，交易支給不多（通常綁在代管帳戶），沒錢聘專業人士幫忙，本身也不是該問題領域的專家，卻跑出來收拾爛攤子；

---

* 「四大」是四間最大的國際性專業服務網路，提供審計、顧問、諮詢、企業財務和法律服務，其為公開交易公司和許多私人公司處理絕大多數的財務審計，在審計大型公司方面形成寡占。

如果股東代表剛好是賣方的主管，可能已經改替買主做事。總之，這個人的決定會影響到全體股東，還要為後續的溝通付出時間及心力。甚至有些買主為了對事件施加壓力，還會直接控告股東代表。

我和孟德森兩人都曾各當了幾次股東代表。但幾年前，我們就決心不再攬這種事上身，因為承擔這種責任完全看不到任何好處。

如果你是莫名其妙當上股東代表，務必要在併購協議時多談一筆款項，萬一出了什麼事，這筆錢可用來聘請專業人士當你的幫手。通常買賣方會設一個單獨的保管帳戶，專門支付股東代表的開銷；即使沒出事，有錢請律師反擊，就不怕買主惡形惡狀找麻煩。

千萬別找交易後為買方工作的對象當股東代表，否則等於替那人與其現任雇主開啟了贏者全拿的角力，局面絕非任何人樂見的。唯一的例外是：擔任股東代表的這個人對買方很重要，如果此人威脅撒手不幫忙，就會正面影響到賣方的結果。無論如何，這會是壓力很大且令人不快的局面。

還有，務必小心別讓創投業者擔任這角色。代管與訴訟的發展和時間大有關係；我們就碰到過，有些創投業者因為沒完全了解或不看重股東代表一職，不太理會此事，甚至完全不管事。

有幾次的情況相當好笑，例如有創投業者來當股東代表（我們投資案的共同投資人），收到買主請求未履行的通知卻無動於衷，結果搞砸了保管帳戶的事件。通知期間有 30 天，到了第 31 天，創投業者另外收到通知，表示保管帳戶已扣除請求的金額。幸好我們和買方的律師關係不錯，才能即時亡羊補牢，但請切記，買方沒有任何義務幫忙。

後來孟德森與人共同創辦了一家公司，叫股東代表服務公司（SRS Acquiom，網址是 www.shareholderrep.com），是一個代理股東代表的組織。SRS 服務的成本，比起交易總價值算是低廉，卻可由專職的專業人士來擔任股東代表，成為打官司、收拾殘局的當事人。由於經手代表的生意範圍廣大，SRS 對買方及買方律師都有廣泛的交手經驗。

在地觀點

台灣經歷了三十年的電子業發展，雖然併購並不盛行，卻也累積了不少實務經驗。無論是身為買方或賣方，都可以找到有經驗的律師、會計師、券商和銀行協助。準備進行併購前，記得請律師特別注意，避免內線交易、背信等相關問題。

17

如何延攬
投資銀行

" How to Engage an Investment Banker "

我們在本書一直談到投資銀行業者。一般而言，我們反對在公司早期募資時找他們合作，而在後期募資時，對找他們的立場則為中立，但在併購情境時，我們則強烈支持延攬他們。雖然投資銀行家所費不貲，但他們能在許多併購案中，帶來極大的價值。因為這個原因，我們邀請了高定合夥事務所（Golding Partners LLC）常務董事雷克斯‧高定（Rex Golding），就如何尋找、延攬與支付投資銀行家這個主題，提供他的想法。我們與高定已經認識且共事超過 20 年，在這個主題上，我們很重視他的智慧與經驗。

▌為什麼要找投資銀行家

當你的公司來到了一個典型的決策點：是該再取得一輪募資來擴大公司，還是尋找適當的收購者以立即擴大公司，並提供股東流動資金。或許你已經無法募到更多資金，而你在尋找比放棄更好的解決方案。你是否應該聘請一名投資銀行家，來提供正確解答呢？不是的。決定離場策略，是你公司的董事會、執行長，以及創始人的工作。然而，一旦董事會做出尋找收購者這樣的決定，投資銀行家確實可以在取得成功結果的併購流程中扮演重要的角色。

你是否該一直引進銀行家呢？不。在某些情況下，銀行家不見得會有助益，甚至可能不利。舉例來說，你的公司可能從最適合的收購者那裡，得到了很有吸引力的優先收購書。在這個時候，引進外部顧問企圖優化交易結果，可能帶來更多風險，而不是更多報酬。另一種案例，則是低價值或清算類型的出場安排。一般而言，投資銀行家索價過高，或者準備不足，不適合處理這種交易，這種情況更適合處理清算交易的專家。如果你是之前有處理併購交易充分經驗的精明執行長，而且已經為公司找到了合適的買主，那麼投資銀行家就很難再增添足夠的價值，來合理化其中牽涉到的費用。但除了這些極端例子之外，你有很多理由可以考慮聘請一名銀行家，來處理這種典型的出售公司案例（也稱為「賣家流程」〔sell-side process〕），因為你想廣泛地聯繫潛在買家，為股東談出最佳的退場條件。

聘請投資銀行家的最佳理由，就是透過讓公司曝光在最多合理買家面前，讓出場價值最大化。就像公開上市公司的股份，可以透過由廣大且流動的市場組成的證券交易所出售獲得利益，同樣地，你的公司股權價值也能透過由你的投資銀行家操作的類似私人市場尋找買家流程，而獲得利益，這個流程通常會牽涉到聯絡 50 名以上的潛在買家。這麼廣泛的全面推廣，往往能夠消除期待得到更高出場價值股東的質疑。由於投資銀行家是獨立第三方，為公司整體提供服務，便降低了利益衝突的顧慮，例如擔心內部人員或創始人，可能在公司出售流程中有所偏袒，讓某個獲得偏好的買家得到好處。

此外，你的投資銀行家將擔負許多賣家流程的沉重工作負擔。出售你的公司可以比擬為接受了第二份全職工作，這是在你目前的現職，也就是經營公司之外的工作負擔。如果聘請一位投資銀行家，你就可以期待卸下許多後勤與流程相關的任務，例如對買家進行初次聯繫、安排會議、更新公司介紹內容，以及管理線上資料室等。

最後一點，你的投資銀行家可以在出售過程中擔任重要的緩衝，甚至偶爾當壞人，這讓你跟高階管理團隊得以與收購團隊建立與維護關係，又不會犧牲了你代表公司股東應該爭取的談判優勢。在今天大部分

的收購交易中，收購者都希望留任目標公司的核心高階主管。讓投資銀行家處理部分收購談判內容，尤其是那些有爭議的部分，將有助於調解在未來可能影響彼此長期工作關係的衝突。

▌如何選擇併購顧問

乍看之下，選擇併購顧問似乎有許多選項，從像摩根史坦利（Morgan Stanley）這樣的華爾街龐然大物，到有品牌知名度與專精產業別的精品級公司，以及一至二人組成的小型顧問公司。然而，由於需求與預算的因素，通常很難找到合適的對象。大型公司很可能對大部分求售的公司而言都太昂貴，因為他們收取的最低費用標準，都要數百萬美元。除非你能合理期待公司最終獲得的出場價格超過五億美元，否則你就該往其他地方尋找顧問。同樣地，最廣為人知的精品級公司，一般也都處理一億美元以上的交易，並根據這個水準來計價收費，通常最少也要收取一百萬美元以上。剩下來讓大多數被認為價值低於一億美元的公司選擇的，就是眾多較不知名的顧問公司，而其品質與資歷也落差很大。

為你的公司選擇對的投資銀行家是很主觀的判斷，要根據你認為的合適度與彼此之間的互動感覺而定，但也可以參考下列這些重要準則：

轉介與參考。你最好的銀行家候選人來源，就是來自你已經信賴的人，包括你的董事會成員、投資人、同事，以及其他與你有朋友關係的資深主管。這種介紹有兩個好處，因為這些銀行家候選人會不希望讓介紹他們的人失望，而介紹他們來的人，也不希望因為推薦了一個無用的人而讓你失望。在我們這個講究關係的世界裡，在沒有任何人推薦的情況下聘請投資銀行家，這種情況既不推薦，也極為罕見。

特定行業專長。你應該聘請一位真正了解你所處行業的銀行家。不只是一名「新創」或「技術」專長的銀行家，而是，舉例來說，「軟體即服務業界」的銀行家，如果這就是你公司所從事的行業的話。由於你的銀行家通常要對每個潛在收購者做第一次「電梯簡報」（elevator pitch）＊，所以他們最初的推廣就必須完美地說服，而且非常有可信度。這通常需要針對公司的核心訊息與公司定位，進行許多密集的準備工作。所以，在你與某個銀行家初次接觸時，別害怕，盡量測試他對你行業的知識，因為行業專長應該是聘用投資銀行家的先決條件。

與收購者的關係。 在行業知識之外，你的銀行家應該對大量有可能購買你公司的潛在買家，有廣泛且深厚的個人關係。這些人脈應該沒有過時，而且近期才聯繫過，這可以反映出銀行家對每個潛在收購買家公司組織圖的即時掌握度，才能讓你的公司不會因為缺乏與這些公司的真實關係，或找錯對象，而延誤到併購流程。要特別留意那些在清單上只列出各公司執行長與財務長當作關係人的銀行家，因為這些銀行家不可能與這麼高階層的人士擁有可靠的關係。此外，大部分買家都有專門的企業發展小組來審查所有流入的併購機會，因此你的銀行家要與這些負責審查的守門人，擁有良好的個人交情，這一點相當重要。如果你的銀行家還能與在併購後負責管理你公司的營運主管之間擁有具意義的關係，那就更有幫助了。

交易經驗。 你選擇的投資銀行家，應該有完成收購交易的經驗紀錄。雖然這聽來很顯而易見，但有些顧問即使擁有深厚的行業專長與關係，卻無法舉出曾經完成併購案談判與結案的例子。市場中有許多沒有經驗的顧問，包括剛投身於投資銀行生涯的退休資深高階主管。併購流程的前半部分專注於推廣行銷與爭取合作，以得到併購意向書，後半部分則都是辛苦且磨人的協商，以完成明確協議與盡職核實調查的細節工作。一名缺乏經驗的顧問，有可能因為不知道該做什麼，或者對市場現況缺乏了解，而危害到你的併購交易，或者沒有得到最好的條件。

個人投入。 在與投資銀行家面談時，要當心你未來要合作的對象，會不會是先引誘後調包（bait and switch）的人。這是指一名讓人印象深刻又有經驗的資深銀行家，為你的公司做了讓人信服又辯才無礙的推廣演

＊ 譯者注：指在搭乘一趟電梯的時間（通常為 30 至 60 秒）裡，簡潔、快速並有效傳遞個人、產品或服務的介紹，並讓對方想進行後續的談話。

說，最後卻在雙方簽訂委任書（engagement letter）後就立刻不見人影，留下你跟一組沒有資歷的人員合作。為了避免發生這種事，別害怕在面談階段，就跟這名資深銀行家當面議定，要他承諾在整個併購準備過程中將親自投入，包括所有狀態更新、董事會拜訪，以及重要的買家會議等。

文化適配。你挑選的投資銀行家應該能適當地代表你的公司，了解公司的價值、願景、使命與定位。你的顧問的工作方式與工具，應該與你公司所使用的一致。你的公司是否非常依賴電話遠端會議、聊天室等虛擬合作工具？如果是的話，你會希望你找來的銀行家也精通這些工具，並願意適應你公司的平台。反之，如果你的公司很重視經常見到銀行家本人，你就會想聘請離你公司很近，而且接受更直接見面的顧問。相處模式沒有對錯，重點在於你與你的銀行家能擁有基本的配合度。

▍議定委任書

找到最適合的投資銀行家後，你需要與他談出雙方都能接受的委任條件。這可能聽來比實際做起來容易，因為你即將簽署一份牽涉到大筆金錢，以及在長時間內讓你的公司承諾特定義務的合約。雖然銀行家將這種委任文件稱為「信函」（letters），但它們往往是冗長、複雜，而且充滿法律術語的合約。但不要驚慌。真正需要了解與談判的條件相對較少。一如往常，在商議下列這些條件時，善用你公司的律師與董事會：

工作範圍（scope of work）。這聽來再明顯不過，但請確認委任書明白載明你的董事會對顧問的期待。除了核心的賣方任務，銀行家是否還提供其他服務，例如資本重整建議、估值分析，或者合理性意見書？最常見的額外顧問服務，或許就是「募資與併購雙軌委任」，你的銀行家會同時一方面徵求少數財務與策略投資人，而另一方面則尋找公司的收購人，以增加董事會可以考量的未來出路選項。請注意，在這種雙軌安排中，你的投資銀行家在募資方面收取的介紹費，將與併購收取的顧問費不同，通常是募得資金的5％至10％。在授權任何募資活動前，請確

認你的投資銀行家領有仲介交易商執照，而且是金融業監管局（Financial Industry Regulatory Authority, FINRA）的成員，這是美國證券業的監管機構。

成交費（success fee）。成交費是你的投資銀行家努力工作爭取的大獎，因為這通常是他們在這類委任中所收取的最大宗費用，通常占了超過90％。與聘用費（retainer fee，我們將於稍後說明）不同，成交費只在成功完成收購交易後才支付，通常是以支付給股東的總收益，扣除債務但不扣除其他與交易相關費用，例如法務費用等項目前，按照一個百分比來收取。金額規模較小的交易所收取的費用百分比會較高，一般起點是交易規模低於500萬美元時，收取最高達10％，然後逐漸下降至當交易規模接近一億美元時，收取百分比為1％至2％。通常還有一個固定的最低費用，在董事會同意以低價出售時，給銀行家提供一個下檔保護。這個百分比公式往往包括一個按比例增加的激勵方式，在取得較高出場價值時，就支付較高的百分比，舉例來說，就前5,000萬美元的併購收入，支付2％的基礎費用，而對超過5,000萬美元的收入，則支付5％的激勵。但就激勵費用這點要當心，因為它們在理論上很容易承諾，但最後很可能變得非常昂貴，而且不見得與你的投資銀行家的勞力與能力相符。為了避免在成交時發生後悔支付費用的情況，請確認使用試算表，就各種想得到的出場價值，試算你要支付給銀行家的費用，好全面了解這些看來很小的費用百分比，加起來會變成多大的數字。最後一點，請確認委任書內明確考慮了包括非現金收入的併購情況。除了現金，你可能收到私人公司股份，或者根據你公司在收購後續效表現而計算的業績提成費（earn-out）。在大部分案例中，你會希望你的投資銀行家收取與你的股東相同形式的收入，而不是在極少或沒有現金的情況下，還堅持要收取現金。

聘用費與費用報銷（retainer and expense reimbursement）。投資銀行家的委任內容，幾乎一定會要求支付一筆不退還的月費，叫做聘用費，數額大概在5,000至15,000美元之間，支付期間最少六個月。你不妨將這些費用視為「保證金」（earnest money），象徵著你確實想要完成併購交易，而不只是做一個測試而已。所有已支付的聘用費，應該可以在支

付成交費時扣除，因此你應該在委任書中特別列出這點。除了聘用費以外，你也很可能會允許投資銀行家將為了你公司而產生的代墊費用申請報銷。仔細研究這部分的條款，確認此類報銷有合理的上限。任何代墊的款項都應該合理，而且符合你公司的實務，而非你顧問的公司實務。舉例來說，如果你的公司在差旅搭機政策方面，規定要搭乘最低成本的經濟艙，那你的銀行家就不該繳出頭等艙機票要求報銷。各項費用加總結果可能很高，尤其是差旅費，所以請確認在長途差旅時，要事先獲得批准，並考慮就相關費用設定合理上限，例如 5,000 美元等。同時，請注意被標示為「管理費用」或「經常開支」等名目的未釐清費用的報銷。你只應該支付為了你的公司而產生的直接費用。

　　期限、終止與尾款（term, termination, and tails）。你對顧問的合約承諾，通常會超過一年，所以在簽署合約前，徹底了解你的承諾與財務曝光範圍，是很重要的。最常見的就是一年期限，雖然這時間可能看來很長，但記住一樁併購案從初步接觸到結束，經常至少都要花六個月。由於環境可能改變，所以在委任書中一定要談定「任意終止權」（termination for convenience）條款，以提供可以因為任何理由而終止委任的明確方式。在雙方合約到期或終止時，「尾款」條款就將生效，當併購在一個固定期間內完成時，仍然保障投資銀行家獲得成交費，這個保障期間通常是六個月至一年。請確認，只有在你的銀行家的招攬下，而且收購買家確實已經展開實質會談，或雙方已投入洽談時間時，這個尾款條款才生效。

　　損失補償與爭議解決（indemnification and dispute resolution）。任何交易都可能出錯，人也都會犯錯，世界上也充滿著誠實的誤解。由於你的銀行家在併購交易過程中為你工作，他們就會要求，不論在委任期間內或結束後，當他們代表你採取行動，而被人提起訴訟時，由你提供特定風險承擔，這稱為損失補償。務必要將你提供的損失補償，限制在銀行家合理且專業的行為，並刻意排除對投資銀行家的魯莽及重大過失行為提供損失補償。除了與第三方有關的損失補償外，有時你可能與投資銀行家發生嚴重的意見分歧。這些意見分歧通常是關於成交費與尾款。雙

方最好事先決議此類爭議該如何解決，最好是透過調解與仲裁，而不必走上法律訴訟途徑，因為這更昂貴且曠日廢時。

　　關鍵人條款（key person provision）。有時你之所以選擇某家投資銀行，是因為看中了特定銀行家，他可能是行業專家，或者握有特定技術或者人脈。在這種情況下，我們強烈建議在委任書中增加關鍵人條款，讓你在這些特定關鍵人離開這家投資銀行時，得以終止委任，最好連同尾款約定一併終止。你應該會希望保有將委任移轉至這些關鍵人前往任職的新投資銀行的選擇權。另外做法是，這些關鍵人也可以與原先的雇主拆分相關費用，然後延續原先的委任書。

　　合理性意見書（fairness opinion）。對於更複雜的併購案，你公司的董事會可能會要求顧問提供合理性意見書。合理性意見書是由你的投資銀行家發給董事會的正式信函，以確認進行中的併購交易是基於公平的考慮。對董事會而言，這是一份保險，以免心懷不滿的投資人、債權人與起訴人，在後續選擇表達他們的異議，甚至提起訴訟。合理性意見書更常見於公開上市公司，或者有許多且背景多樣化投資人的私人公司。就大部分科技公司的併購而言，要求合理性意見書就可能有點矯枉過正，除非公司資本結構複雜，或者股東之間有潛在的利益衝突時，才適合使用。就本質而言，合理性意見書增加了你的投資銀行家在併購交易中的風險暴露，因為他們經常會成為投資人訴訟的目標，或者經由書面證詞與出庭作證，而成為法律訴訟過程的一方。因此，合理性意見書的成本並不便宜，你可以合理預估這紙意見書需要支付 100 萬美元以上，因為你的投資銀行家要將後續可能發生訴訟的成本，計入合理性意見書的報價中。在大部分案例中，對股東最佳的保護其實不是合理性意見書，而是全面且透明的併購流程，以及建立對所有合理買家展開廣泛接觸、可供稽查的紀錄。

┃ 幫投資銀行家將結果最大化

　　與你的投資銀行家之間的談判可能很累人，但真正的工作是在你們

簽署了委任書後才開始。如果這個過程很折磨人，那麼想想這些內容在潛在買家面前看來又會如何。由於其中涉及的高風險，因此很重要的一件事就是，讓併購流程中所有參與者知道過程中會發生什麼，以及取得共識。這個過程要從你的董事會開始。如果你已經走到這一步，那你的董事會應該已經無異議同意尋找交易機會。如果情況不是這樣，那就趕緊臨時喊停，準備召開另一次董事會議。

　　同樣重要的就是，讓你的資深管理團隊達成共識，因為他們將會在併購流程中密切參與，而你團隊中的任何糾紛或疏離，將很快被買方察覺。這在低價出場時，特別具有挑戰性，因為員工的普通股與選擇權將得到很少或無法得到收益。在這些案例中，董事會往往會通過一項分割計畫，將出售公司收入的一部分指定提供給公司員工，讓他們與投資人的立場一致，並協助在公司併購期間留住關鍵主管。

　　最後一點，所有相關人員都要同意共同時程表，以避免流程失控或任務無效益膨脹。雖然找到對的投資銀行家，可以讓你的出場價值最大化，但你與你的團隊仍然要做最困難的工作。這是你的公司與你的願景，沒人能比你更懂得該如何推銷它。

在地觀點

這一章可以當作基本的入門知識，重點是對方的實績與聲譽，因此藉由有經驗的投資人或董事會取得資訊就更顯重要，實際執行時也要注意合約中除了費用以外，是否要專屬、優先或其他限制性的條款。

18

為什麼要有條件書？

"Why Do Term Sheets Even Exist?"

　　我們經常被問到的一個問題就是，「為什麼要有條件書？」事實上，我們一開始為什麼要有這些法律文件？仔細的讀者一定能指出，我們說過創投業者很少援引保證條款，來控告他們自己投資的公司，那麼，我們為什麼不能只靠握手，或者簡單的文件，就完成所有募資相關工作呢？既然整個過程中只有幾件真正重要的事，為什麼要扯出這麼繁複的結構和法律用語呢？

　　事實上，並沒有一定要使用條件書的要求。我們最喜歡跟創業者進行的談判，一直都是真的只要握個手，針對估值、董事會結構，以及員工認股權池等議題，取得口頭或電子郵件共識，然後就此談定。從取得共識後，我們只要使用發布在 Foundry Group 網站（http://foundrygroup.com/resources/）上的標準化表格，在幾週內就完成交易。我們發現這種合作與信賴的精神非常誘人，因為它從一開始便奠定了良好的工作關係。喜歡不用條件書來談交易，我們是非常理解的。

　　如果你是有經驗的創業者，曾經與我們打過交道，或者正與熟知我們的律師在進行交易，雖然你知道我們剛才描述的這種方式確實可行，但這卻屬於例外案件。一般而言，條件書將會是這段關係中第一份談判議定的文件。

　　無論雙方是否起草了條件書，最終還是需要許多法律文件。這個行

業就是如此。創投業者需要對他們的投資人負責，如果我們沒有法律文件來保護他們的投資，將會讓投資人感到不安。而查帳的審核員也將查不到資料，可以確保我們拿了錢後真的有做事，以及正確評估我們的投資資產。此外，還有一些極端案例證明，這些文件是防止弊端惡行的重要約束。法庭基本上在合約談判這方面，不會對創投業者提供無罪推論立場，所以如果我們想要某項條款保護，就要清楚明確以書面文字載明。

　　適當撰寫的文件可以激勵雙方採取一致立場，讓彼此的行為對對方也有利。下面舉出一些在雙方合約關係中常見的有用主題，當你在考量合約特定條款時，應該把這些當成框架。我們要再度感謝我們的朋友，科羅拉多大學的法學教授伯恩瑟所提出的建議。

▎約束行為與激勵一致

　　任何良好的合約關係都會努力達成雙贏的局面，也就是說，任何一方都受到激勵，依對方的最佳利益行事。有許多事情都能促成這一點。也許是商業關係對雙方都很重要，所以大家會維持良好關係。也可能與聲譽約束有關。不過，這些都沒有法律規範，來確保大家會循規蹈矩。因此，大家發展出合約來確保當事情出錯的時候，至少在某個程度上還是可以執行良好行為。

　　雖然主張人性寬厚是件好事，但在日常現實中，尤其在商業場合裡，大多數的人都是為了自我利益做事。這不是件壞事，但總是記得這一點會比較有幫助。如果你假設你的創投業者會做對雙方最有利的事情，而創投業者的行動也確實讓雙方都更有利，那麼你們之間的關係應該很順利。如果有一天你發現你們雙方想法不一致了，事情就可能變得有意思了。舉例來說，還記得我們在前面章節的某一段中，曾提到在收購案中的股票選擇權。在這個情況下，基於自我利益，你、你的創投公司與你的員工可能有許多不同卻意義深遠的立場。對一方有利的決策，可能對其他人造成負面影響。

我們鼓勵你以公開直接的方式，來處理這些立場不一致的情況。到最後，如果你們無法就如何處理這些問題取得共識，那就必須限制在你們先前簽訂的合約條件裡。因此，想清楚條件書與合約該如何約束不良行為，以及讓大家的激勵一致，就是非常關鍵的事了。

如同我們討論過的，在條件書中，唯一真正重要的兩件事，就是經濟與控制權條款。我們也可以說，唯一重要的兩件事，就是確保激勵一致和減少潛在的不良行為，但這對現實生活而言講得實在太學術了一點。不過，請記住，這兩者的結構其實是類似的。當你試圖釐清某個特定條款對你有利或不利時，想想這個條款會不會積極或消極地減少人們從事不良行為的能力，或者這個條款是不是促進了你與投資人之間激勵的一致性。

如果事情感覺有點不對勁，而你認為某個特定條款將你與投資人的激勵區隔開了，那就要小心，不要輕易接受這個條款。當你這樣處理事情時，你就擁有了強大的談判工具。你不必說：「我不想要這個條款，這不符合市場現況。」相反地，你可以試著這麼說：「慢著，這個條款會從一開始就分裂了我們的關係，會造成我們的激勵效果不一致。」

除了這兩個考量重點，所有良好的架構都還會有效處理交易成本、代理成本，以及資訊不對稱等問題，這些問題我們都會接著討論。

▎交易成本

關於交易成本有各種不同定義，但就我們的目的而言，交易成本就是以時間與金錢衡量，與兩個團體之間創造關係有關的成本。舉例來說，在創業者與創投業者之間，為了完成一筆創業募資交易，交易成本將不僅包括雙方律師的成本，還有會議成本、完成盡職核實調查所花的時間，以及從第一次會議到簽訂確認文件當中的所有過程。

在 25 年前，新創公司要獲得資金是很困難的，不僅是因為當時的創投業者比較少，也因為交易成本很高。當時沒有業界公認的標準文件格式，所以律師要花許多時間就許多事項一一爭論。而且，當時除了電

話和傳真機之外，也沒有其他無處不在的電子通訊設備。這意味著有更多需要本人親自到場、花更多時間，以及更難安排行程的會議。此外，還有信差為了傳送文件，不斷往來雙方的辦公室。傑生以前的律師事務所就有全職的腳踏車、汽車和飛機信差。幸好，現在的科技與透明度，以及線上與像本書這樣的討論，都大幅降低了這些成本。募資動態學不再是一個由律師與少數知識淵博的投資者所控制的黑盒子。

在建立合約關係時，要考慮一下，所有良好的合約都會將當前與未來的交易成本降至最低。正如我們先前討論過的，可轉換債由於與股權募資輪比較之下，有較低的法律費用，因而越來越受歡迎。在 15 年前，股權募資比可轉換債募資的成本貴了四倍。時至今日，這個差異仍然沒什麼改變。在決定該使用哪種結構來為你的公司籌募資金時，要先考慮一下，需要花費多少交易成本才能完成交易。

我們發現未來交易成本的考量其實更重要。舉例來說，在簽署併購意向書（letter of intent, LOI）前，你應該先仔細討論，以免在起草正式文件時，留下太多模稜兩可、需要商議的空間。由於你在意向書階段擁有較多的談判籌碼，在這個階段只需要花兩小時談定的事項，或許可以節省你未來花費幾十個小時。簡單說，你在當下就定義清楚雙方的關係，好讓你不必在將來花大量的時間與金錢成本，來釐清誰有什麼權利，以及誰該獲得什麼對價。

代理成本與資訊不對稱

代理成本（Agency Cost）是與代表委託人辦事的代理人有關的成本。這些成本中有一部分是直接成本，例如如果我僱用一名股票經紀人來替我買股票，我就必須支付他一筆費用來完成交易。但有些成本是間接的，也難以看出來。

我們用一家陰屍路投資組合公司（walking dead portfolio company）為例。這是一家還存在，但只是蹣跚前進，看不出未來前途在哪裡的公司。對創投業者而言，最符合利益的結果，可能就是將公司關閉，讓創投業者

收回公司銀行帳戶中剩餘的金錢，然後承受稅務上的損失。

　　我們將這個例子中的創投業者視為委託人。但被投資公司的執行長卻有不同的誘因，因為他仍然享有不錯的薪資待遇，而且到處走動時還可以帶著一張印著執行長頭銜的名片。他的誘因就是盡可能維持公司的生命。本例中的執行長就是代理人。

　　無論創投業者與創業者共處了多少時間，他們都無法像了解自己的公司與動機那樣深入了解對方。這種資訊不對稱就像代理動態學一樣，會造成大家在誘因上的不一致。

　　思考一下，哪些合約條款能夠幫助緩和這種衝突。在合約中同意讓創投業者在董事會擁有一席席次，將會有所幫助。擁有至少一名獨立董事的奇數總席次的董事會，也很重要。擁有贖回權的創投業者雖然不見得讓執行長感到愉快，但在決定公司未來方向這件事情上，卻能提供一些額外壓力。

▍聲譽約束

　　如果你打算長期待在這個業界，聲譽約束可能比合約裡任何特定條款更重要。創投業相當小，而且非常看重聲譽。不良的行為會被口耳相傳，即使這些惡行是悄然進行，而且沒有公開。生態圈越小，這種現象就越是存在，所以如果你專注的領域越小，聲譽的重要性就越大。

　　雖然有些人不像其他人那麼注重聲譽，但你的聲譽還是會在長時間中累積。雖然沒有任何合約是密不透風的，但你在面對模稜兩可與衝突情況時的處理方式，將有助於奠定你的聲譽。這對創業者與投資人雙方都有影響。好好做你的功課，找出對方真正的聲譽。從某些層面來看，這可能是最重要的條款。

在地觀點

　　總結來說，term sheet 是創業者與投資人之間促成募資的溝通工具而非目的，實務上常常看到雙方陷入枝節而延宕，雙方都應該隨時記得目的是建立共識往前走，並在過程中更加了解對方並建立互信。

19

CHAPTER

創業法律須知

Legal Things Every Entrepreneur Should Know

我們經常看到創業者和他們的律師卡在某些法律問題上，雖然有些麻煩可以等到募資或出場後再收拾，但並不是對公司財務毫無影響，還可能會大幅減少企業的價值。我們不是要當讀者的律師，或提供法律諮詢（我們的律師要我們加上這句），而是鼓勵讀者弄懂這些問題，別以為只要丟給律師去弄就好。

如果你想找一本在創業者面對的法律問題方面寫得最好的書，那就去看康斯坦絲·芭格麗（Constance Bagley）與克雷格·道區（Craig Dauchy）合著的《創業者的商業法指南》（*The Entrepreneur's Guide to Business Law*）第五版（South-Western 2012 年出版）。這是為創業者，而不是律師所寫的書，所以很容易理解，這是我們所知最好的創業者法律資源。這本書的售價還不到一般律師 11 分鐘的服務費用，但你卻能馬上得到寶貴的回報。

我們也要感謝在 Cooley LLP 的朋友，幫助我們完成這一個章節的內容。順帶提醒，他們在本書提供的資訊並不是正式的法律意見。

▎用法律諮詢守好智慧財產權

我們在本書第二章討論準備募資時，曾經談到一些智慧財產權的議

題。然而，智慧財產權議題有可能在你還沒真正起步前，就扼殺了一家新創公司。以下就是一個例子。

假設有一天你找朋友喝酒時，脫口而出你的新公司會靠徹底翻轉○○賺進大把鈔票，你侃侃而談了好幾個鐘頭，講到了它的商業模式、如何打造、產品規格，兩人喝了個盡興之後，你才搖搖晃晃返家。

你朋友任職的公司，產品剛好和○○類似，事前你也知道○○和他在做的東西有點像，所以才會找他出來聊；也許你曾隱約想到，以後可能會找他加入。

接下來半年你孤軍奮戰，推出第一版的產品，有個知名部落格特別為文介紹，你開始接到創投業者來電，希望能投資你的公司。你笑得合不攏嘴，一心想著日後的大好前程。

隔天你朋友來電，說他被公司資遣，想到你公司工作。你說等資金進帳後就會聘用他，這時你朋友卻說：「沒錢也沒關係，反正公司有一半是我的。」你一時啞口無言。

朋友進一步表示，他擁有一半的公司智慧財產權，因為當初是兩人邊喝酒邊打造出公司的雛型。你當然不同意，認為公司不是他的，結果朋友表示自己有親戚在當律師。

這種事聽起來很沒道理，但卻真實存在。儘管你認為朋友的主張很可笑，不過如果他有所動作（他的親戚可能願意免費幫忙），可能會拖累你對創投公司的募資計畫。如果他不打算無功而返，還可能一路扯你的後腿，阻撓你的募資活動。

一旦打起官司，即使你走運（例如朋友出了意外），也可能因為朋友前雇主因此拼湊出全貌，結果演變成你和他前雇主的智慧財產權爭議。

這類情節在創業圈層出不窮，包括臉書廣為人知的虛構式電影《社群網戰》（*The Social Network*）。前例雖然誇張，但匪夷所思的例子比比皆是：有四個一起在 MBA 課堂上創業的學生，其中兩個後來真的開成公司，另外兩個沒有，卻以貢獻智慧財產為由，脅迫公司讓與所有權。還有創業者找約聘工程師寫程式，錢也付了，但後來因為該工程師主張工資以外的所有權，最後走上了訴訟之路。要知道即使你付錢給某人撰

寫程式碼，你也沒有擁有這些程式碼，除非你能讓撰寫這些程式碼的人簽署文件，說明這些程式碼是「在受僱範圍內完成之工作」。文字必須一模一樣，這點很重要。

創投業者一旦碰到這種情況，即使是沙場老將也會停手，確認標的公司是否真的捲入了智慧財產的爭議。有意投資又負責任的創投業者會陪你一起解決麻煩，除非是特別難纏的狀況，否則這種事通常不難解決。

關鍵是從一開始你就要抱持謹慎、注意、多疑的態度。如果是朋友涉入，一席簡單談話通常就能釐清紛爭；但如果不確定聽者是誰，就要當心是不擇手段的人找碴，尤其是不認識的人。

不少創業者和眾多律師都認為，小心戒備或讓對方簽保密協議，才是正確的應對之道。不過，我們不贊同這種立場，而是鼓勵創業者抱持「展現想法」的態度；也認為保密協議不太值得考慮，但要意識到自己正在和誰交談；如果創業者真的一頭栽進自己的事業，就要確定會有適當的法律諮詢幫你留下書面紀錄。

▍專利是種投資

防止惡人破壞並為你的公司創造價值的一種做法，就是申請專利(Patents)。專利為公司的一項發明提供 20 年獨占的生產、使用或者銷售權。絕大多數專利都是發明專利（Utility Patents），意思就是它們保護裝置的功能屬性。為了獲得專利，發明人必須在提供發明出售的頭 12 個月內，或者在沒有簽署保密條款的前提下，對個人或企業揭露了一項發明後，向美國專利商標局（U.S. Patent and Trademark Office, PTO）提出專利申請。

想判定是否該投資在取得專利保護上，不是容易的事情。保護專利是一筆昂貴的花費，而且不能保證會得到收穫。不過，專利可以成為值得的投資，因為它能創造無價的競爭優勢、可以透過發放特許使用權帶來經常性收入，還能在市場中建立防禦地位，對科技業的新創公司特別

有用。

　　在考量該不該申請專利時，公司創辦人應該審慎評估需要的投資成本與獲得專利保護後可能帶來的好處，這兩者之間有的差異。舉例來說，在快速發展的市場中，智慧財產可能在專利取得時就已經過時，對獲取專利的投資，可能就沒太多好處。

　　開始專利申請過程時，公司通常會先遞交暫時專利申請書。這份申請書包括完整且可有效取得最終申請核准的技術揭露內容，但會省略一些發明專利申請的正式需求內容。這個暫時的專利申請書，可以自提出申請日期一年內，轉換為發明專利申請書，費用通常在 2,000 至 10,000 美元之間。為了獲得專利，新創公司一定要完成完整的專利申請流程，而這個費用通常在 10,000 至 25,000 美元之間。這個流程費時較久，要完成整個申請通常要一或兩個月。一旦專利申請書遞交給了美國專利商標局，就會等待數年，然後才開始審核與通過。由於專利申請流程的複雜度，新創公司應該向專利顧問尋求指導與協助。

▎美國的商標申請與他國大不同

　　商標 (Trademarks) 提供公司一種法律機制，以保護象徵公司擁有產品或服務的獨特名稱、標誌或品牌主張。商標確保了品牌擁有者得以防止他人對品牌相關的商譽進行破壞或藉此套利。在美國，申請商標的流程有三個步驟：了解空間（clearance）、提交商標申請書，以及公開審查。

　　開始商標申請流程時，公司必須先確認，他們所提出的這個標誌是可以註冊的。這要請顧問搜尋，以確認這個標誌確實可以向美國專利商標局提出申請，這個流程大約要花費 1,800 至 3,500 美元。這項搜尋將比較公司所提出的標誌與其他公司的名稱是否雷同，以及公司將提供的產品或勞務與這些公司的是否類似。新創公司必須記住很重要的一點，那就是美國與其他國家不同，即使你是第一個向美國專利商標局申請在案，也不能確保你就擁有商標權，而是取決於哪一個人或公司是第一個使用這款商標而決定。這表示在選擇商標時，公司要仔細檢視美國專利

商標局已經登記在案的標誌清單，以及競爭者已經公開使用，但還沒有註冊的公司與產品名稱、品牌宣言與符號。

關於企業名稱，公司在對美國專利商標局提出同名搜索申請之後，還要證明公司在成立地點所在的州內，這個公司名稱沒有在州務卿辦公室完成設立登記。如果公司提出的名字與已經登記在案的其他公司名字類似，州務卿辦公室也不會通過這個申請。

完成這些初步搜索，並遞交成立文件以保障企業名稱，或者登記一個網域名稱，確實可以提供公司對其商標的保護。為了得到對商標的完整保護，新創公司必須對美國專利商標局提出申請。這項申請通常是由公司的顧問來準備與提出，所需費用從 1,500 至 4,000 美元之間。申請案接著就會被審查，如果符合美國專利商標局的核准要件，商標就會進入申請流程的第三步驟，開始公開審查期間，在這段期間內，其他個人與單位可以對商標提出異議。

▍勞資問題要找專業律師協助

創業者最常因為僱傭問題吃上官司。這類訴訟令人心情沉重，尤其牽扯到開除員工時更是如此，但卻是現在的職場常態。

所幸有些動作可以自我保護。首先，確認公司一律錄用自願雇員（at-will employee）。一旦聘書少了這些字眼，就業法（各州有異）就能決定要不要開除員工。我們吃過幾次苦頭，有些州的企業想開除員工，結果搞得和在法國一樣麻煩。

其次，可預先在聘書上寫好資遣條款，例如以額外的股票或現金補償，做為請人走路的條件。如果一開始不訂好遊戲規則，最後可能變成：你可以請人走路，但對方主張你對他有所虧欠。另一方面，也可以先訂下遣散方式，這就和談判婚前協議一樣刺激，但這麼做會限制你的彈性，例如碰到財務陷入困難，必須靠資遣讓公司周轉，以保留現金過冬時，你卻動彈不得。

創業者要認識至少一位優秀的勞資官司律師。應付這類問題會讓人

倍感壓力，結果又難以預料，而且有關歧視的規定各地標準不一，一旦踩到地雷，內行的勞資律師能快速幫你找出解決辦法。在我們看來，當創辦人或高階主管離開公司時，公司一定要強制聘請律師介入。即使相關人員關係仍然良好，股權與智慧財產相關議題都要清楚解決，以免未來募資與潛在併購受到影響，這一點非常重要。

┃ 公司結構型態

你的公司有三種組織結構型態可以選擇，分別為 C 型公司、S 型公司，或者有限責任公司。如果你想籌募創投資金，那麼公司最好就是 C 型公司，但了解其他公司結構如何以及何時可能對你有幫助，也是很有用處的。

如果你不打算向創投業者或天使投資人募資，那麼 S 型公司會是最好的公司結構，因為它享有所有的租稅優惠待遇，又能擁有合夥組織的彈性，尤其相較於 C 型公司可能存在的重複租稅結構，S 型公司的單一租稅結構優勢更加明顯，但 S 型公司又能保有 C 型公司的債務責任保護特性。

有限責任公司經常用來取代 S 型公司，因為兩者的法律特徵很相似。不過，對有限責任公司而言，想有效提供公司股權給員工會困難得多。有限責任公司不使用股票，而是會員單位（membership units），但只有很少員工接觸過。此外，股票選擇權在租稅方面也有較好與較清楚的界定。有限責任公司對於所有人有限的公司來說，是很適合的結構。但當公司所有權開始擴充到更多人時，就開始變得不適當了。

如果你打算向創投業者或天使投資人募集資金，C 型公司會是最好的結構，經常也是必須選擇的結構。在由創投業者或天使投資人資金支持的公司裡，最後幾乎都會有多種股票，這在 S 型公司是不允許的。由於大眾都預期此類公司會先產生虧損，在大多數案例中，這也是你的公司為什麼要募資的理由，因此公司的獲利被課稅的時間也會延遲。此外，在公司獲利之後，一家由創投業者跟天使投資人支持的公司，也不

太可能開始把所賺的現金都分配出去。

▎合格投資人的法律規定

　　為了不被證券交易委員會找麻煩，你有許多法規要應付，這也是找好律師的理由。

　　在我們撰寫本書稍早的版本時，將股份任意出售給他人仍屬違法行為。如今，在已經頒布群眾募資／啟動新創事業法的世界裡，對於你可以出售股份的對象，已經有了更多選擇。儘管如此，大部分的創業者仍受限於舊規定，只能將股份售予獲得許可的投資人。這表示你不該詢問你的美髮師、汽車維修師傅，或者在超市幫你打包的人要不要買你公司的股票，除非他們是非常富裕的人。目前有法律明確指出，只有富裕且夠成熟的人，才能成為合格投資人，才可以購買私人企業的股票。如果你試圖向不符合這個定義的人募資，你就可能違反了證券法規。證交會通常不會逮捕這麼做的人，但有時候會。

　　如果你不理會這項勸告，將未上市公司的股票賣給了非證券交易委員會規定的合格投資人，那麻煩就會一輩子纏著你。這些非合格投資人可以無視公司的狀況，隨時要求你以不低於買價的代價買回股份。撤銷權（right of rescission）就會成為不時上演的真實戲碼，如果對方是你經常往來的親戚或朋友，場面就會特別尷尬，所以千萬別心存僥倖。

▎別忘記稅法 409A 條

　　最後一個要提的法律問題是：經常到了收購當頭才冒出來的稅法 409A 條。條文是說：凡是發給員工的認股權，必須是以公司的公平市場價值（fair market value）為準。

　　還沒跨入千禧年的時候（409A 前時期），私人企業董事會能夠決定公司普通股的公平市場價值，國稅局也會接受，結果做為發給員工認股權行使價格的普通股股價，一般只值上一輪募資特別股的 10％。除非公司在 18 個月內要掛牌上市，在逐漸接近掛牌上市日時，普通股股價

會收斂到特別股的價位。

後來國稅局為了某些緣故，認定這個做法不對，所以想出稅法 409A 這個新方法，對不實的認股權估值訂出鉅額罰款，包括員工課稅及企業潛在罰款。另外，包含加州在內的某些州也會制定自己的州罰款。因此 409A 條剛起草時，對企業來說簡直是晴天霹靂。

不過，國稅局還是給大家留了活路，法律圈稱之為「安全港」。只要企業找專業公司來評的話，估值就假定並無不實，否則國稅局還要大費周章地證明其真偽；反之企業若不找專業公司，就要自己證明估值屬實，同樣都是苦差事。

結果會計師和認股權估值的生意因而大發利市；409A 條造福了支援和會計行業。我們有不少朋友在 409A 估值公司上班，不過，就算和估值公司有交情，我們也不認為 409A 會為企業加分或創造價值。私人企業每年的開銷是不大，但這筆 5,000 到 15,000 美元的錢畢竟有更好的用途，例如花在啤酒或搜尋引擎行銷上。

但也帶來了一個副作用：普通股相對特別股價值的 10％ 法則從此失靈；常見的早期公司普通股經過稅法 409A 的估值，來到特別股的 20％ 到 30％，使得選擇權變現的底價（或行使價格）變貴，員工的賺頭不如以往。

諷刺的是，稅收是從企業利得（股票售價－行使價格）而來的，稅法 409A 條反使國稅局收入變少，到頭來只有會計師漁翁得利。

▎記得填寫 83（b）選擇表

83(b) 選擇表是授予限制性股票的接收人，傳達給美國聯邦國稅局的通知，告知國稅局他選擇針對其獲得股票的課稅基準日，選擇於股權發放日而非生效起計算。因此，83(b) 選擇表僅適用於受制於生效的股票發放。除了加速個人的一般所得稅外，申報 83(b) 選擇表也會早點開始個人長期資本利得持有期間的計算。

83(b) 選擇表必須在限制性股票發放日 30 日內申報。未能於期間內

申報者無法補申報。換言之，如果你不在股票發放 30 日內申報 83(b) 選擇表，未來你也無法選擇這項申報。潛在投資人會詢問是否所有勞務提供者都已在期限內申報了 83(b) 選擇表，而且經常會要求在有效購買契約內載明，所有此類選項都已申報。因此，公司應該鼓勵所有獲得限制性股票的人，在及時向國稅局申報前，找他們的稅務顧問諮詢並檢視 83(b) 選擇表。

我們對於處理未申報 83(b) 選擇表，有很多次的第一手經驗。當你正在處理收購案，卻發現有一份 83(b) 選擇表申報文件，被藏在某人桌上的一堆文件裡，而且沒有簽字時，真的讓人很想發瘋。如果你想閱讀我們針對這個議題的第一手經驗，請參閱費爾德與大衛・柯罕（David Cohen）合著，由 John Wiley & Sons 於 2010 年出版的《如虎添翼》（*Do More Faster*）書中的〈該不該申報 83(b)〉（To 83(b) or Not to 83(b)）章節。

▎創辦人股票

從法律觀點而言，根本就沒有創辦人股票這回事。在公司剛成立時，通常會發行普通股給創辦人，同時發行特別股給投資人。由於公司草創而且幾乎沒有價值，普通股可以在極低的價位下發行，例如每股 0.0001 美元。在這麼低的價位下，創辦人有可能只花 200 美元就拿到 200 萬股。當大家提到**創辦人股票**時，說的就是這種在公司創立時以極低價格發行給創辦人的普通股。為了讓創辦人無須支付這個價格與股票在一段時間後與市價之間的差額稅負，公司的創始團隊要確認，在公司成立當下或接近成立當下時便要完成發行，另外，如果股票有授予的安排，也要立即向美國國稅局提出選擇適用 83(b) 條款。這代表公司要讓所有相關人員在購買股票文件上簽字，並收取及兌現購買股票的支票，然後將這些購買股票的支付證明放入公司的文件紀錄與資料庫加以保存。

當發放普通股給自己時，創始團隊應該考慮將這些股票付諸授予機制，也就是將這些股票以每月或每季的方式，分四年發放完畢，還可以

加入一個最短生效期（cliff），通常為一年。這個基期就是領取這種普通股的人必須在公司任職的期間，期滿後，公司才會將此類普通股依股票授予時間表發放。在新創公司的初期，一名或多名創辦人離開公司是常見的狀況。將這些創辦人股票設定授予限制時，就可以保護其他的創辦人，讓他們不必把公司的大部分股票與離職的創辦人分享，因為這些人將不會協助公司的成長與壯大。此外，投資人經常也會要求增加股票授予限制，以確保團隊在募資完成後會繼續留在公司。雖然創始團隊可以等投資人提出股票授予機制的要求，但如果在一開始就主動實施，就可以避免投資人提出更麻煩的股票授予條件。

創辦人股票的授予條款也能包含與公司出售相關的加速授予做法。在公司出售時的加速授予（單一觸發），或者當創辦人在公司出售後一段期間內被無故解職的加速授予（雙重觸發），都能保護創辦人。這些優惠也能提供給員工，但通常只保留給管理階層、外部董事，以及重要的服務提供者。創辦人股票還有幾項其他權利，創始團隊應該與公司顧問討論這些選項以及它們的含意。

▌顧問與員工有可能產生的潛在法律問題

雖然公司可以提供股權給勞務提供者當作補償，以保留現金，但當公司沒有支付現金給全職創辦人與初期便加入公司的高階主管時，會產生許多法律問題。無論這些勞務提供者是否願意在未領取現金報酬的情況下工作，美國的州及聯邦薪資與工時法規，都要求全職員工必須因為提供勞務而獲得最低薪資。未能支付這項薪資的損害賠償，包括未支付的薪資（至少根據最低薪資水準計算）、針對未支付加班薪資的額外損失賠償、罰款，以及輕罪的犯行指控等。當公司沒有依照市場費率來支付薪資時，應該諮詢員工聘請方面的律師，以減少可能的損失。

公司經常將創辦人與初期高階主管分成顧問或承包商，以迴避薪資與工時的法律責任。可是，在對勞務提供者進行分類時，務必要確認提供勞務的這些人的確屬於承包商。誤將員工分類為承包商，可能會製造

潛在的薪資債務糾紛，因為這些顧問有可能後來認為自己實際上是員工，而有權領取薪資。如果他們確實是員工，那麼公司就積欠他們薪資。因此，如果公司實際上有足夠現金，而提供勞務的個人也確實是員工，公司就應該將他們歸類為員工，並據以支付薪資與課稅。

如果公司沒有現金可以支付給初期勞務提供者（這種例子司空見慣），那麼公司就該跟這些人建立承包商合約，並盡力與這些人架構成承包商的關係。架構適當顧問關係的方式包括：（1）與個人以特定專案計畫來建立關係；（2）根據專案計畫的完成來支付報酬，而非以每小時或每月的費率計價；（3）對簽約的個人不予指導、控制或監管；（4）不提供設備或訓練；（5）允許個人為其他單位工作，因為在理想狀態下，這些人都是有自己生意的專業人士，會為許多不同客戶工作；以及（6）不要約定可隨意終止的安排。

▌提供勞務提供者報酬的方式

由於新創公司的現金經常有捉襟見肘的特徵，公司會轉而尋找不同的支付報酬方式。非現金支付員工、顧問與指導人員報酬，最典型的方式就是發放股權。在諮詢法律顧問後，新創公司經常提出股權激勵方案，以發放選擇權、限制性股票（restricted stock）以及其他型態的股權。雖然發放股權不一定要依據股權激勵方案，也不一定要從認股權池中發放，但公司往往會這樣做，因為這提供了簡易且有效的法律與稅務框架，讓公司得以發放股票與選擇權。

透過發放股權，公司可以省下現金，也可以激勵勞務提供者，鼓勵他們留下來繼續為公司服務，因為股權通常都會過一段時間之後才會生效。在決定該發放哪類股權時，你需要考慮幾個因素。

股票是最常見的股權型態。收到股票的人就成為公司有投票權的股東（假設收到的是有投票權的股票）。在發放普通股給勞務提供者時，公司通常會要求將股票設定授予限制，這讓公司於股票還未生效，但勞務已經結束的情況下，可以將還沒發放的股票購回。將股票設定授予限制，

也激勵了勞務提供者持續為公司服務，而且萬一新聘請的勞務提供者未能達到公司的滿意表現時，也可以保護公司。這還能避免當勞務提供者在與公司交惡而離開公司時，手中持有大量投票權的情況。

當公司提供股票給勞務提供者時，接受者就認列了依收到的股票市價，以及他所支付價格之間的差額，當作當年應課稅收入。舉例來說，如果一名指導人員因為提供的服務，收到 1,000 股的股票，股票市價為每股 1 美元，那麼這名指導人員在收到股票的當年，就認列了 1,000 美元的應稅所得（假設這名指導人員選擇 83〔b〕報稅選項）。正是股票發放要認列應稅所得這點，讓股票價格較高的公司，發放可購買普通股的選擇權，而不是直接發放普通股。

選擇權就是可以以事先議定價格（也就是**履約價**〔exercise price〕），來購買股票的權利。但與股東不同，選擇權持有者沒有投票權，他們持有的並不是股票，而是購買股票的**權利**。選擇權股票的履約價，要視在行使選擇權時所發行股票的公允市價而定。如果履約價至少與該股票的公允市價相當，那麼在股票發行給收受人時，這項選擇權就無須課稅。如果上例所提的指導人員獲得選擇權，他就可以每股一美元的履約價購買一千股。如果他要行使選擇權，就要支付 1,000 美元以取得股票，才能成為股東。提供選擇權的優點是在發行時不會產生應稅所得，但缺點則是這名指導人員必須支付履約價。

與股票相同，選擇權通常也會設定授予期限。但與股票的作用相反，因為公司可以購回沒有授予的股票，但選擇權通常只在授予後才能行使。舉例來說，如果前例所提的 1,000 股選擇權有 25％已經授予，那麼這名指導人員就可以支付 250 美元來獲得 250 股。這名指導人員就能成為股東，並可以根據這些生效且購得的 250 股股票來投票。

在地觀點

　　本章與台灣創業者的關聯性不高，台灣的分工方式也與美國不同，可以參考本地律師、會計師寫的實務書籍。在台灣，一般公司設立、登記、稅務等相關事項，可以請熟練的會計師協助，至於法律相關諮詢，無論政府或民間，都有許多資源，創業初期可以多加利用。當事業有基礎規模後，應該找熟悉該產業的優秀律師簽訂長期合約。一旦合作的律師充份了解公司的運作，並與團隊建立共事模式，在規畫及處理公司突發狀況時，都可以即時且適切因應。反之，如果公司遇到問題才找律師，光是在「了解公司」這項前置作業上，就會花費許多時間，也不見得能馬上提供最適合公司的策略。

作者的話

在本書中，我們試著向你介紹你在募資過程中可能面臨的所有議題，以及在募資後你可能要處理的議題。我們談到了投資條件書的細節，探討了募資過程的參與者，討論了該如何讓你的公司準備好進行募資，並說明了募資過程如何運作。我們也討論了創投公司如何運作，並敘述了一些基本的談判原則。我們也談到了一些在募資過程中，該做與不該做的事情，還額外附上了一個章節，向你說明了在收購流程之初，你可能會收到的意向書內容。最後，在最新增添的章節裡，我們也談到了一些新的主題，包括該怎麼洽談一筆債權交易、如何讓你的公司準備好進行一筆成功的募資，以及如何在出售公司的流程中與投資銀行合作。

我們在本書前幾版發行時，主要是以初期階段投資人的身分寫書，但現在，我們在書裡納入了後期階段的募資內容。我們試著在創業者與創投業者的觀點之間取得平衡，因為我們曾經擔任過這兩種角色（雖然我們至今為止擔任創投的角色要長久得多）。我們也在書中納入了創業者的觀點，從頭到尾貫串全書，這些觀點來自報酬之路公司（Return Path）執行長麥特‧布倫伯格（Matt Blumberg）。

我們知道書中的內容相當艱澀，所以我們試著用我們特殊的幽默感來替本書增添色彩。我們已經檢視、閱讀、校對，以及重複閱讀本書多次，但我們知道其中一定還有錯誤，或者有沒有詳盡說明的主題。我們願意從錯誤中學習，並鼓勵你將你認為不清楚或不正確之處，發郵件給 jason@foundrygroup.com 或者 brad@foundrygroup.com。

當然，我們在本書中所提供的資訊，都不該被視為我們提出的法律建議。我們不是你的律師，只是兩名撰寫一本希望對你有用的書的投資人。如果你有法律問題，請詢問你的律師。沒錯，這段話是我們的律師要求我們寫的。

我們希望這本書在你努力打造，或者投資一家了不起的公司的過程中，可以提供幫助。如果你很喜歡本書，或認為它很有幫助，請在亞馬

遜或 Goodreads 網站上留下評論，我們會非常感激。

　　感謝你的支持，祝福所有試圖打造下一波重要公司的創業者，好運連連。

孟德森與費爾德

附錄一

投資條件書樣本 *

ACME 創投公司 2011, L.P.

NEWCO.COM 的 A 輪特別股私募案條件摘要

_____ 年 _____ 月 _____ 日

（迄 _____ 年 _____ 月 _____ 日止接受有效）

發行人： NEWCOM.COM（稱「公司」）

投資人： Acme 創投公司 2011, L.P. 暨相關合夥（稱「Acme」）及其他人（如有，稱「投資人」）。

募資額：總額 _____ 百萬元（含轉換流通在外過橋貸款所得的 _____ 元），在含員工認股權池任何保留股份在內的全部稀釋基礎下，相當於所有權狀況的 _____%。

每名投資人的個別投資金額如下：

Acme _____ 元

其他投資人 1 _____ 元

其他投資人 2 _____ 元

加總： _____ 元

（如有兩次成交，應區分每次成交的投資人與金額）

價格： 每股 _____ 元（初始購買價）。初始購買價代表 _____ 百萬元之全部稀釋後募資前估值，及 _____ 百萬元之全部稀釋後募資後估值。為上述計算及任何其他參照本投資條件書之全部稀釋的目的，全部稀釋假定轉換所有公司之流通在外特別股、行使所有公司額定及現存認股權與認股權

---

* AsktheVC.com 還有更多範例。

證，且公司現有認股權池於本次募資前增加 _____ 股。

成交後股權結構表

	股份	百分比
普通股－流通在外		
員工認股權： 　預留池		
A 輪特別股－流通在外： 　Acme 　（其他投資人）		
全部稀釋的股份		

證券類型： A 輪可轉換特別股（稱「A 輪特別股」），可按 1：1 轉換成公司普通股的股份（稱「普通股」）。

完成交易： A 輪特別股的售出（稱「成交」）預期於 _____ 年 _____ 月 _____ 日發生。

A 輪特別股的條款

股利： A 輪特別股的持有人應有權「**於董事會宣告之時依其宣告**」，優先於任何普通股股利收到初始購買價年率 6%－10% 之非累積股利。

A 輪特別股持有人亦應有權按轉換為普通股的基礎，按比例參加任何普通股之股利支付。（粗體字部分指股利有待裁量，否則就是自動）

優先清算權： A 輪特別股持有人於公司清算或停業清理之時，應有權在普通股持有人之前，優先收到相等於 2× 初始購買價加計任何未付宣告股利的每股金額（稱「優先清算權」）。

從下列三者選一：

【方式一】

要全部參與優先權須加上這段：支付 A 輪特別股持有人之優先清算權後，其餘資產應依普通股等值基準，按比例分配給普通股及 A 輪特別股之持有人。

【方式二】

要參與優先權須加上這段：支付 A 輪特別股持有人之優先清算權後，其餘資產應依普通股等值基準，按比例分配給普通股及 A 輪特別股之持有人，但 A 輪特別股持有人加計任何未付宣告股利的每股清算總額等於 2 至 5 倍之初始購買價時，即停止參與分配，此後其餘資產應按比例分配給普通股之持有人。

【方式三】

不參與優先權須加上這段：支付 A 輪特別股持有人之優先清算權後，其餘資產應按比例分配給普通股的持有人。

如果我們買的股票全部參與分配，則不適用。（遇任何清算或視同清算，A 輪特別股持有人應有權在納入任何除外、代管、其他、有支付或遞延支付後，收到（i）依前條所收金額，或（ii）A 輪特別股轉換成普通股所收金額兩者中之較大者。

遇併購、收購、表決控制權出售，或絕大多數公司資產遭出售，股東未擁有存續公司多數流通在外股份，即應視為清算。

轉換：　A 輪特別股的持有人，應有權隨時將持股轉換為普通股之股份。初次轉換率應為 1：1，且受限於如下的調整。

自動轉換：　所有 A 輪特別股應於公司普通股公開發行確認完成承銷交易之時，以當時適用且每股價格不低於每股初始購買價 3

至 5 倍的轉換價格（調整股票分割、股利等事件），及不低於
1,500 萬元的發售總額（含未扣除的承銷商佣金及費用），自
動轉換為普通股（稱「合格掛牌上市」）。

每股 A 輪特別股的一部分或全部，於流通在外 A 輪特別
股的持有人多數或全體同意如此轉換之時，應自動轉換為
普通股。

反稀釋條款： 遇公司以低於適用轉換價格為購買價格發行額外股權證
券，A 輪特別股的轉換價格將經全制輪型／加權平均調
整，以減輕稀釋，但
（i）保留做為公司員工池所稱之員工股份；
（ii）依董事會通過非以現金為對價之併購、合併、收購，
　　　或類似商業結合而發行之股份；
（iii）依董事會通過自銀行或類似金融機構為設備貸款或
　　　租賃安排、不動產租賃安排，或債務募資而發行之
　　　股份；與
（iv）多數流通在外 A 輪特別股持有人放棄其反稀釋權利
　　　的有關股份，則不在此限。

股票發行牽涉到分割或其他多重成交，則反稀釋調整的計
算應如同第一部分成交之所有發行股票。轉換價格亦須依
股票分割、股票股利、結合、資本結構調整等事件比例調
整。

投資人選擇贖回： 公司遇至少多數 A 輪特別股持有人選擇，應自完成交易之
第 5 個週年日開始，以 3 筆年度分期付款贖回流通在外的
A 輪特別股。贖回之購買價應等於初始購買價加計已宣告
未付股利之數額。

投票權： A 輪特別股將與普通股共同投票，而非做為單獨之類別，

但在此有特別規定或法律有相反規定者，不在此限。

普通股與 A 輪特別股的持有人按轉換基礎且不獨立投票的多數表決下，可以增加或減少普通股。每股 A 輪特別股之票數，應等於 A 輪特別股於轉換後可發行之普通股股數。

董事會： 公司的董事會應設有 ＿＿＿ 人。董事會初始應由 Acme 代　表 ＿＿＿＿＿ 、 ＿＿＿＿＿ 、 ＿＿＿＿＿ ， 及 ＿＿＿＿＿ 組成。

每次董事會選舉大會，單獨投票的 A 輪特別股持有人，應有權自 Acme 選派的董事中，選舉 1 名公司的董事；單獨投票的普通股持有人應有權選舉 1 人；其餘董事將由 **【方式一】**（如 Acme 控制逾 50% 股本）**普通及優先雙方協議，不分類別共同投票，或【方式二】**（如 Acme 控制股份未到 50%）**由董事會合意選擇。留意你可能想讓普通股一席擔任執行長。**

如 Acme 要拿一席觀察員，則加上本條：Acme 應有權指派一名代表，以無投票能力的身分，觀察所有董事會的會議。

公司應負擔 A 輪特別股董事觀察員與顧問出席董事會會議、代表公司出席其他會議或活動時所產生的費用。

保護性條款： 在任何 A 輪特別股的股份於流通在外的全部期間，不論行為是直接或經由併購、資本結構調整，或任何類似事件，應要求至少多數 A 輪特別股持有人的同意，方可：

（i）更改或更動 A 輪特別股的權利、優先權或特權；

（ii）增減普通股或特別股的核准股數；

（iii）新設（以重新分類或其他方式）任何權利、優先權、特權優先、相等於 A 輪特別股的股票類別或系列；

（iv）導致贖回或回購任何普通股的股份（公司依與服務提供者的股權激勵協議於服務終止之時回購股份則不在此限）；

（v）導致任何併購、其他公司重組、出售控制權，或任何出售公司全部或實質上全部資產的交易；

（vi）修訂或放棄公司任何設立執照或章程的條文；

（vii）增減公司董事會的核准規模；或

（viii）導致發放或宣告任何普通股、特別股的股利；或

（ix）發行逾 100,000 元的債務。

加碼參與權：　　【版本一】
遇合格募資（定義如下），任何投資人持有的 A 輪特別股股份，經賦予參與之權利但未至少購買其依後述「加碼參與權」計算的比例份額充分參與，即轉換為普通股。

【版本二】
如任何 A 輪特別股的持有人未依其 A 輪特別股投資，按比例（依據募資當前的加總股權所有權）參與次回合格募資（定義如下），則其擁有之 A 輪特別股將轉換為普通股。如持有人參與次回合格募資但未充分參與其比例，則其 A 輪特別股僅有未按比例出資的百分比轉換為普通股（條件同本項前部）。

合格募資是公司繼 A 輪募資後，董事會出於誠信，同意公司的股東依本條按比例購買其份額的次回募資。本項認定與價格高於或低於任何特別股系列無關。

在認定投資人持有的股數或本「購買參與」條文是否已達到之時，應加總附屬投資基金持有或於合格募資購買的所有股份。投資人應有權將參與本次及未來募資的權利轉讓給附屬的基金，以及投資人與／或其附屬基金的投資者，非公司現任股東的基金亦包含在內。

資訊取得權： 在投資人繼續持有 A 輪特別股或轉換 A 特別股而發行之普通股股份的全部時間，公司應交付投資人公司之年度預算，及查核過之年度和未查核之季度財務報表。

此外，在合理盡早的時間內，公司應提供每名投資人一份比較每年度預算及財務報表之報告。每名投資人還應獲得標準檢查及臨檢權。本條應自合格掛牌上市之時起終止。

登記權： **請求權：**包括轉換 A 輪特別股而發行之普通股在內，如持有之流通在外 A 輪特別股（稱「可登記證券」）逾 50％，或在預期公開募集總價不低於 500 萬元而持有較小百分比之投資人，要求公司提交登記申報表，公司將以最大努力，使股份之登記發生；但公司於成交之**第 3 週年**日前，沒有義務使該登記生效。公司應有權於特定情況下延遲登記，且在任何 12 個月期間內不得逾 90 日。

公司在此請求權條文下，沒有義務使逾兩項登記生效，且於
（i）公司初次公開發行之日起算之 180 日內，或
（ii）若請求任何登記之 30 日內，將意圖於 90 日內提交掛牌上市登記申報表之通知，送達可登記證券持有人之時，沒有義務使登記生效。

公司登記：投資人對公司所為之登記，或對任何其他投資者之任何請求登記，應獲得搭附（piggyback）登記權的權利，但受限於公司及承銷商視市場狀況按比例減低提報登記股數之權。

後若投資人非常有限，除公司或行使請求登記之投資人（如有）外，任何一方不得出售股份。除非登記是關於公

司之掛牌上市，在任何情況下不可將投資人要出售之股份，減至包含於登記之證券總額之 30% 以下。未經可登記證券至少多數持有人之同意，不得有公司之股東獲授予可登記證券可包含股數之搭附登記權。

__S-3 權利：__只要登記之募集不低於 1,000,000 元，投資人應獲得無限制的請求登記 S-3（若可用於公司）的權利。

__費用：__公司應（排除承銷折扣與佣金）承受所有請求、搭附、S-3 登記之登記費用（包含出售股東請一名特別律師未逾 25,000 元之費用）。

__權利轉讓：__登記權得轉讓給
（i）任何合夥人、股東、退出的合夥人、股東，或任何持有人之附屬基金且為合夥關係者；
（ii）任何持有人之股東或前任股東且為有限責任公司者；
（iii）為任何自然人持有人利益之任何家庭成員或信託；
（iv）任何符合主要投資人標準之受讓人（定義於後）；但須給公司書面通知。

__閉鎖條款：__每名投資人同意，在主承銷商規定自公司掛牌上市生效日起（不超過 180 日）之一段期間內，不會出售其股份；但以全體重要職員、董事與其他 1% 股東受類似約束為條件。此閉鎖協議應規定，任何公司或承銷商代表酌定豁免或終止協議之限制，應根據持股之股數按比例適用主要投資人。

__其他條款：__其他應包含於投資人協議，對登記權而言合理的條款，包括交互補償、登記申報表的效期及承銷安排。公司授權股票過戶或移除 144 規則的字樣，供常規銷售、對合夥人或投資人股東發行之用，事前不需投資人律師的

意見。

優先權： 投資人購買至少 ＿＿＿＿＿ 股之 A 輪特別股者（稱「主要投資人」），遇公司提議向任何人募集股權證券之時，除股份為

(i) 依「員工池」所稱留予雇員；

(ii) 依董事會通過之併購、合併、收購，或類似事業結合之對價而發行；

(iii) 依董事會通過之任何設備貸款或租賃安排、不動產租賃安排，或銀行、類似金融機構之債務募資目的而發行；及

(iv) 與流通在外 A 輪特別股之多數持有人放棄其加碼參與權利有關者外，應有權購買按其比例部分 **2 倍**之股份。

任何未經有資格投資人認購之證券，得於其他有資格投資人間重新配置。本優先購買之權將自合格掛牌上市之時起終止。為本加碼參與權之目的，投資人之比例權比率應等於（a）股權證券發行當前，該名投資人持有普通股股數（含可轉換證券一旦轉換之時所有可發行與已發行普通股股數，並假設行使所有流通在外之認股權證及選擇權），除以（b）股權證券發行當前，流通在外普通股股份總數（含可轉換證券一旦轉換之時所有可發行與已發行普通股股數，並假設行使所有流通在外之認股權證及選擇權）。

購買協議： 投資應依公司及投資人可合理接受的股票購買協議來執行，協議除其他事項外，應包含適當的公司聲明與保證、反映在此所列條文的公司契約，及適當的成交條件，包括一份管理權利書及律師對公司的意見。

員工事項

員工池：　成交之前公司將保留普通股的股份，即以 A 輪特別股發行後全部稀釋過股本的 ＿＿＿％供日後發給董事、主管、員工與顧問之用。「員工池」之用語應同時包含上稱之備供發行保留股份，及日前流通在外的選擇權，兩者加總之數額估計近似公司發行 A 輪特別股後全部稀釋過股本的 ＿＿＿％。

股票授予：　所有成交後向員工、董事、顧問，與其他服務提供者發行的股票與股票等同物，將受到以下授予規定的限制，但另行經（**含 Acme 指派董事）或（至少含一名投資人指派董事）的董事會全體一致／多數同意核准（稱「規定核准」）**的授予則不在此限：發行後第 1 年年終即授予 25％，其餘 75％ 於之後 1 年間逐月授予。

回購選擇權應規定股東的僱傭於無故或有因終止之時，則公司或其受讓人（在適用的證券法條件允許範圍內）保留選擇按成本或現行公允市價之較低者，回購其持有的任何未授予股票之權。任何規定核准未認可的員工池超額股票發行，則是依上述轉換價格規定予以調整且受投資人先募集限制的稀釋事件。

現時由 ＿＿＿＿＿ 與 ＿＿＿＿＿（稱「創始人」）持有的流通在外普通股，將受到類似授予條款的限制，但**創始人應基於成交授予 1 年，其餘未授予股份於 3 年間逐月授予。**

遇併購、合併、出售資產，或其他控制權變動而於一年內遭公司無故解僱之**創始人**或**員工**，應獲得額外授予 **1 年**的權利。除前述情況外，不得加速授予股票。

售股限制：　公司章程應包含除正常特例外，對於所有普通股轉讓的加

碼參與權;如公司選擇不行使權利,應轉讓給投資人。

專利資訊與發明協議:	每名現任及前任公司重要職員,員工及顧問,應簽訂經承認的專有資訊與發明協議。
〔領售權協議:	**A 輪特別股(普通股/創始人)持有人應簽訂領售權協議,在多數 A 輪特別股持有人合意售出或清算公司之時,剩餘之 A 輪特別股(及普通股)持有人,應同意且不對此項出售提出異議。〕**
共同出售協議:	創始人持有公司證券之股份,應依與投資人共同出售協議(除特定合理特例)之規定,除非每名投資人有按比例參與售股之機會,否則創始人不得出售、轉讓或轉換手上持有之股票。遇合格掛牌上市之時,本共同出售之權不應適用且應予以終止。
〔兼職禁止:	**每名創始人之工作時間應百分之百投入到公司。任何其他職業活動應徵求董事會之許可。此外,當有創始人離開公司,該名創始人應同意其普通股或 A 輪特別股(或從 A 輪或先前 A 輪特別股之轉換取得的普通股)的投票表決,將與全體其他股份在任何投票表決的比例相同。〕**
選擇性要關鍵人保險:	公司應為每名創始人買保額為 300 萬元的人壽保險,受益人指定為公司。
選擇性主管網羅:	公司應以最大努力在成交後的合理時間內,聘用一名投資人接受的執行長/財務長/技術長。

其他事項

掛牌上市認股:	遇公司應做成合格掛牌上市之情況,公司應以最大努力,促使該掛牌上市之主承銷商或承銷商,配給 Acme 以關係「親友」或「指示股份」名義,對該合格掛牌上市計畫所發行的任何股份收購至少 5% 之權。
	縱使與前述相反,凡依本條採取之行動,應遵守所有聯邦

及州之證券法律，包含 1934 年證券法之 134 規則及其修訂，及所有全國證券交易商協會及其他自律組織頒布之適用規則與規章。

排他協議：　公司同意本於善意迅速成交。公司及創始人同意，將不會直接或間接地

（i）以任何行動招徠、開啟、提倡，或協助除投資人外之任何人或實體，提交有關銷售或發行任何公司股本之提案、談判、募集，或有關公司、公司股票、資產任何重要部分之收購、銷售、租賃、授權，或其他處分，或

（ii）開始任何與前述有關之討論、談判、執行任何有關協議，應立即通知投資人任何第三方有關前述之任何詢問。萬一當事人同意不於本投資條件書後執行最終文件，之後公司沒有義務進一步受本條約束。

股權結構／基本資料：　公司應在成交前提供一份最新成交後股權結構圖表，及附辦公暨個人聯絡資訊的公司重要職員名單。

補償：　公司章程與／或規章文件，應於適用法律允許的最大程度，限制董事會成員對責任與損害賠償的暴露。

〔保險：　**公司應以最大努力在成交後的合理時間內，取得投資人接受的董監事及重要職員保險。〕**

幹活權　公司及每名投資人特此確認部分或全體投資人為專業投資基金，因此其投資組合的公司為數眾多，其中有些可能與公司業務競爭。投資人無人對於任何依據或根據

（i）任何投資人在任何競爭對手實體的投資；或

（ii）任何投資人的合夥人、重要職員或其他代表，採取協助任何競爭對手公司的行動，而對公司或其他投資人提出的索賠負有責任；是否以競爭對手董事會成員身分採取行動，或行動是否對公司有不利影響，則在所不論。

轉讓：	每名投資人應有權將購買之 A 輪特別股股份之全部或部分，轉讓給一或多名附屬合夥事業、經手管理之基金，或任何其中之董事、重要職員、合夥人，但條件是受讓人以書面同意比照購買人接受股份認股協議及有關協議之條款。
法律費用及開銷：	公司應自行承受費用及開銷，且應在成交（或於交易未做成、Acme 通知終止談判）時支付合理費用（不超過__元）及我方顧問律師的開銷，且不以實際完成任何本投資條件書預期交易為條件。
適用的法律：	本條件摘要在各方面應以德拉瓦州的法律為準。
募資先決條件	在此的條款除標題為「法律費用及開銷」、「排他協議」、「幹活權」，與「適用的法律」係由投資人及公司當事人明確商定於履行本投資條件書之時有約束力外，本條款摘要非投資人有法律約束力之承諾，且任何投資人方面之義務取決於下列先決條件：

1. 完成令預期投資人滿意之法定文件。
2. 預期投資人完成且滿意盡職核實調查。
3. 交付慣例法上的管理權利書予 Acme。
〔4. 提交之後 12 個月詳細且為投資人接受的預算。〕
〔5. 公司應發起認股權募股，允許全體現任「合格」
　　股東有權按比例參與在此計畫的交易。〕

居間人：	公司與投資人應就任一可歸責的經紀人、中間人佣金各補償對方。
Acme 法律顧問：	待定

本人業已充分了解並同意遵守：

ACME **創投公司** 2011, L.P.

授權由：＿＿＿＿＿＿＿＿＿＿＿＿＿＿＿＿＿＿＿＿＿＿

姓名：＿＿＿＿＿＿＿＿＿＿＿＿＿＿＿＿＿＿＿

職稱：＿＿＿＿＿＿＿＿＿＿＿＿＿＿＿＿＿＿＿

NEWCO.COM

授權由：＿＿＿＿＿＿＿＿＿＿＿＿＿＿＿＿＿

姓名：＿＿＿＿＿＿＿＿＿＿＿＿＿＿＿＿＿＿＿

職稱：＿＿＿＿＿＿＿＿＿＿＿＿＿＿＿＿＿＿＿

Appendix A: Sample Term Sheet

ACME VENTURE CAPTIAL 2011, L.P.
Summary of Terms for Proposed Private Placement
of Series A Preferred Stock of
NEWCO.COM
_____, 20 _____
(Valid for acceptance until_____, 20_____)

Issuer: NEWCO.COM (the "Company")

Investor(s):   Acme Venture Capital 2011, L.P. and its affiliated partnership ("Acme") [and others, if applicable] ("Investors")

Amount of Financing: An aggregate of $__million, [(including $__from the conversion of outstanding bridge notes)] representing a __% ownership position on a fully diluted basis, including shares reserved for any employee option pool. [The individual investment amounts for each Investor are as follows:

Acme	$_____
Other investor 1	$_____
Other Investor 2	$_____
Total:	$_____]

[If there is to be a second closing, differentiate the investors and amounts by each closing.]

Price: $_____ per share (the "Original Purchase Price"). The Original Purchase Price represents a fully diluted premoney valuation of $_____million and a fully diluted postmoney valuation of $_____million. [A capitalization table showing the Company's capital structure immediately following the Closing is attached.] For purposes of the above calculation and any other reference to "fully diluted" in this term sheet, "fully diluted" assumes the conversion of all outstanding preferred stock of the Company, the exercise of all authorized and currently existing stock options and warrants of the Company, and the increase of the Company's existing option pool by [ ] shares prior to this financing.

Post-Closing Capitalization

	Shares	Percentage
Common Stock Outstanding		
Employee Stock Options:		
Reserved Pool		
Series A Preferred Outstanding:		
Acme		
[Other investors]		
Fully Diluted Shares		

Type of Security:	Series A Convertible Preferred Stock (the "Series A Preferred"), initially convertible on a 1:1 basis into shares of the Company's Common Stock (the "Common Stock").
Closing:	Sale of the Series A Preferred (the "Closing") is anticipated to take place_____, 20___.

TERMS OF SERIES A PREFERRED STOCK

Dividends:	The holder of the Series A Preferred shall be entitled to received noncumulative dividends in preference to any dividends on the Common Stock at the rate of [6%-10%] of the Original Purchase Price per annum [when and as declared by the Board of Directors]. The holders of Series A Preferred also shall be entitled to participate pro rata in any dividends paid on the Common Stock on an as-if-converted basis. *[Adding the second bolded section means discretionary dividends, otherwise automatic.]*
Liquidation Preference:	In the event of any liquidation or winding up of the

company, the holders of the Series A Preferred shall be entitled to receive in preference to the holders of the Common Stock a per share amount equal to [2x] the Original Purchase Price plus any declared but unpaid dividends (the "Liquidation Preference").

[Choose one of following three options:]

[Option 1: Add this paragraph if you want fully participating preferred: After the payment of the Liquidation Preference to the holders of the Series A Preferred, the remaining assets shall be distributed ratably to the holders of the Common Stock and the Series A Preferred on a common equivalent basis.]

[Option 2: Add this paragraph if you want participating preferred: After the payment of the Liquidation Preference to the holders of the Series A Preferred, the remaining assets shall be distributed ratably to the holders of the Common Stock and the Series A Preferred on a common equivalent basis; provided that the holders of Series A Preferred will stop participating once they gave received a total liquidation amount per share equal to [two to five] times the Original Purchase Price, plus any declared but unpaid dividends. Thereafter, the remaining assets shall be distributed ratably to the holders of the Common Stock.]

[Option 3: Add this paragraph if you want nonparticipating preferred: After the payment of Liquidation Preference to the holders of the Series A Preferred, the remaining asset shall be distributed ratably to the holders of the Common Stock.]

Don't use if stock we are buying is fully participating. [Upon any liquidation or deemed liquidation, holder of the Series A Preferred shall be entitled to receive the greater of (i) the amount they would have received pursuant to the prior sentence, or (ii) the amount they would have received in the event of conversion of the Series A Preferred to Common Stock, in each case taking into account any carve-outs, escrows, or other delayed or contingent payments.]

A merger, acquisition, sale of voting control, or sale of substantially all of the assets of the Company in which the shareholders of the Company do not own the majority of the outstanding shares of the surviving corporation shall be deemed to be a liquidation.

Conversion:

The holders of the Series A Preferred shall have the right to convert the Series A Preferred, at any time, into shares of the surviving corporation shall be deemed to be a liquidation.

Automatic Conversion:

All of the Series A Preferred shall be automatically converted into Common Stock, at the then applicable conversion price, upon the closing of a shares of Common Stock of the Company at a per share price not less than [three to five] times the Original Purchase Price (as adjusted for stock splits, dividends, and the like) per share and for a total offering of not less than [$15] million (before deduction of underwriters' commissions and expense) (a "Qualified IPO"). All, or a portion of each share, of the Series A Preferred shall be automatically converted into Common Stock, at the then applicable conversion price in the event that the holders of at least a majority of the outstanding Series A Preferred consent to such conversion.

Antidilution Provisions:

The conversion price of the Series A Preferred will be subject to a [full ratchet/weighted average] adjustment to reduce dilution in the event that the Company issues additional equity securities (other than shares (i) reserved as employee shares described under "Employee Pool" below; (ii) shares issued for consideration other than cash pursuant to a merger, consolidation, acquisition, or similar business combination approved by the Board; (iii) shares issued pursuant to any equipment loan or leasing arrangement, real property leasing arrangement, or debt financing from a bank or similar financial institution approved by the Board; and (iv) shares with respect to which the holders of a majority of the outstanding Series A Preferred waive their antidilution rights) at a purchase price less than the applicable conversion price. In the event of an issuance of stock involving tranches or other multiple closings, the antidilution adjustment shall be calculated as if all stock was issued at the first closing. The conversion price will [also] be subject to proportional adjustment for stock splits, stock dividends, combinations, recapitalizations, and the like.

[Redtimeon at Option of Investors: **At the election of the holders of at least majority of the Series A Preferred, the Company shall redeem the outstanding Series A Preferred in three annual installments beginning on the [fifth] anniversary of the Closing. Such redemptions shall be at a purchase price equal to the original Purchase Price plus declared and unpaid dividends.]**

Voting Rights The Series A Preferred will vote together with the Common Stock and not as a separate class except as specifically provided herein or as otherwise required by law. The Common Stock may be increased or decreased by the vote of holders of a majority of the Common Stock and Series A Preferred voting together on an as-if converted basis, and without a separate class vote. Each share of Series A Preferred shall have a number of votes equal to the number of shares of Common Stock then issuable upon conversion of such share of Series A Preferred.

Board of Directors: The size of the Company's Board of Directors shall be set at [_____]. The Board shall initially be comprised of_____ , as the Acme representative[s]_____ ,_____ , and_____ .

At each meeting for the election of directors, the holders of the Series A. Preferred, voting as a separate class, shall be entitled to elect [one] member[s] of the Company's Board of Directors, which director shall be designated by

Acme; the holders of Common Stock, voting as a separate class, shall be entitled to elect [one] member[s]; and the remaining directors will be
[Option 1 (if Acme to control more than 50 percent of the capital stock): mutually agreed upon by the Common and Preferred, voting together as a single class] *[or Option 2 (if Acme controls less than 50 percent):* chosen by the mutual consent of the Board of Directors]. *Please note that you may want to make one of the Common seats the person then serving as the CEO.*

[Add this provision if Acme is to get an observer on the Board: Acme shall have the right to appoint a representative to observe all meetings of the Board of Directors in a nonvoting capacity.]

The Company shall reimburse expenses of the Series A Preferred directors [observers] and advisers for costs incurred in attending meetings of the Board of Directors and other meetings or events attended on behalf of the Company.

Protective Provisions: For so long as any shares of Series A Preferred remain outstanding, consent of the holders of at least a majority of the Series A Preferred shall be required for any action, whether directly or through any merger, recapitalization, or similar event, that (i) alters or changes the rights, preferences, or privileges of the Series A Preferred; (ii) increases or decreases the authorized number of shares of Common or Preferred Stock; (iii) creates (by reclassification or otherwise) any new class or series of shares having rights, preferences, or privileges senior to or on a parity with the Series A Preferred; (iv) results in the redemption or repurchase of any shares of Common Stock (other than pursuant to equity incentive agreements with service providers giving the Company the right to repurchase shares upon the termination of services); (v) results in any merger, other corporate reorganization, sale of control, or any transaction in which all or substantially all of the assets of the Company are sold; (vi) amends or waives any provision of the Company's Certificate of Incorporation or Bylaws; (vii) increases or decreases the authorized size of the Company's Board of Directors; [or] (viii) results in the payment or declaration of any dividend on any shares of Common or Preferred Stock [or (ix) issuance of debt in excess of ($100,000)].

Pay-to-Play

[*Version 1:* In the event of a Qualified Financing (as defined below), shares of Series A Preferred held by any Investor which is offered the right to participate but does not participate fully in such financing by purchasing at least its pro rata portion as calculated above under "Right of First Refusal" below will be converted into Common Stock.]

[*Version 2:* If any holder of Series A Preferred Stock fails to participate in the next Qualified Financing (as defined below), on a pro rata basis (according to its total equity ownership immediately before such financing) of their Series A Preferred investment, then such holder will have the Series A Preferred Stock it owns converted into Common Stock of the Company. If such holder participates in the next Qualified Financing but not to the full extent of its pro rata share, then only a percentage of its Series A Preferred Stock will be converted into Common Stock (under the same terms as in the preceding sentence), with such percentage being equal to the percent of its pro rata contribution that it failed to contribute.]

A Qualified Financing is the next round of financing after the Series A financing by the Company that is approved by the Board of Directors who determine in good faith that such portion must be purchased pro rata among the stockholders of the Company subject to this provision. Such determination will be made regardless of whether the price is higher or lower than any series of Preferred Stock.

When determining the number of shares held by an Investor or whether this "Pay. to-Play" provision has been Satisfied, all shares held by or purchased in the

Qualified Financing by affiliated investment funds shall be aggregated. An Investor shall be entitled to assign its rights to participate in this financing and future financings to its affiliated funds and to investors in the Investor and /or its affiliated funds including funds which are not current stockholders of the Company.]

Information Righrs:

So long as an Investor Continues to hold shares of Series A Preferred or Common

Stock issued upon conversion of the Series A Preferred, the Company shall deliver to the Investor the Company's annual budget, as well as audited annual and unaudited quarterly financial Statements. Furthermore, as soon as reasonably possible, the Company shall furnish a report to each Investor comparing each annual budget to such financial statements. Each Investor shall also be entitled to standard inspection and visitation rights. These provisions shall terminate upon a Qualified IPO.

Registration Rights:

Demand Rights: If Investors holding more than 50 percent of the outstanding shares of Series A Preferred, including Common Stock issued on conversion of Series A Preferred ("Registrable Securities"), or a lesser percentage if the anticipated aggregate offering price to the public is not less than $5,000,000, request that the Company file a Registration Statement, the Company will use its best efforts to cause such shares to be registered; provided, however, that the Company shall not be obligated to effect any such registration prior to the [third] anniversary of the Closing. The Company shall have the right to delay such registration under certain circumstances for one period not in excess of ninety (90) days in any twelve (12) month period.

The Company shall not be obligated to effect more than two (2) registrations under these demand right provisions, and shall not be obligated to effect a registration (i) during the one hundred eighty (180) day period commencing with the date of the Company's initial public offering, or (ii) if it delivers notice to the holders of the Registrable Securities within thirty (30) days of any registration request of its intent to file a registration statement for such initial public offering within ninety (90) days.

Company Registration: The Investors shall be entitled to "piggyback" registration rights on all registrations of the Company or on any demand registrations of any other investor subject to the right, however, of the Company and its underwriters to reduce the number of shares proposed to be registered pro rata in view of market conditions. If the Investors are so limited, however, no party shall sell shares in such registration other than the Company or the Investor, if any, invoking the demand registration. Unless the registration is with respect to the Company's initial public offering, in no event shall the shares to be sold by the Investors be reduced below 30 percent of the total amount of securities included in the registration. No shareholder of the Company shall be granted piggyback registration rights which would reduce the number of shares includable by the holders of the Registrable Securities in such registration without the consent of the holders of at least a majority of the Registrable Securities.

S-3 Rights: Investors shall be entitled to unlimited demand registrations on Form S3 (if available to the Company) so long as such registered offerings are not less than $1,000,000.

Expenses: The Company shall bear registration expenses (exclusive of Underwriting discounts and commissions) of all such demands, piggybacks, and S-3 registrations (including the expense of one special counsel of the selling shareholders not to exceed $25,000).

Transfer of Rights: The registration rightsmay be transferred to (i) any partner, member, or retired partner or member or affiliated fund of any holder which is a partnership, (ii) any member Or former member of any holder which is a limited liability company; (iii) any family member or trust for the benefit of any individual holder; or (iv) any transferee which satisfies the criteria to be a Major Investor (as defined below); provided the Company is given written notice thereof.

Lockup Provision: Each Investor agrees that it will not sell its shares for a period to be specified by the managing underwriter (but not to exceed 180 days) following the effective date of the Company's initial public offering; provided that all officers, directors, and other 1 percent shareholders are similarly bound. Such lockup agreement shall provide that any discretionary waiver or termination of the restrictions of such agreements by the Company or representatives of underwriters shall apply to Major Investors, pro rata, based on the number of shares held.

Other Provisions: Other provisions shall be contained in the Investor Rights Agreement with respect to registration rights as are reasonable, including cross-indemnification, the period of time in which the Registration Statement shall be kept effective, and underwriting arrangements. The Company shall not require the opinion of Investor's counsel before authorizing the transfer of stock or the removal of Rule 144 legends for routine sales under Rule 144 or for distribution to partners or members of Investors.

Right of First Refusal:　Investors who purchase at least _____(_____) shares of Series A Preferred (a "Major Investor") shall have the right in the event the Company proposes to offer equity securities to any person (other than the shares (i) reserved as employee shares described under "Employee Pool" below; (ii) shares issued for consideration other than cash pursuant to a merger, consolidation, acquisition, or similar business combination approved by the Board; (iii) shares issued pursuant to any equipment loan or leasing arrangement, real property leasing arrangement, or debt financing from a bank or similar financial institution approved by the Board; and (iv) shares with respect to which the holders of a majority of the outstanding Series

A Preferred waive their right of first refusal) to purchase [2 times] their pro rata portion of such shares. Any securities not subscribed for by an eligible Investor may be reallocated among the other eligible Investors. Such right of first refusal will terminate upon a Qualified IPO. For purposes of this right of first refusal, an Investor's pro rata right shall be equal to the ratio of (a) the number of shares of common stock (including all shares of common stock issuable or issued upon the conversion of convertible securities and assuming the exercise of all outstanding warrants and options) held by such Investor immediately prior to the issuance of such equity securities to (b) the total number of shares of common stock outstanding (including all shares of common stock issuable or issued upon the conversion of convertible securities and assuming the exercise of all outstanding warrants and options) immediately prior to the issuance of such equity securities.

Purchase Agreement: The investment shall be made pursuant to a Stock Purchase Agreement reasonably acceptable to the Company and the Investors, which agreement shall contain, among other things, appropriate representations and warranties of the Company, covenants of the Company reflecting the provisions set forth herein, and appropriate conditions of closing, including a management rights letter and an opinion of counsel for the Company.

EMPLOYMENT MATTERS

Employee Pool: Prior to the Closing, the Company will reserve shares of its Common Stock so that _____ percent of its fully diluted capital stock following the issuance of its Series A Preferred is available for future issuances to directors, officers, employees, and consultants The term "Employee Pool" shall include both shares reserved for issuance as stated above, as well as current options outstanding, which aggregate amount is approximately_____percent of the Company's fully diluted capital stock following the

	issuance of its Series A Preferred.
Stock Vesting:	All stock and stock equivalents issued after the Closing to employees, directors, consultants, and other service providers will be subject to vesting provisions below unless different vesting is approved by the [unanimous/ majority (including the director designated by Acme) *or* (including at least one director designated by the Investor)] consent of the Board of Directors (the "Required Approval"): 25 percent to vest at the end of the first year following such issuance, with the remaining 75 percent to vest monthly over the next three years. The repurchase option shall provide that upon termination of the employment of the shareholder, with or without cause, the Company or its assignee (to the extent permissible under applicable securities law qualification) retains the option to repurchase at the lower of cost or the current fair market value any unvested shares held by such shareholder. Any issuance of shares in excess of the Employee Pool not approved by the Required Approval will be a dilutive event requiring adjustment of the conversion price as provided above and will be subject to the Investors' first offer rights.
	The outstanding Common Stock currently held by_____ and_____ (the "Founders") will be subject to similar vesting terms [provided that the Founders shall be credited with *(one year)* of vesting as of the Closing, with their remaining unvested shares to vest monthly over three years].
	In the event of a merger, consolidation, sale of assets, or other change of control of the Company and should [a Founder] [or an Employee] be terminated without cause within one year after such event, such person shall be entitled to [one year] of additional vesting. Other than the foregoing, there shall be no accelerated vesting in any event.
Restriction on Sales:	The Company's Bylaws shall contain a right of first refusal on all transfers of Common Stock, subject to

normal exceptions. If the Company elects not to exercise its right, the Company shall assign its right to the Investors.

Proprietary Information and Inventions Agreement: Each current and former officer, employee, and consultant of the Company shall enter into an acceptable proprietary information and inventions agreement.

[Drag-Along Agreement: The holders of the (Founders/Common Stock) Series A Preferred shall enter into a drag-along agreement whereby if a majority of the holders of Series A Preferred agree to a sale or liquidation of the Company, the holders of the remaining Series A Preferred (and Common Stock) shall consent to and raise no objections to such sale.]

Co-sale Agreement: The shares of the Company's securities held by the Founders shall be made subject to a co-sale agreement (with certain reasonable exceptions) with the Investors such that the Founders may not sell, transfer, or exchange their stock unless each Investor has an opportunity to participate in the sale on a pro rata basis. This right of co-sale shall not apply to and shall terminate upon a Qualified IPO.

[Founders' Activities: Each of the Founders shall devote 100 percent of his professional time to the Company. Any other professional activities will require the approval of the Board of Directors. Additionally, when a Founder leaves the Company, such Founder shall agree to vote his Common Stock or Series A Preferred (or Common Stock acquired on conversion of Series A or Former Series A Preferred) in the same proportion as all other shares are voted in any vote.]

[Optional Section]
[Key Man Insurance: The Company shall procure key man life insurance policies for each of the Founders in the amount of ($3,000,000), naming the Company as beneficiary.]

[Optional Section]
[Executive Search: The Company will use its best efforts to hire a (CEO/CFO/CTO) acceptable to the Investors as soon as practicable following the Closing.]

OTHER MATTERS:

[Initial Public Offering Shares Purchases:
In the event that the Company shall consummate a Qualified IPO, the Company shall use its best efforts to cause the managing underwriter or underwriters of such IPO to offer to Acme the right to purchase at least (5%) of any shares issued under a "friends and family" or "directed shares" program in connection with such Qualified IPO. Notwithstanding the foregoing, all action taken pursuant to this Section shall be made in accordance with all federal and state securities laws, including, without limitation, Rule 134 of the Securities Act of 1933, as amended, and all applicable rules and regulations promulgated by the National Association of Securities Dealers, Inc. and other such self-regulating organizations.]

No-Shop Agreement:
The Company agrees to work in good faith expeditiously toward a closing. The Company and the Founders agree that they will not, directly or indirectly, (i) take any action to solicit, initiate, encourage, or assist the submission of any proposal, negotiation, or offer from any person or entity other than the Investors relating to the sale or issuance of any of the capital stock of the Company or the acquisition, sale, lease, license, or other disposition of the Company or any material part of the stock or assets of the Company, or (ii) enter into any discussions or negotiations, or execute any agreement related to any of the foregoing, and shall notify the Investors promptly of any inquiries by any third parties in regard of the foregoing. Should both parties agree that definitive documents shall not be executed pursuant to this term sheet, then the Company shall have no further obligations under this section.

Capitalization/ Fact Sheet:
The Company shall provide prior to Closing an updated, post-closing capitalization chart and a list of corporate officers with both business and personal contact information.

Indemnification:
The bylaws and/or other charter documents of the

Company shall limit board members' liability and exposure to damages to the broadest extent permitted by applicable law.

[Insurance: The company will use its best efforts to obtain directors' and officers' insurance acceptable to Investors as soon as practicable after the Closing.]

Right to Conduct Activities: The Company and each Investor hereby acknowledge that some or all of the Investors are professional investment funds, and as such invest in numerous portfolio companies, some of which may be competitive with the Company's business. No Investor shall be liable to the Company or to any other Investor for any claim arising out of, or based upon. (i) the investment by any Investor in any entity competitive to the Company, or (ii) actions taken by any partner, officer, or other representative of any Investor to assist any such competitive company, whether or not such action was taken as a board member of such competitive company, or otherwise, and whether or not such action has a detrimental effect on the Company.

Assignment: Each of the Investors shall be entitled to transfer all or part of its shares of Series A Preferred purchased by it to one or more affiliated partnerships or funds managed by it or any or their respective directors, officers, or partners, provided such transferee agrees in writing to be subject to the terms of the Stock Purchase Agreement and related agreements as if it were a purchaser thereunder.

Legal Fees and Expenses: The Company shall bear its own fees and expenses and shall pay at the closing (or in the event the transaction is not consummated, upon notice by Acme that it is terminating negotiations with respect to the consummated transactions) the reasonable fees (not to exceed $,000) and expenses of [our counsel] regardless if any transactions contemplated by this term sheet are actually consummated.

Governing Law: This summary of terms shall be governed in all respects by the laws of the State of Delaware.

Conditions Precedent Except for the provisions contained herein entitled to Financing:

"Legal Fees and Expenses," "No-Shop Agreement," "Right to Conduct Activities," and "Governing Law," which are explicitly agreed by the Investors and the Company to be binding upon execution of this term sheet, this summary of terms is not intended as a legally binding commitment by the Investors, and any obligation on the part of the Investors is subject to the following conditions precedent:

1. Completion of legal documentation satisfactory to the prospective Investors.
2. Satisfactory completion of due diligence by the prospective Investors.
3. Delivery of a customary management rights letter to Acme.
[4. Submission of detailed budget for the following twelve (12) months, acceptable to Investors.]
[5. The Company shall initiate a rights offering allowing all current "accredited" shareholders the right to participate proratably in the transactions contemplated herein.]

Finders:

The Company and the Investors shall each indemnify the other for any broker's or finder's fees for which either is responsible.

Acme Counsel:

TBD

Acknowledged and agreed:
ACME VENTURE CAPITAL 2011, L.P.

By:_____
Print Name:_____
Title:_____

NEWCO.COM
By:_____
Print Name:_____
Title:_____

Foundry Group 投資條件書 *

Foundry 創投 2018 有限責任合夥公司
投資條件摘要

公司名稱：　　　　X

總募資額：　　　　X 百萬美元〔（包括自過橋債券轉換來的約 X 美元）〕。
　　　　　　　　　　若任何債券以折價轉換，或折讓後轉換估值低於下列之募
　　　　　　　　　　資前估值，則該可轉換債將轉換為下列組合：（i）特別股，
　　　　　　　　　　持有人得到此類可轉換債流通在外本金相當之特別股，但
　　　　　　　　　　不得多於 1 x 不參與分配優先清算權，另加所有雙方同意
　　　　　　　　　　之利息，與（ii）相當於根據債券約定應發放股份總額扣
　　　　　　　　　　除前項後之普通股。

購買股票：　　　　X 輪特別股（下稱**特別股**）

投資人與金額：　　Foundry 創投 2018（下稱 Foundry）　　X 美元
　　　　　　　　　　〔**第二位投資人**〕　　　　　　　　　　X 美元
　　　　　　　　　　總額（所有投資人，下稱投資人）　　X 美元

未發行員工認股權池：　X%
募資前估值：　　　X 美元

投票權：　　　　　需要〔**至少**＿＿＿＿＿＿**%**〕〔**多數**〕特別股投票通過（下
　　　　　　　　　　稱**所需特別股**），方可代表特別股股東採取行動。

---

* 傑生在 2016 年決定重新製作 Foundry Group 的投資條件書，將所有需要修改的部分都放在第一頁。這就是我
　們 Foundry Group 所使用的修改版投資條件書，我們所有募資活動，都以這個版本當作起始草稿。在很多案
　例中，我們甚至不再使用正式的投資條件書，而直接從電子郵件往來中提到關於投資條件的重點，然後整理
　寫成文件草稿。

創辦人：　　　　X 與 X

對創辦人限制性股票之既有授予條款繼續適用

董事會：　　　　公司董事會（下稱**董事會**）將由下列〔三〕席董事組成

董事席次	投資方指定人	姓名
特別股董事	Foundry	
普通股董事	執行長	
共同董事		

法律費上限：　　X 美元
主要投資人門檻： 25 萬美元
預計成交日：　　X

本投資條件摘要，係參照後附之 Foundry 標準投資條件書（後稱標準投資條件書）彙整而成。此間提及但未加定義之粗體文字，與標準投資條件書中之意義相同。若遇投資條件摘要與標準投資條件書中所載之投資條件（下稱條件）有衝突時，以投資條件摘要為準。除「排他約定」、「保密約定」與「管轄法令」於本投資條件摘要履行時，對投資人與公司具有雙方同意內容之法律約束力外，其餘條款對投資人或公司均無法律約束效力，因此對投資人一方要求之義務，需先完成下列先決條件：完成讓投資人滿意之法律文件、投資人完成且滿意盡職核實調查，以及達成所有最終協議書中載明的可交付成果。

Foundry **創投** 2018 **有限責任合夥公司**

授權人：＿＿＿＿＿＿＿＿＿＿＿＿＿＿＿＿
姓名／職稱：＿＿＿＿＿＿＿＿＿＿＿＿＿
日期：＿＿＿＿＿＿＿＿＿＿＿＿＿＿＿＿

新創公司名稱

授權人：＿＿＿＿＿＿＿＿＿＿＿＿＿＿＿＿

姓名／職稱：＿＿＿＿＿＿＿＿＿＿＿＿＿

日期：＿＿＿＿＿＿＿＿＿＿＿＿＿＿＿＿

Foundry 標準投資條件書

下述條款及條件為 Foundry 之標準投資條件書（下稱標準投資條件書）。本條件書中提及但未定義之粗體文字，與投資條件摘要之意義相同。

股本： 本條件書所述之「完全稀釋」，將包含轉換公司所有流通在外之特別股、行使公司目前所有核准與流通在外之股票選擇權與認股權證，以及員工認股權池（詳述於後）。

購買價格： 特別股之每股價格（下稱購買價格）係由投資條件摘要中載明之募資前估值，除以成交前充分稀釋之股本股數（包括員工認股權池）。

董事會組成： 本案成交時，董事會席次將由投資條件摘要中所述內容決定。投資條件摘要中所述之特別股董事將由特別股持有人投票選出，並由投資條件摘要中所述之投資人任命（下稱特別股董事）。投資條件摘要中所述之普通股董事將由普通股持有人投票選出，其中一人應為公司目前之執行長（下稱普通股董事）。投資條件摘要中所述之共同董事將由普通股與特別股持有人，在假設已經轉換的基礎上共同投票選出，並由董事會其他成員共同同意後任命（下稱共同董事）。公司應負擔董事出席董事會，與代表公司參與其他會議與活動而發生的費用。

股利： 6％不可累積股利的特別股，由董事會決定及宣布發放，另依比例參與普通股利。

優先清算權： 若公司發生清算或停業清理事項時，特別股持有人有權優先於普通股持有人，收到等同每股初始購買價格，加計所有已宣告但尚未發放之股利（下稱優先清算權利）。

優先清算權利計算之金額支付給特別股持有人後，剩餘資產將依比例分配給普通股持有人。

遇到合併、收購或表決控制權決定出售等事項，而造成股東未擁有存續公司多數流通在外股份，或公司出售全數或實質全數資產時（以上每項均為**控制權變更**），即應視為清算。任何含有代管或其他或有對價之收購合約，均應規定此類或有金額之分配，應適當考量特別股之優先清算權。

特別股轉換：　　特別股得由每名持有人於任何時間選擇轉換為普通股。起始轉換比例設為 1：1，並視下列事項予以調整。

自動轉換：　　當公司以確定包銷公開發行形式，發行總額不低於五千萬美元（含未扣除之承銷商佣金與費用）的普通股（下稱**合格掛牌上市〔 qualified IPO 〕**）時，當交易完成時，所有特別股將自動轉換為普通股。特別股將在有足夠之特別股股東選擇同意時，轉換為普通股。

反稀釋條款：　　公司發行額外股權時，特別股之轉換價格將做加權平均調整，以減輕稀釋，但（i）由董事會核准發放給員工、顧問或董事之股份或購買股份之選擇權，（ii）由董事會核准非以現金為對價之併購、合併、收購，或類似商業結合而發行之股份，（iii）由董事會核准自銀行或類似金融機構為設備貸款或租賃安排、不動產租賃安排，或債務募資而發行之股份，與（iv）其他間或由所需多數特別股同意發行之股份（統稱為排除發行股份〔 Excluded Issuances 〕），則不在此限。任何排除發行股份之董事會核准資料，必須包含至少一名特別股董事的同意投票（下稱**必要之董事會核准〔 Required Board Approval 〕**）。轉換價格亦須依股票分割、股票股利、合併、資本結構調整等事項比例調整。此外，若成交後公司之立即完全稀釋

資本，未能達到公司股權聲明所標示之水準，則特別股之轉換價格，將根據投資條件摘要所列之募資前估值與公司實際完全稀釋資本而自動調低。

投票權：　　　　除非另有約定或有法律規定外，特別股將與普通股共同投票，而非作為單獨類別。普通股與特別股持有人依轉換基礎，且非作為單獨類別投票的多數表決下，可以增加或減少普通股。

保護性條款：　　不管多少股，只要有特別股流通在外，無論是直接或經由併購、資本結構調整，或任何類似事件，應要求至少多數特別股持有人之同意，方可：（i）更改或更動特別股之權利、優先權或特權，（ii）增減普通股或特別股的核准股數，（iii）新設（以重新分類或其他方式）任何擁有相當或優於特別股權利、優先權及特權之股票類別或系列，（iv）導致贖回或回購任何普通股股份（公司依與勞務提供者訂定之股權激勵協議於勞務終止時之回購股份則不在此限），（v）導致任何併購、其他公司重組、出售控制權，或任何出售公司全部或實質全部資產的交易，（vi）修訂或放棄公司任何設立執照或章程的條文，（vii）增減公司董事會核准席次，（viii）導致發放或宣告任何普通股或特別股股利，（ix）公司或子公司發行超過十萬美元的債務，（x）自願申請破產或為債權利益之轉讓，（xi）對公司產品或智慧財產進行獨家授權、租賃、出售、分配或其他處分，或（xii）（a）販售、發行或配銷任何公司製造的數位代幣、硬幣或加密貨幣（下稱＊代幣＊），包括透過任何合約、預售、首次代幣發行、代幣配銷活動或群眾募資等方式，或（b）開發包含代幣，或者允許網路參與者生產貨幣的電腦網路等。

主要投資人：　　任何投資額大於投資條件摘要中所提主要投資人門檻的投

資人，將視為**主要投資人**（Major Investor）。

資訊取得權（知情權）：

公司應於每名主要投資人提出要求時，提供經常性年度查核報表、未查核之季度與月度自結財務報表及預算報告。每名主要投資人亦擁有標準檢查與臨檢權。

登記權：

登記權：兩項要求註冊權，自投資成交後三年，或公司掛牌上市後 180 日，視兩者較前之日期為主，只要預期掛牌上市總值不低於 1,500 萬美元，且有合理條款之無限制跟隨出售註冊權（piggy-back）與 S-3 表格註冊權，包括削減權不低於 30%（合格掛牌上市不在此限）、支付出售持股股東之顧問費用達 35,000 美元，以及不限制將登記權轉移給分支公司與其他主要投資人等。

閉鎖條款：投資人在公司掛牌上市日起 180 日內，將受閉鎖期限制不得出售手中持有之公司股票，但以公司所有主管、董事與其他 1% 股東亦受類似閉鎖期限制為限，且任何閉鎖期間條款之無條件豁免或終止，亦應等比例適用於主要投資人。

其他條款：未經大多數可登記證券（Registrable Securities）持有人同意，不得授予本公司股東登記權，以減少可登記證券持有人可登記的股份數量。公司授權股票過戶或移除 144 法規之字樣，供常態銷售、對合夥人或投資人股東發行之用，事前不需投資人律師之意見。

優先認購權：

在合格掛牌上市前，主要投資人有權在公司未來發行股權證券時，購買等同其持股比例（根據完全稀釋基礎計算得出）之數量（當主要股東並未購買其分配之所有數量時，附加超額配售權），但除外發行（Excluded Issuance）則不受此限制。

員工事項

員工認股權池：　在成交前，除目前流通在外之選擇權外，公司還將保留根據雙方同意之股票選擇權方案（下稱**股票選擇權方案**〔stock option plan〕）而決定的普通股，供未來發放之用，股數應相當於投資條件摘要中所載成交後完全稀釋股數之固定百分比（下稱**員工認股權池**）。

股票授予：　所有成交後向員工、董事、顧問，與其他勞務提供者發行的股票與股票等同物，將受以下授予規定之限制，但另行經董事會多數同意核准之授予則不在此限：發行後第一年年終即授予25％，其餘75％於之後三年間逐月授予。回購期選擇權應規定，在與員工股東終止僱傭關係後，無論解僱原因為何，公司或其受讓人（在適用之證券法資格允許範圍內）保留以成本或當前公平市價較低者，回購該股東持有的任何未授予股份的選擇權。除非投資條件摘要中另有規定，否則不得加速授予，除非獲得董事會多數同意核准。

創辦人目前持有的已發行普通股將受投資條件摘要中授予條款之約束。雙觸發加速（Double Trigger Acceleration）是指在（i）控制權變更（定義見股票選擇權方案）和（ii）截至控制權變更之日或之後十三個月內，創辦人在公司的連續服務（Continuous Service，定義見股票選擇權方案）因無故（定義見股票選擇權方案）遭非自願終止（不包括死亡或殘疾），或有正當理由（定義見股票選擇權方案）之自願終止時，其所有未授予股票應完全加速授予，任何加速授予之先決條件，為股東必須以公司（或在適用時以其繼任者）滿意之形式簽署、標示日期並返還所有已知和未知權利之放棄訴訟請求權文件，並且必須同意適用的撤銷期（如果存在）應不予行使直至到期。

售股限制： 公司章程應包含除一般特例外，對於所有普通股轉讓之優
先認購權。如公司選擇不行使該項權利，則應轉讓給主要
投資人。公司章程還應包含條款，規定除主要投資者持有
的股份外，任何股份皆不得轉讓，除非董事會酌情核准，
其中應包含但不限於如果該筆轉讓會新增公司股東人數，
或讓公司在證券交易委員會需要登記任何種類之股權證券
時，則應拒絕同意該筆轉讓。如果公司章程無法修改以包
含此類規定，公司應採取其他必要措施，對公司所有已發
行普通股，施加上述優先認購權和轉讓限制。

專利資訊與發明協議：

每名現任及離職之公司管理人員、員工及顧問，均應簽訂
公司接受之專利資訊與發明協議。

共同出售協議： 創辦人所持有之公司股份，應與投資人簽訂共同出售協議
（特定合理之例外不在此限），規定除非每名投資人有按
持股比例參與售股之機會，否則創辦人不得出售、轉讓或
轉換手中持有之股票。

投票協議： 投資人、創辦人與每位目前與未來之股票、認股權證與購
買股票選擇權之持有人，均應簽訂投票協議，同意下列事
項：
（i）這些股票持有人，於投票選出董事會成員時，須投
給投資條件摘要中所載明之人。
（ii）這些股票持有人，將對其所有股份投票贊成控制權
變更，或轉讓公司 50％以上的交易，如果這項控制
權變更或其他交易獲得下列人士之同意（a）董事
會，（b）多數特別股，以及（c）當時以員工或主
管身分對公司提供勞務的多數普通股持有人。
（iii）創辦人離開公司時，該創辦人同意將其所有普通股
和特別股（或透過轉換特別股所獲得的普通股），

於任何投票時依其他所有股份之投票比例結果進行投票。

公司的股票選擇權方案檔案應要求所有選擇權持有人簽署投票協定的對應簽字頁，作為行使任何選擇權的先決條件。

創辦人活動： 每名創辦人與高階主管均應將全部專業時間投注於公司中。從事任何其他專業活動，均需事先取得董事會同意。

其他事項

成交之交付文件： 公司應在成交或成交前提供：（i）成交後之股權結構圖表，（ii）提供給 Foundry 的常規管理權信函；（iii）公司法律顧問的標準意見書；以及（iv）符合小型企業資格（Qualified Small Business Stock, QSBS）之調查問卷。

成交後事項： 在成交後 30 日內，公司應（i）取得董監事專業責任保險（D&O Insurance），且投保金額與涵蓋範圍均需 Foundry 接受，與（ii）於管理資本結構表與發行股份證明、選擇權、認股權證與其他證券時，採用持續適應風險和信任評估（Continuous Adaptive Risk/Trust Assessment, CARTA）制度。

合約： 特別股之出售應根據具有慣常陳述和保證的購買協議進行。購買協議、投資人權利協議、共同出售協議與投票權協議皆可在取得公司與多數特別股股東同意後予以修正，而共同出售協議與投票權協議，如果在投票結果可能對以主管或員工身分為公司提供服務之創辦人，造成不利影響時，則還需取得這些創辦人多數之同意。除非另有協議，否則公司之律師將根據美國創投協會（National Venture Capital Association, NVCA）之文件格式，起草上述文件。

Foundry 將提供含有這些標準投資條件之美國創投協會表格，以加速公司律師備齊此類文件。

法律費用及開銷： 公司應於成交時，支付合理之法律費用（但不得超過投資條件摘要中載明之法律費用上限），及 Foundry 為本項交易所發生之法律開銷。

轉讓： 每名投資人應有權將其全部或部分之特別股，轉讓給一或多個附屬合夥事業，或由其管理之基金，或任何此類事業中之董事、管理人員、合夥人，但受讓人須以書面同意比照購買人，接受投資人權利協議、共同出售協議與投票權協議之條款。

執行活動權： 公司及每名投資人特此確認 Foundry 為許多專業投資基金之集合，因此其投資組合中的公司為數眾多，其中有些可能與公司業務形成競爭。Foundry 與其他投資人對於任何依據或根據（i）投資人在公司任何競爭對手的投資，或（ii）投資人的任何合夥人、主管或其他代表，協助任何競爭對手公司的行動，無論是否以競爭對手董事會成員身分採取行動，或該行動是否對公司有不利影響，皆不需對公司或其他投資人提出的索賠負有責任，但如投資人或任何相關個體因濫用公司機密資訊而產生之法律責任，則無法免除。公司登記執照應包含公司機會原則（corporate opportunity doctrine）* 的有限制棄權聲明，提交給 A 輪董事，告知其不僅為公司董事身分之外，還擁有的其他相關責任。

排他協議： 公司同意將本於誠意迅速成交。公司及創辦人同意，於公

---

* 譯者注：公司的董事、管理人員或員工，作為對公司負有忠實義務的人，不得利用所獲得的信息，而把公司可從中享有期待權或財產利益的商業機會或依據公平原則應當屬於公司的商業機會轉歸己有。

司及 Foundry 簽署投資條件摘要後 60 日內，將不會直接
或間接（i）以任何行動招攬、開啟、提倡，或協助任何
人或實體，提交有關銷售或發行任何公司股本之提案、談
判、募集，或有關公司、公司股票，資產任何重要部分
之收購、銷售、租賃、授權，或其他處分，或（ii）開始
任何與前述有關之討論、談判、執行任何有關協議，並應
任何第三方提出有關前述之任何詢問時，需立即通知投資
人。若雙方於本投資條件書簽署後，同意不執行最終文
件，則公司沒有義務繼續受本條款約束。

保密協定：　本條件書及任何相關討論和通訊往來應由公司嚴加保密，
公司不得在未事先取得 Foundry 書面同意時，向任何人披
露（除在合理之必要範圍內，向有關的律師和會計師披
露，以便該等人士就所提之交易提供建議）。

適用法律：　本條件書之內容，應以德拉瓦州之法律為準。

Appendix B: Foundry Group Term Sheet*

FOUNDRY VENTURE CAPITAL 2018, L.P.
SUMMARY OF TERMS

Company: X

Total Financing: $X million [(including approximately $X from the conversion of bridge notes)]. Note that if any notes convert at discount or a capped conversion valuation lower than the pre-money valuation listed below the notes shall convert into combination of: (i) Preferred Stock such that holders receive no more than a 1x non-participating liquidation preference equal to the outstanding principal amount of such notes, plus any agreed interest, and (ii) Common Stock representing the balance of the total shares required to be issued pursuant to the notes.

Stock Purchased: Series X Preferred ("Preferred Stock")

Investors and Amounts: Foundry Venture Capital 2016, L.P. ("Foundry")
                                            $X

                [Investor 2 $X
                Total (all investors together, the "Investors") $X

Unissued Employee Pool: X%

Pre-Money Valuation: $X

Voting: A vote of [at least ___%] [a majority] of the Preferred Stock (the "Required Preferred") will be required for any action by the Preferred Stock.

Founders: X and X.

---

* In 2016, Jason decided to redo the standard Foundry Group term sheet so that everything that needed to be changed was on the first page. This is the revised term sheet that we use at Foundry Group for a starting point for all financings. In many cases, we don't even use aterm sheet anymore and just go straight to draft documents from a set of email points around terms.

The existing vesting terms of the Founders restricted stock shall remain in effect.

Board of Directors: The Board of Directors ("Board") shall be set at [three] directors as follows:

Director Seat	Investor Designee	Name
Preferred Director	Foundry	·
Common Director	Current CEO	·
[Mutual Director		·]

Legal Fee Cap: $X

Major Investor Threshold: $250,000

Estimated Closing Date: X

This Summary of Terms incorporates by reference all of the Foundry Standard Investment Terms attached here to (the "Standard Investment Terms"). Capitalized terms used herein but not otherwise defined shall have the meanings set forth in the Standard Investment Terms. In the event of any conflict between the terms set forth in this Summary of Terms and the Standard Investment Terms (collectively, the "Terms"), this Summary of Terms shall control. Except for "No Shop Agreement", "Confidentiality" and "Governing Law" which are explicitly agreed by the Investors and the Company to be binding upon execution of this Summary of Terms, the Terms are not a legally binding commitment by the Investors or the Company, and any obligation on the part of the Investors shall be subject to the following conditions precedent: completion and execution definitive satisfactory to the Investors, satisfactory completion of due diligence by the Investors, and delivery of all closing deliverables described in the definitive agreements.

Foundry Venture Capital 2016, L.P. X

By: _____   By:_____

Print Name/Title:_____   Print Name/Title:_____

Date: _____   Date: _____

FOUNDRY STANDARD INVESTMENT TERMS

The following terms and conditions are Foundry's standard investment terms (the "Standard Investment Terms"). Capitalized terms used herein but not otherwise defined shall have the meanings set forth in the Summary of Terms to which these Standard Investment Terms are incorporated by reference.

Capitalization:	For purposes of the Terms, any reference to "fully-diluted" shall include the conversion of all outstanding Preferred Stock of the Company, the exercise of all authorized and currently outstanding stock options and warrants of the Company, and the Employee Pool (as defined below).
Purchase Price	The per share price of the Preferred Stock (the "Purchase Price") shall be calculated by dividing the Pre-Money Valuation set forth in the Summary of Terms by the fully-diluted capitalization (including the Employee Pool) as of immediately prior to the closing.
Board Composition:	At the closing the size of the Board shall be set at the number of directors set forth in the Summary of Terms. The Preferred Director(s) set forth in the Summary of Terms shall be elected by the holders of Preferred Stock and shall be designated by the Investors set forth in the Summary of Terms (the "Preferred Directors"). The Common Director(s) set forth in the Summary of Terms shall be elected by the holders of Common Stock, one of which shall be the Company's current chief executive officer (the "Common Director"). The Mutual Director(s) set forth in the Summary of Terms shall be elected by the holders of Common Stock and Preferred Stock voting together on an as-converted basis and shall be designated by the mutual consent of the other members of the Board (the "Mutual Directors"). The Company shall reimburse expenses of the Preferred Director(s) for costs incurred in attending meetings of the Board and other meetings or events attended on behalf of the Company.
Dividends:	Six percent (6%) non-cumulative dividend preference,

when and as declared by the Board; pro rata participation in any Common Stock dividends.

Liquidation Preference:

In the event of any liquidation or winding up of the Company, the holders of the Preferred Stock shall be entitled to receive in preference to the holders of the Common Stock a per share amount equal to the Purchase Price plus any declared but unpaid dividends (the "Liquidation Preference").

After the payment of the Liquidation Preference to the holders of the Preferred Stock, the remaining assets shall be distributed ratably to the holders of the Common Stock.

A merger, acquisition, sale of voting control in which the stockholders of the Company do not own a majority of the outstanding shares of the surviving corporation, or sale of all or substantially all of the assets of the Company (each a "Change in Control") shall be deemed to be a liquidation. Any acquisition agreement that provides for escrowed or other contingent consideration will provide that the allocation of such contingent amounts properly accounts for the liquidation preference of the Preferred Stock.

Preferred Stock Conversion: Convertible into shares of Common Stock at any time at the election of each holder. The initial conversion rate shall be 1:1, subject to adjustment as provided below.

Automatic Conversion: All of the Preferred Stock shall automatically convert into Common Stock upon the closing of a firmly underwritten public offering of shares of Common Stock of the Company for a total offering of not less than $50 million (before deduction of underwriters commissions and expenses) (a "Qualified IPO"). The Preferred Stock shall convert into Common Stock upon the election of the Required Preferred.

Antidilution Provisions: The conversion price of the Preferred Stock will be subject to a weighted-average adjustment to reduce dilution in the event that the Company issues additional equity securities, other than (i) shares or options to purchase shares issued to employees, consultants or directors as approved by the Board; (ii) shares issued for consideration other than cash pursuant to a merger, consolidation, acquisition, or similar business combination approved by the Board; (iii) shares issued pursuant to any equipment loan or leasing arrangement, real property leasing arrangement or debt financing from a bank or similar financial institution approved by the Board; and (iv) other issuances approved by the Required Preferred from time to time (collectively, "Excluded Issuances"). Approval by the Board for any Excluded Issuance must include approval by at least one of the Preferred Directors (the "Required Board Approval"). The conversion price will also be subject to proportional adjustment for stock splits, stock dividends, combinations, recapitalizations and the like. In addition, in the event that the fully-diluted capital of the Company immediately following the closing is not as set forth in the Company's capitalization representations, the conversion price for the Preferred Stock will be automatically adjusted down based on the Pre-Money Valuation set forth in the Summary of Terms and the Company's actual fully-diluted capital.

Voting Rights:

The Preferred Stock will vote together with the Common Stock on as-converted basis, and not as a separate class except as specifically provided herein or as otherwise required by law. The Common Stock may be increased or decreased by the vote of holders of a majority of the Common Stock and Preferred Stock voting together on an asifconverted basis, and without a separate class vote.

Protective Provisions:

For so long as any shares of Preferred Stock remain outstanding, consent of the Required Preferred shall be required for any action, whether directly or through any merger, recapitalization or similar event, that (i) alters or changes the rights, preferences or privileges of the Preferred Stock, (ii) increases or decreases the authorized number of shares of Common Stock or Preferred Stock, (iii) creates (by reclassification or otherwise) any new class or series of shares having rights, preferences or privileges senior to or on a parity with the Preferred Stock, (iv) results in the redemption or repurchase of any shares of Common Stock (other than pursuant to equity incentive agreements with service providers giving the Company the right to repurchase shares upon the termination of services), (v) results in any Change in Control or other liquidation of the Company, (vi) amends or waives any provision of the Company's Certificate of Incorporation or Bylaws, (vii) increases or decreases the authorized size of the Company's Board, (viii) results in the payment or declaration of any dividend on any shares of Common Stock or Preferred Stock, (ix) issues debt of the Company or any subsidiary in excess of $100,000, (x) makes any voluntary petition for bankruptcy or assignment for the benefit of creditors, (xi) enters into any exclusive license, lease, sale, distribution or other disposition of the Company's products or intellectual property or (xii) (a) sells, issues or distributes any Company-created digital tokens, coins or cryptocurrency ("Tokens"), including through any agreement, pre-sale, initial coin offering, token distribution event or crowdfunding; or (b) develops a computer network either incorporating Tokens or permitting the generation of tokens by network participants.

Major Investor

Any Investor investing an amount equal to or greater than the Major Investor Threshold amount set forth in the Summary of Terms shall be deemed a "Major Investor".

Information Rights:

The Company shall, upon request, deliver customary audited annual, unaudited quarterly and monthly financial statements and budgets to each Major Investor Each Major Investor shall also be entitled to standard inspection and visitation rights.

Registration Rights:

Registration Rights: Two demand registrations, starting the earlier of three years after the closing or 180 days after the Company's initial public offering, so long as the anticipated aggregate offering price to the public is not less than $15,000,000, and unlimited piggy-back and S-3 registration rights with reasonable and customary terms, including cutback rights to no less than 30% (other than in a Qualified IPO), payment of selling stockholder counsel fees up to $35,000, and no limitations on transfers of registration rights to affiliates and other Major Investors.

Lock-Up Provision: Investors will be subject to a customary 180 day post-IPO lockup provided that all officers, directors, and other 1% stockholders are similarly bound; provided further that any discretionary waiver or termination of lock-up provisions shall also apply pro rata to the Major Investors.

Other Provisions: No stockholder of the Company shall be granted registration rights which would reduce the number of shares includable by the holders of the Registrable Securities in a registration without the consent of the holders of a majority of the Registrable Securities. The Company shall not require the opinion of Investor's counsel before authorizing the transfer of stock or the removal of Rule 144 legends for routine sales under Rule 144 or for distribution to partners or members of Investors.

Right of First Refusal: Prior to a Qualified IPO, Major Investors shall have the right to purchase their pro rata portions (calculated on a fully diluted basis) of any future issuances of equity securities by the Company (with overallotment rights in the event a Major Investor does not purchase its full allocation), other than Excluded Issuances.

EMPLOYEE MATTERS

Employee Pool: Prior to the Closing, in addition to currently outstanding options, the Company shall reserve for future issuance pursuant to a mutually acceptable stock option plan (the "Stock Option Plan") a number of shares of Common Stock equal to the percentage of the post-closing fully-diluted capital stock set forth in the Summary of Terms (the "Employee Pool").

Stock Vesting: All stock and stock equivalents issued after the Closing to employees, directors, consultants and other service providers will be issued pursuant to the Stock Option Plan and will be subject to the vesting provisions below unless otherwise approved by the Required Board Approval: 25% to vest on the one year anniversary of the applicable vesting commencement date with the remaining 75% to vest monthly over the next three years. The repurchase option shall provide that upon termination of the employment of the stockholder, with or without cause, the Company or its assignee (to the extent permissible under applicable securities law qualification) retains the option to repurchase at the lower of cost or the current fair market value any unvested shares held by such stockholder. Except as set forth in the Summary of Terms there shall be no accelerated vesting except with Required Board Approval.

The outstanding Common Stock currently held by the Founders will be subject to the vesting terms set forth in the Summary of Terms. "Double Trigger Acceleration" shall mean full acceleration of all unvested shares in the event that (i) a Change in Control (as defined in the Stock Option Plan documents) occurs and (ii) as of, or within thirteen (13) months after, the effective time of such Change in Control the stockholder's Continuous Service (as defined in the Stock Option Plan documents) with the Company terminates due to an involuntary termination (not including death or disability) without Cause (as defined in the Stock Option Plan documents) or due to a voluntary termination with Good Reason (as defined in the Stock Option Plan documents); provided that, as a condition precedent of any accelerated vesting, the stockholder must sign, date and return to the Company a general release of all known and unknown claims in the form satisfactory to the Company (or its successor, if applicable), and must permit the applicable revocation period (if any) to expire unexercised.

Restrictions on Sales: The Company's Bylaws shall contain a right of first refusal on all transfers of Common Stock, subject to normal exceptions. If the Company elects not to exercise its right, the Company shall assign its right to the Major Investors. The Company's Bylaws shall also contain a provision providing that no shares of capital stock other than those held by Major Investors may be transferred except as approved by the Board in its discretion, which shall include, without limitation, refusal to allow any transfer to the extent such transfer would increase the number of stockholders of the Company or require it to register, or register any class of equity securities, with the Securities and Exchange Commission. If the Company's Bylaws cannot be amended to include such provisions, the Company shall take such other steps as are necessary to impose the rights of first refusal and transfer restrictions set forth above on all outstanding shares of the Company's Common Stock.

Proprietary Information Each current and former officer, employee and consultant of the Company and Inventions Agreement shall enter into an acceptable proprietary information and inventions agreement.

Co-Sale Agreement:

The shares of the Company's securities held by the Founders shall be made subject to a cosale agreement (with certain reasonable exceptions) with the Investors such that the Founders may not sell, transfer or exchange their stock unless each Investor has an opportunity to participate in the sale on a pro-rata basis.

Voting Agreement:

The Investors, the Founders and each current and future holder of stock, warrants or options to purchase stock shall enter a Voting Agreement that provides the following:

(i) that such stockholders will vote for the election of the members of the Board as provided in the Summary of Terms;

(ii) that such stockholders will vote all of their shares in favor of a Change in Control or transaction in which 50% or more of the voting power of the Company is transferred, provided such Change in Control or other transaction is approved by (i) the Board, (ii) the Required Preferred, and (iii) the holders of a majority of the Common Stock held by stockholders then providing services to the Company as an employee or officer; and

(iii) when a Founder leaves the Company, such Founder will vote all of his or her Common Stock and Preferred Stock (or Common Stock acquired on conversion of Preferred Stock) in the same proportion as all other shares are voted in any vote.

The Company's Stock Option Plan documents shall require all optionholders to execute a counterpart signature page to the Voting Agreement as a condition precedent to the exercise of any option.

Founders Activities:

Each of the Founders and executive officers shall devote 100% of his or her professional time to the Company. Any other professional activities will require the prior approval of the Board.

OTHER MATTERS

Closing Deliverables: The Company shall provide at or prior to the closing: (i) a post-closing capitalization chart; (ii) a customary management rights letter addressed to Foundry; (iii) a standard opinion of counsel for the Company; and (iv) a QSBS Questionnaire.

Post Closing Matters: Within 30 days of Closing, the Company shall (1) obtain D&O insurance in an amount and upon terms acceptable to Foundry and (2) implement Carta (formerly known as eShares) (http://carta.com) to manage its capitalization table and to issue share certificates, options, warrants and other securities.

Agreements: The sale of the Preferred Stock shall be made pursuant to a purchase agreement with customary representations and warranties. The purchase agreement, investor rights agreement, co-sale agreement and voting agreement may be amended with the consent of the Company and the Required Preferred, with the co-sale agreement and voting agreement requiring the consent of a majority of the Founders then providing services to the Company as an officer or employee for any change adversely effecting such Founders. Unless otherwise agreed, counsel to the Company will draft the financing documents based on the NVCA form documents. To expedite their preparation, Foundry will provide NVCA forms that implement these Standard Investment Terms.

Legal Fees and Expenses: The Company shall pay at the closing the reasonable fees (not to exceed the legal fee cap set forth on the Summary of Terms) and expenses of Foundry's counsel in connection with this transaction.

Assignment: Each of the Investors shall be entitled to transfer all or part of its shares of Preferred Stock to one or more affiliated partnerships or funds managed by it or any of their respective directors, officers or partners, provided such transferee agrees in writing to be subject to the terms of the investor rights agreement, co-sale agreement and voting agreement as if it were an original investor thereunder.

Right to Conduct Activities:

The Company and each Investor hereby acknowledge that Foundry is a group of professional investment funds, and as such invest in numerous portfolio companies, some of which may be competitive with the Company's business. Neither Foundry nor any other Investor shall be liable to the Company or to any other Investor for any claim arising out of, or based upon, (i) the investment by Investor in any entity competitive to the Company, or (ii) actions taken by any partner, officer or other representative of such Investor to assist any such competitive company, whether or not such action was taken as a board member of such competitive company, or otherwise, and whether or not such action has a detrimental effect on the Company; provided, however that nothing herein shall relieve any Investor or any party from liability associated with misuse of the Company's confidential information. The Company's certificate of incorporation shall contain a limited waiver of the corporate opportunity doctrine with respect to matters or transactions presented to the Series A director other than solely in his capacity as a director of the Company.

No Shop Agreement:

The Company agrees to work in good faith expeditiously towards a closing. The Company and the Founders agree that until the 60th day from the date on which the Summary of Terms was signed by both Foundry and the Company they will not, directly or indirectly, (i) take any action to solicit, initiate, encourage or assist the submission of any proposal, negotiation or offer from any person or entity other than the Investors relating to the sale or issuance, of any of the capital stock of the Company or the acquisition, sale, lease, license or other disposition of the Company or any material part of the stock or assets of the Company, or (ii) enter into any discussions, negotiations or execute any agreement related to any of the foregoing, and shall notify the Investors promptly of any inquiries by any third parties in regards to the foregoing. Should both parties agree that definitive documents shall not be executed pursuant to the Terms, then the Company shall have no further obligations under this section.

Confidentiality:

The Terms and any related discussions and correspondence are to be held in strict confidence by the Company and may not to be disclosed by the Company to any party (other than counsel to, and the accountants of, the parties to the extent reasonably necessary for such persons to render advice in connection with the proposed transaction and other than to existing stockholders of the Company) without the prior written approval of Foundry.

Governing Law:

The Terms shall be governed in all respects by the laws of the State of Delaware.

附錄三

意向書樣本

_____ 年 _____ 月 _____ 日

賣方 A：

地址：

回覆：購買公司股票的提案

致賣方：

本意向書旨在為 _____（稱「買方」）正考慮可能向 _____（稱「A」）及 _____——即向公司股東（稱「賣方」），提案收購 _____（稱「公司」）所有流通在外股本，總結主要條款。

在本意見書中，

（ⅰ）買方與賣方有時稱「當事人」，

（ⅱ）公司與其子公司有時稱「目標公司」，且

（ⅲ）買方可能收購公司股票有時稱「可能的收購」。

第一部分

當事人願意開始談判最終書面收購協議（稱「最終協議」）為可能的收購做準備。為方便最終協議談判起見，當事人要求買方的律師起草初稿。任何最終協議的執行，以買方對目標公司業務的持續調查圓滿完成為條件，還須經買方董事會核准。

根據買方目前已知的資訊，最終協議提議包含下列條款：

1. 基本交易

買方會以第 2 款所述的價格（稱「購買價」），出售公司全部流通在外股本給買

方。本交易會依 Hart-Scott-Rodino Antitrust Improvement Act of 1976（稱「HSR Act」）規定，盡早在適用的等待期終止後使成交發生（稱「成交」）。

2. 購買價

購買價為 _____ 元（須依下述調整），且支付的方式如下：

a. 成交時，買方會支付賣方 _____ 元的現金總額；

b. 成交時，買方會在當事人接受的代管代理人，寄存 _____ 元的總額，並由代管持有至少 _____ 年的時間，以擔保賣方依最終協議及相關文件履行義務；

c. 成交時，買方會履行並交付每名賣方一張無擔保、不可轉讓、順位的本票。買方交付賣方的本票，合併的本金金額為 _____ 元，按年率 _____ % 孳息，在成交的第 _____ 週年日到期，並準備 _____ 筆等額每年每季支付的本金加每年每季的應計利息。

購買價假定目標公司截至成交至少有 _____ 元的合併股東權益。購買價會根據目標公司截至成交的合併股東權益變動等金額調整。

3. 僱傭與競業禁止協議

成交時：

a. 公司與 A 應簽訂一份 _____ 年僱傭協議，規定 A 同意擔任公司的副總裁暨營運長，且有權領取每年 _____ 元的薪資；且

b. 每名賣方會執行對買方與公司的 _____ 年競業禁止協議。

4. 其他條款

賣方會對買方做出綜合聲明與保證，提供對買方有利的綜合契約、補償、其他保護。買方完成預期交易的條件，包含履行如下的不同條件：

a. _____

b. _____

第二部分

本意向書以下段落（稱「有約束力的條款」）是有法律約束力且可強制執行的當事人協議。

1. 取得

自賣方簽署本意向書之日（稱「簽署日」）起，迄一方以書面通知對方最終協議談判終止之日（稱「終止日」）的期間，賣方將給予買方充分且自由取得（或進入）目標公司及其人員、產業、合約、書冊與紀錄，及其他文件與數據之權。

2. 專屬交易

迄（i）簽署日後屆 90 日，或（ii）終止日兩者較遲之日：

a. 賣方將不會而且會使目標公司不直接或間接透過任何代表或用其他方式，對任何其他人招徠或受理其要約，或與其談判，或以任何形式惠恩、商討、答應、考慮有關直接或間接透過購買、併購、合併或用其他方式，收購全部或部分的股份或目標公司，或其資產或事業（除正常交易中出售存貨外）；且

b. 賣方有任何關於賣方、目標公司或其有關代表，與要約、提案或相關探問的其他人間接觸時，須立即通知買方。

3. 破局費

如（a）賣方違反第 2 款，或賣方以書面通知買方終止最終協議的談判，且（b）在違反之日或終止日起 6 個月內，視可能情況，有賣方、一間或多間目標公司簽訂有關直接或間接透過購買、併購、合併或用其他方式收購重大部分的股份、目標公司，或目標公司之資產、事業的全部或部分（除正常交易中出售存貨、目標公司無關緊要的部分資產外），且如此之交易最終做成，則賣方將於交易成交時，立即支付或使目標公司支付 ＿＿＿＿＿＿ 元的金額給買方。

此費用並非買方依本意向書在賣方違反本第 2 部分第 2 款、其他有約束力的條款時的唯一補救，且買方將獲得法律或平衡法上規定的所有其他權利與救濟。

4. 商業行為

簽署日起迄終止日的期間，買方應使目標公司在正常交易中經營其業務，並避免任何異常交易。

5. 機密性

除法律要求並照其規定，除關係到本意向書提議交易的評估外，對任何關於目標公司已由賣方、目標公司，或其相關代表提供給買方或其代表的機密資訊（定義如後），買方不會在任何時間用任何方式揭露或使用，而且將指示其代表不得揭露或使用。

本款的目的，「機密資訊」指任何加蓋「機密」，或遭揭露後賣方立即以書面向買方識別的目標公司資訊，但
（i）該資訊已為買方或其代表或不受保密責任約束的他人所知，或該資訊在買方或代表無過失下變成公開可得，
（ii）使用該資訊對做任何申報，或對完成可能的收購要取得的任何同意或核准屬必要或適當，
（iii）提供或使用該資訊在相關司法訴訟有規定或不可缺少者，則不在此限。
遇買方以書面要求之時，買方須立即將占有的機密資訊，返還給賣方或目標公司，或將其毀損，並以書面向賣方保證動作已完成。

6. 揭露

除法律要求並照其規定，未經對方當事人事前書面同意，買方及賣方皆不可將各自指示其代表、不可直接或間接對當事人間、對可能的交易，或對本意見書提議交易任何的條款、條件或其他層面存在討論，做出公開的評論、聲明、交流，或用其他方式揭露，或允許揭露。如一方當事人依法律規定做出任何如此的揭露，必須先提供對方當事人打算揭露的內容、依法揭露的理由，與行為的時間地點。

7. 費用

買方與每名賣方將會負責並自負所有、從事、完成可能的收購有關的費用和開銷（含任何經紀人或居間人佣金與其代表的開銷）。據此原則，HSR Act 申報費一半

由買方支付，一半由賣方支付。

8. 同意

簽署日起迄終止日的期間，買方將與每名賣方互相合作，並在合理時間內迅速準備及提交 HSR Act 規定的通知書。

9. 完整協議

有約束力的條款構成完整的當事人協議，並且取代所有當事人對於主題的先前口頭或書面協議、理解、聲明與保證，以及做法與往來。除在此另有規定，僅可由當事人全體以書面簽署，使有約束力之條款的修正或修改生效。

10. 適用的法律

有約束力之條款將以 ＿＿＿＿＿ 州之法律及解釋為準，但不適用其法律衝突之規定。

11. 管轄權：訴訟書送達

請求強制執行本意見書任何的條款，或基於其所生權利的訴訟或程序，可至 ＿＿＿＿ 州 ＿＿＿＿ 郡之法院告發任一當事人，否則如有或能取得管轄權，則可向 ＿＿＿＿ 區 ＿＿＿＿ 美國聯邦地區法院告發；每一當事人同意上述法院（及適當上訴法院）在任何訴訟或程序的管轄權，並對所提審判地放棄異議。前述訴訟或程序之書狀可送達位於全球任何地方的任一方。

12. 終止

有約束力之條款將自動於 ＿＿ 年 ＿＿ 月 ＿＿ 日終止，且得由一方出於任何理由或沒有原因、因故或無故終止，並隨時以書面通知對方單方面提前終止；但有約束力的條款的終止，不影響一方在終止前因違反任何有約束力的條款而負有的責任。有約束力的條款經終止，之後除依本第 2 部分第 2、3、5、7、9、10、11、12、13 和第 14 款所述將續存者外，當事人沒有責任進一步據此受到約束。

13. 副本

本意見書可做成一式一份或一式多份，每份副本視同本意見書之正本；所有副本總合起來視為構成同一協議。

14. 無責任

本意向書第 1 部分的段落與條款不構成、且不會在當事人或目標公司的任何方面引起有法律約束力的義務。再者，除明文規定於有約束力的條款（或明文規定於當事人未來可能簽訂的任何有約束力書面協議），有關可能的收購之過去或未來行為、做法，或不作為、有關可能的收購、任何最終協議的條款談判，無一會在當事人或目標公司的任何方面引起或被當成任何義務或其他責任的根據。

如與前述協商一致，請簽署並回傳一份本意見書的副本，即構成當事人關於主題的協議。

謹上

買方：＿＿＿＿＿＿＿＿＿＿＿＿

授權由：＿＿＿＿＿＿＿＿＿＿＿

姓名：＿＿＿＿＿＿＿＿＿＿＿＿

職稱：＿＿＿＿＿＿＿＿＿＿＿＿

本約為 ＿＿＿ 年 ＿＿＿ 月 ＿＿＿ 日適當簽訂及合意有約束力的條款。

預期賣方：

＿＿＿＿＿＿＿＿＿＿＿＿＿＿

＿＿＿＿＿＿＿＿＿＿＿＿＿＿

Appendix C: Sample Letter of Intent

_____, 20_____

Seller A
[Address]

_____

Re: Proposal to Purchase Stock of the Company

Dear Sellers: This letter is intended to summarize the principal terms of a proposal being considered by_____(the "Buyer") regarding its possible acquisition of all of the outstanding capital stock of_____(the "Company") from_____("A") and_____, who are the Company's sole stockholders (the "Sellers"). In this letter, (i) the Buyer and the Sellers are sometimes called the "Parties," (ii) the Company and its subsidiaries are sometimes called the "Target Companies," and (iii) the Buyer's possible acquisition of the stock of the Company is sometimes called the "Possible Acquisition."

PART ONE

The Parties wish to commence negotiating a definitive written acquisition agreement providing for the Possible Acquisition (a "Definitive Agreement"). To facilitate the negotiation of a Definitive Agreement, the Parties request that the Buyer's counsel prepare an initial draft. The execution of any such Definitive Agreement would be subject to the satisfactory completion of the Buyer's ongoing investigation of the Target Companies' business, and would also be subject to approval by the Buyer's board of directors.

Based on the information currently known to the Buyer, it is proposed that the Definitive Agreement include the following terms:

1. Basic Transaction

The Sellers would sell all of the outstanding capital stock of the Company to the Buyer at the price (the "Purchase Price") set forth in Paragraph 2 below. The closing of this transaction (the "Closing") would occur as soon as possible after the termination of the applicable waiting period under the Hart-Scott-Rodino Antitrust Improvements Act of 1976 (the "HSR Act).

2. Purchase Price

The Purchase Price would be $_____(subject to adjustment as described below) and would be paid in the following manner:

(a) At the Closing, the Buyer would pay the Sellers the sum of $_____ in cash;

(b) at the Closing, the Buyer would deposit with a mutually acceptable escrow agent the sum of $_____, which would be held in escrow for a period of at least_____ years in order to secure the performance of the Sellers' obligations under the Definitive Agreement and related documents; and

(c) at the Closing, the Buyer would execute and deliver to each Seller an unsecured, nonnegotiable, subordinated promissory note. The promissory notes to be delivered to the Sellers by the Buyer would have a combined principal amount of $_____, would bear interest at the rate of   % per annum, would mature on the_____ anniversary of the Closing, and would provide for_____ equal [annual] [quarterly] payments of principal along with [annual] [quarterly] payments of accrued interest. The Purchase Price of the Target Companies have consolidated stockholders' equity of at least $_____ as of the Closing. The Purchase Price would be adjusted based on changes in the Target Companies' consolidated stockholders' equity as of the Closing, on a dollar-for-dollar basis.

3. Employment and Noncompetition Agreements

At the Closing:

(a) the Company and A would enter into a_____ -year employment agreement under which A would agree to continue to serve as the Company's [Vice President and Chief Operating Officer] and would be entitled to receive a salary of $_____ per year; and

(b) each Seller would execute a_____ -year noncompetition agreement in favor of the Buyer and the Company.

4. Other Terms

The Sellers would make comprehensive representations and warranties to the Buyer, and would provide comprehensive covenants, indemnities, and other protections for the benefit of the Buyer. The consummation of the contemplated transactions by the Buyer would be subject to the satisfaction of various conditions, including:

(a) _____

_____

(b) _____

_____

PART TWO

The following paragraphs of this letter (the "Binding Provisions") are the legally binding and enforceable agreements of the Buyer and each Seller.

1. Access

During the period from the date this letter is signed by the Sellers (the "Signing Date") until the date on which either Party provides the other Party with written notice that negotiations toward a Definitive Agreement are terminated (the "Termination Date"), the Sellers will afford the Buyer full and free access to each Target Company, its personnel, properties, contracts, books, and records, and all other documents and data.

2. Exclusive Dealing

Until the later of (i) [90] days after the Signing Date or (ii) the Termination Date:

(a) the Sellers will not and will cause the Target Companies not to, directly or indirectly, through any representative or otherwise, solicit or entertain offers from, negotiate with or in any manner encourage, discuss, accept, or consider any proposal of any other person relating to the acquisition of the Shares or the Target Companies, their assets or business, in whole or in part, whether directly or indirectly, through purchase, merger, consolidation, or otherwise (other than sales of inventory in the ordinary course); and

(b) the Sellers will immediately notify the Buyer regarding any contact between the Sellers, any Target Company or their respective representatives, and any other person regarding any such offer or proposal or any related inquiry.

3. Breakup Fee

If (a) the Sellers breach Paragraph 2 or the Sellers provide to the Buyer written notice that negotiations toward a Definitive Agreement are terminated, and (b) within [six] months after the date of such breach or the Termination Date, as the case may be, either Seller or one or more of the Target Companies signs a letter of intent or other agreement relating to the acquisition of a material portion of the Shares or of the Target Companies, their assets, or business, in whole or in part, whether directly or indirectly, through purchase, merger, consolidation, or otherwise (other than sales of inventory or immaterial portions of the Target Companies' assets in the ordinary course) and such transaction is ultimately consummated, then, immediately upon the closing of such transaction, the Sellers will pay, or cause the Target Companies to pay, to the Buyer the sum $\_\_\_\_\_$. This fee will not serve as the exclusive remedy to the Buyer under this letter in the event of a breach by the Sellers of Paragraph 2 of this Part Two or any other of the Binding Provisions, and the Buyer will be entitled to all other rights and remedies provided by law or in equity.

4. Conduct of Business

During the period from the Signing Date until the Termination Date, the Sellers shall cause the Target Companies to operate their business in the ordinary course and to refrain from any extraordinary transactions.

5. Confidentiality

Except as and to the extent required by law, the Buyer will not disclose or use, and will direct its representatives not to disclose or use to the detriment of the Sellers or the Target Companies, any Confidential Information (as defined below) with respect to the Target Companies furnished, or to be furnished by either Seller, the Target Companies, or their respective representatives to the Buyer or its representatives at any time or in any manner other than in connection with its evaluation of the transaction proposed in this letter. For purposes of this paragraph, "Confidential Information" means any information about the Target Companies stamped "confidential" or identified in writing as such to the Buyer by the Sellers promptly following its disclosure, unless (i) such information is already known to the Buyer or its representatives or to others not bound by a duty of confidentiality or such information becomes publicly available through no fault of the Buyer or its representatives, (ii) the use of such information is necessary or appropriate in making any filing or obtaining any consent or approval required for the consummation of the Possible Acquisition, or (iii) the furnishing or use of such information is required by or necessary or appropriate in connection with legal proceedings. Upon the written request of the Sellers, the Buyer will promptly return to the Sellers or the Target Companies or destroy any Confidential Information in its possession and certify in writing to the Sellers that it has done so.

6. Disclosure

Except as and to the extent required by law, without the prior written consent of the other Party, neither the Buyer nor the Seller will make, and each will direct its representatives not to make, directly or indirectly, any public comment, Statement, or Communication with respect to, or otherwise to disclose or to permit the disclosure of the existence of discussions regarding, a possible transaction between the Parties or any of the terms, conditions, or other aspects of the transaction proposed in this letter. If a Party is required by law to make any such disclosure, it must first provide to the other Party the content of the proposed disclosure, the reasons that such disclosure is required by law, and the time and place that the disclosure will be made.

7. Costs

The Buyer and each Seller will be responsible for and bear all of its own costs and expenses (including any broker's or finder's fees and the expenses of its representatives) incurred at any time in connection with pursuing or consummating the Possible Acquisition. Notwithstanding the preceding sentence, the Buyer will pay one-half and the Sellers will pay one-half of the HSR Act filing fee.

8. Consents

During the period from the Signing Date until the Termination Date, the Buyer and each Seller will cooperate with each other and proceed, as promptly as is reasonably practical, to prepare and to file the notifications required by the HSR Act.

9. Entire Agreement

The Binding Provisions constitute the entire agreement between the parties, and supersede all prior oral or written agreements, understandings, representations and warranties, and courses of conduct and dealing between the parties on the subject matter hereof. Except as otherwise provided herein, the Binding Provisions may be amended or modified only by a writing executed by all of the parties.

10. Governing Law

The Binding Provisions will be governed by and construed under the laws of the State of _____ without regard to conflicts of laws principles.

11. Jurisdiction: Service of Process

Any action or proceeding seeking to enforce any provision of, or based on any right arising out of, this Letter may be brought against any of the parties in the courts of the State of _____, County of _____, or, if it has or can acquire jurisdiction, in the United States District Court_____ for the District of _____and each of the parties consents to the jurisdiction of such courts (and of the appropriate appellate courts) in any such action or proceeding and waives any objection to venue laid therein. Process in any action or proceeding referred to in the preceding sentence may be served on any party anywhere in the world.

12. Termination

The Binding Provisions will automatically terminate on_____, 20__ and may be terminated earlier upon written notice by either party to the other party unilaterally, for any reason or no reason, with or without cause, at any time; provided, however, that the termination of the Binding Provisions will not affect the liability of a party for breach of any of the Binding Provisions prior to the termination. Upon termination of the Binding Provisions, the parties will have no further obligations hereunder, except as stated in Paragraphs 2, 3, 5, 7, 9, 10, 11, 12, 13, and 14 of this Part Two, which will survive any such termination.

13. Counterparts

This Letter may be executed in one or more counterpart each of which will be deemed to be an original copy of this Letter and all of which, when taken together, will be deemed to constitute one and the same agreement.

14. No Liability

The paragraphs and provisions of Part One of this letter do not constitute and will not give rise to any legally binding obligation on the part of any of the Parties or any of the Target Companies. Moreover, except as expressly provided in the Binding Provisions (or as expressly provided in any binding written agreement that the Parties may enter into in the future) no past or future action, course of conduct, or failure to act relating to the Possible Acquisition, or relating to the Possible Acquisition, or relating to the negotiation of the terms of the Possible Acquisition or any Definitive Agreement, will give rise to or serve as a basis for any obligation or other liability on the part of the Parties or any of the Target Companies.

If you are in agreement with the foregoing, please sign and return one copy of this letter agreement, which thereupon will constitute our agreement with respect to its subject matter.

Very truly yours,

BUYER:

By: _____

Name: _____

Title: _____

Duly executed and agreed as to the Binding Provisions on _____, 20__.

PROSPECTIVE SELLERS:

_____

_____

附錄四
其他資源

過去幾年,有關創業的資源有如雨後春筍紛紛出現,其中有許多涉及企業的資金籌措。底下列出幾個重要資源:

1. 加速器

TechStars(www.techstars.com)與 Y Combinator(http://ycombinator.com)樹立的加速器模式已推行到全世界。這類計畫一般以小額投資(2 萬美元左右)取得企業少量股權(一般為 6%),接著企業邁入 90 天的密集全天候計畫,借助加速器的力量,輔導創業社群加快創業的步伐。幾年前 TechStars 創辦全球加速器網絡(http://globalacceleratornetwork.com),致力於連結頂尖的加速器,並提供一系列的最佳做法。最近已看到好幾個企業加速器,如微軟加速器(www.microsoft.com/bizspark/accelerator)。

2. 天使與種子登記網站

對正在找錢的創業者,或尋找早期投資機會的金主或種子創投,有幾個登記或撮合服務的網站,其中知名度最高的 AngelList(www.angel.com)與 Gust(www.gust.com),均是創業創投雙方的有力資源。

3.Ask the VC(www.askthevc.com)

本書的專屬網站,由作者親自維護。我們會經常更新站上的部落格,回答網友提出的問題,並分享其他和創投相關的好文章。網站有 Foundry Group 的表格文件、其他募資表單、併購文件範本。我們也列出許多有參考本書的學校課程及大綱,同時於 2012 年底在網站發布大學部的教學手冊,並收錄更多教學用的資源。

4. 群眾募資

這是一種因網路而得以實現的新的募資形式,著名網站如 KickStarter(www.kickstarter.com)和 Indiegogo(www.indiegogo.com)最先推廣,讓企業向群眾募資,

以發展自身的產品。目前的模式可供顧客對企業預先支付產品或服務。2012
年 4 月美國通過新創企業啟動法（JOBS Act），允許提供股權的群眾募資，讓
企業能以群眾募資方式及股權資本，配套法規於本書寫作期間尚待研議，我們
樂觀看待群眾募資將成為有力的早期創業募資形式。無論最後如何規定，我們
都建議企業要掌握投資者是誰，及其投資動機為何。

5. Crunchbase

想知道哪家企業拿到誰的資金，Crunchbase（www.crunchbase.com）是最佳的免費
資訊資源。由於是非官方的企業資料，準確度落差頗大，有些純屬消息，訊息
量算多。缺少人脈與門路的人，可上 Crunchbase 查看可能對你有興趣的創投
機會。

6. 教育

網路上有大量創業方面的教育資源，其中我們特別推薦 Kauffman 基金會（www.
kauffman.org）、史丹佛大學創意園地（http://ecorner.stanford.edu）、可汗學院（www.
khanacademy.org），及坐落在科羅拉多州圓石市小村莊的 Silicon Flatirons Center
（www.silicon-flatirons.org）。

7. 全國創投協會

NVCA（www.nvca.org）有募資最常用到的範例文件，本書未提及的投資條件書
其他內容，讀者可前往 NVCA 網站（http://nvca.org/?option=com_content&view=artical
e&id=108&Itemid=136）查詢，上頭列出各種投資條件書，連「吃人夠夠」的投資
條件書也有呢！

8. 科技部落格

有無數科技與創投部落客寫下大量有用內容。我們在 Ask the VC（www.
askthevc.com）列出已知的創投部落客，有幾位和我們的交情不錯，例如佛瑞
德‧威爾森（Fred Wilson ／ www.avc.com）、馬克‧瑟斯特（Mark Suster ／ www.
bothsidesofthetable.com）、大衛‧科恩（David Cohen ／（www.davidgcohen.com/blog）、
賽斯‧雷文（Seth Levine ／ www.sethlevine.com）也是極佳的寫手。Brownstein &
Egusa 則廣泛列出了科技記者與部落客名。

9. Startup America

Startup America Partnership 設立於 2010 年，當初的構想是讓新創公司成長，創造工作機會。迄今已有上千家企業利用 Startup America 提供的資源，本書寫作期間已有超過三十州成立 Startup Regions 分會（如 Startup Colorado 網址是 www.startupcolorado.com）。

摘　錄　《創業社群》第三章 *

活力的創業社群

　　介紹了圓石市以及我所知的來龍去脈後，我想說明一下圓石市的創業社群（startup community）興起的原因，我稱為「圓石原理」。首先講解三個「城市之所以成為活力創業社群」的歷史架構。

┃ 歷史架構

　　為什麼有些地方能以創新企業為榮，有些地方卻沒辦法呢？為創業社群推波助瀾、突破瓶頸的關鍵因素是什麼？上了軌道後，創業社群如何維持及擴展創業精神？創業社群要如何無視比其他地區價格高的不動產、工資成本，而得以延續？微妙之處不外乎城鎮、城市、區域的持續經濟活力，以及該地點本身。

　　研究顯示，「創新」也會挑地點發生。這可能令人很意外，畢竟「地點」在現代社會的重要性應該不如以往；資訊能快速往返於人與人之間，理論上來說，能隨處取得資源及資訊的範圍擴大了，地點與創新兩者的關係應該不再如此密切。

　　但經濟地理學者卻有相反的觀察。證據顯示，創新不但和地點有關係，而且重要性更勝以往。創新非常集中於特定地點，多倫多大學羅特曼管理學院教授，同時也是《創意新貴：啟動新新經濟的菁英勢力》（*The Rise of the Creative Class*）一書的作者佛羅里達（Richard Florida）形容這個現象為「針狀」（spiky），意思是說：大量創意及創新的人才會成群往某些地方擠。創新很顯然和地點有關係。

　　這個現象說明了為什麼某些地方會成為創業的溫床、有些地方卻會扼殺創新。人們對區域創業優勢的解釋各不相同：一是經濟面，二是社會面，三是地理。這些解釋彼此並不矛盾，而且大多都能互補。

　　第一個解釋是經濟學家提出的「外部或聚集經濟」。這個分析最早由馬

＊ 編注　《創業社群》（Startup Communities）為本書作者之一布萊德‧費爾德於 2012 年出版之著作。

歇爾（Alfred Marshall）提出，近幾十年來，波特（Michael Porter）、克魯曼（Paul Krugman），與羅默（Paul Romer）等人則強化了這個說法。

外部經濟的重點在於「新創集中一區」的好處，套用經濟上的區位概念，同區的公司能享有「外部規模經濟」。新興公司會用到外圍的基礎設施、專業的法律及會計服務、供應商、專業勞工等，資源的固定成本可由所有公司分攤。分攤成本的新創公司愈多，每家公司須支出的平均成本就愈低，這就是位於創業社群的公司能直接得到的好處。

另一個經濟概念是「網路效應」（network effects），說明了「地理集中」進一步帶來好處的理由。網路效應指出：系統內新增的成員會提升原有用戶的價值，只要看看網際網路、臉書、推特就很清楚了，這些服務原本除了你之外有 100 個用戶，對你來說可能沒什麼價值，但等到用戶超過 1 億個，效用就驚人地提升了。

創業社群也有類似的強大網路效應。例如 10 位優秀的程式設計師聚在一地，對一家新創公司而言還不錯，但若 1,000 位優秀的程式設計師聚集到一地，對新創產業就有莫大的價值了，這些程式設計師彼此分享最佳實務、提供靈感、開設新公司，其正面效果更是驚人。外部規模經濟能降低某些成本，網路效應則可增加同區的價值。

第二個解釋是源自於社會學的「水平網絡」（horizontal networks）。現為加州大學柏克萊分校資訊學院院長的薩克瑟尼安（Annalee Saxenian）在麻省理工學院（MIT）博士著作中提出，外部經濟無法完全解釋創業社群的發展及適應。她特別在《區域優勢》（*Regional Advantage: Culture and Competition in Silicon Valley and Route*）一書中提到：矽谷及波士頓 128 號公路（Route 128）這兩個高科技活動的溫床，在 1980 年代中期條件極為相似，雙雙受惠於國內兩處高科技區聚集經濟，但 10 年後，128 號公路卻完全被矽谷比下去。因為外部經濟不足以解釋這個現象，那麼自 1980 年代中期至 1990 年代中期，矽谷為何能壓倒 128 號公路呢？薩克瑟尼安為這個問題提出了解答。

薩克瑟尼安令人信服地闡述：開放的文化及資訊交換使得矽谷遠遠超越 128 號公路。這項論點要和網路效應一起看，因為網路效應更受益於跨公司與跨產業資訊分享的文化。薩克瑟尼安觀察到了矽谷企業之間自然交流的現象，例如昇陽電腦（Sun Microsystems）、惠普（HP）等公司，和 128 號公路周邊迪吉多、Appollo 等封閉、自給自足式的企業有很大的不同。

更廣泛來看，矽谷的文化能接納企業及業界之間的資訊交換活動；快速的破壞性科技在矽谷的公開資訊交換文化及勞動力流動中，發揮得淋漓盡致。就在科技快速變遷時，矽谷企業早已準備好分享資訊、採納新趨勢，以利用自身的創新、靈活特性，回應新的環境與條件。

反觀在科技紛起期間，許多 128 號公路的企業仍處於垂直整合及封閉系統之中。薩克瑟尼安凸顯了密集網路文化的角色，說明了矽谷產業能適應新時代，自然要比 128 號公路成功多了。

最後，第三個解釋源自地理學的「創意階級」（creative class）概念。佛羅里達描述了創新與創意階級人士的關聯；創意階級是由創業者、工程師、教授、藝術家等人組成，同時創造了「有意義的新形式」（meaningful new forms）。佛羅里達闡述，創意階級人士都想住得好，並能享受包容新構想與標新立異的文化，更重要的是：他們想靠近其他創意階級人士。這是另一個網路效應的例子，某個地方的創意階級吸引了更多創意階級人士進駐，並發生了良性循環，連帶增加了當地的價值和吸引力。比起那些沒能吸引夠多創意階級的地方，能突破瓶頸的地點更能享有具競爭力的地理優勢。

以上三個解釋正是創業社群會集中在特定地方的原因，但之後如何發展創業社群卻是一大挑戰；如果創業社群發展不佳，就無法吸引更多創業社群繼續進駐，這就成了「雞生蛋、蛋生雞」的問題。創新社群集中地確實有其優勢，但之後如何籌備創業社群並使其正常運作，那就是另外一回事了。

▌圓石原理的四大要項

根據圓石市的經驗，我提出了第四個架構，姑且稱之為「圓石原理」，主要包含四個要項：

1. 創業社群必須由創業者帶頭；
2. 帶頭者必須長期投入；
3. 創業社群必須有包容性，讓有意者如願加入；
4. 創業社群與創業界結交的活動不能間斷。

創業社群必須由創業者帶頭

社群必須由創業者帶領。創業社群聚集了形形色色的人士，許多非創業者也在其中扮演了重要角色，但除非由創業者帶頭，否則創業社群也無法長久。

全國各大城市幾乎都有一長串創業社群人士及組織的名單，包括政府、大學、投資人、講師、服務提供者等。以往許多這類單位都曾試圖帶領當地的創業社群發展，儘管這些單位的參與很重要，卻無法由他們帶頭。所以創業者一定要站出來。

我對創業者的定義是：曾與人共同創辦一家公司。我將他們區分為「高成長創業公司」與「小企業」兩大群；兩者固然都很重要，卻不能混為一談。創業公司有潛力成為高成長企業，小企業則是較具地方性、以賺錢為目的、低成長的組織。

小企業出身的人士往往是社區的「中流砥柱」，他們的事業和所在的社區緊密相依；相反地，高成長創業公司的創辦人，一般是當地社區的雇主，間接扶持小企業及地方經濟，但很少投身到廣大商業社群，而是以本身的公司為重。

因此期望創業者都出來帶領創業社群，那你就想太多了。其實只要有部分創業者（通常不到一打）能出來帶頭就夠了。

帶頭者必須長期投入

帶頭者得長期投入到創業社群，至少要 20 年起跳，才有辦法彰顯長時間投入的意義；理想來說，身為創業社群的主導者，每天都要承諾投入社群發展，且必須一直具有前瞻性。

眾所皆知，經濟趨勢永遠都在不斷循環中：成長、到頂、衰退、見底，再度成長、到頂、衰退、見底。這樣的循環有時溫和、有時嚴峻，時間長短的落差也很大。

創業社群必須把眼光放得極遠，優良的創業社群能看得出長期的軌跡，例如矽谷（1950 年至今）就是如此。儘管這段期間有高潮也有低潮，但矽谷始終不斷在成長、發展、擴張。

多數城市與帶頭者都會對重大經濟衰退後的創業潮感到興奮，於是全心投

入好幾年，等到這波創業高峰一過，下個經濟衰退到來，再換另一行創業。一旦創業潮跌落谷底，之前上揚期間的進展大多又還了回去。我就看過好幾次，首先是 1990 年代初，接著是網路泡沫化，只要想想想各地對網路泡沫的暱稱（矽巷、矽澤、矽坡、矽原、矽溝、矽山），就能憶起那陣子的風光了。

這就是為什麼帶頭者必須是創業者，而且要具備長遠的眼光。帶頭者必須承諾持續發展創業社群，無視當地、州、全國的經濟循環。優秀的創業公司，諸如蘋果電腦、基因泰克（Genetech）、微軟、英特爾（Intel），都創立於經濟衰退期間。強而有力的創造就是要花這麼久的時間，一路上還會遇到好幾次經濟起伏，不斷走過大風大浪。

如果你立志成為創業社群的帶頭者，卻無意在當地駐守 20 年，也不想在這段期間努力帶領社群，那請你捫心自問，你成為創業社群領導者的動機到底是什麼？或許你能短期帶起一股創業風潮，但要維持創業社群的活力，帶頭者就是要有這種程度的投入才行。

▍創業社群要有極大的包容性

創業社群必須要有極大的包容性，任何有意投身創業社群的人，不管是因為轉職、搬家、畢業，或不過想玩玩新花樣才想加入，創業社群都要展開雙臂歡迎他。這個道理也適用於創業、有意到新創公司任職、與新創公司合作，或純粹覺得新創這想法很新鮮的人。

包容性的原理適用創業社群的所有層級。帶頭者得打開心胸，歡迎更多帶頭者加入，而帶頭者必須是一個能夠長期經營創業社群的創業者才行。社群裡的創業者也要歡迎其他創業者的加入，並視其為社群成長的加分，而不是把新進者當成搶奪資源及地位的人。新創公司的員工也必須結交朋友，並把自己的家與城市開放給新進到社群的人。

創業社群的成員應該視「找到更多人投身社群」為好事。打造創業社群不是分出贏家與輸家的零和競賽；而是要讓投身其中的人和整體社群都能成為贏家。

▌創業社群應積極與創業界結交

創業社群必須經常有投身創業環境的活動，對象包含創業新手、老手、有志創業之士、投資人、講師、新創公司職員、服務提供者，及任何有意結交的人士。

這些年來，我出席過許多創業相關的頒獎活動、定期酒局、例行月會、小組討論，及開放的聚會。這類活動有其作用，一般是凸顯已經在創業社群中有出色表現的人，其實沒辦法真正結交到與創業活動有關的人士。

黑客松（hackathon）*、新科技創業聚會（meetup）、開放咖啡俱樂部（open coffee club）、創業週末（startup weekend）、TechStars 等創業加速器興起，則是截然不同的現象。這些後續會深入介紹的活動，短至數小時，長可達三個月，提供實體、聚焦、系列的活動，讓創業社群的成員投身其中。這些活動對創業社群有極大的包容性，所以能藉此不斷與創業界結交。

其中有些活動歷經十餘年而不衰，有些活動熱鬧個幾年就會消失，有些則未見榮景就迅速退燒，就和創業社群興衰的道理一樣：試推的活動失敗沒關係，至少知道了這一招不管用，然後再接再厲繼續辦。失敗活動的帶頭者，應該再試辦其他與創業界結交的活動；失敗活動的參加者則應繼續投入新活動，同時也要體認到一個事實：自己正在玩的是個長期的遊戲。

---

* 編注　是由黑客（Hacker）及馬拉松（Marathon）結合的複合字，表示「馬拉松式的科技創作活動」，通常是在一到二天的密集時間內，聚集許多 Hacker，彼此交流技術，並激盪出產品。

致　謝

本書若不是許多人出力相助是寫不出來的。

Return Path 執行長布倫伯格幫了大忙，提出了有見識且以創業者為中心的意見。全書的「創業老鳥觀點」都出自於他；使我們得以（希望讀者也能）聚焦在企業人士眼中的重點問題上。

我們在 Foundry Group 的合夥人雷文（Seth Levine）與麥根泰爾（Ryan McIntyre）度量很大，每次聽見費爾德說：「我還要忙孟德森的書」，或孟德森說：「我正要去忙費爾德的書」時，都受得了；我們的助理柯林斯（Kelly Collins）與史普若（Jill Spruiell）則一直是這個計畫不可或缺的幫手；我們也要感謝其他 Foundry Group 的夥伴，你們是最棒的團隊。

有好幾個朋友、同事、導師看過本書的初稿後，給了我們很多回饋意見。謝謝以下花時間讓本書變得更好的人：貝特勒（Amy Batchelor）、本哈嘉馬力（Raj Bhargava）、克雷文（Jeff Clavier）、高特斯曼（Greg Gottesman）、格瑞森（Brian Grayson）、豪奇（Douglas Horch）、吉爾克（David Jilk）、TA・馬肯（TA McCann）、馬赫（George Mulhern）、尼爾森（Wiley Nelson）、羅伊仁（Heidi Roizen）、塔克勒（Ken Tucker）與瓦列斯基（Jud Valeski）。

科羅拉多創投產業的奠基人塔克斯雷（Jack Tankersley）給了我們好幾本他在 Centennial Funds 任職時的早期著作，這些著作不僅提到許多深具傳奇色彩的早期生意，同時也證實了投資條件書在這 30 年來差別不大。我們也要謝謝他給了本書初稿許多寶貴的意見。

謝謝 MIT 創業中心的歐雷特（Bill Aulet）與富林格尼（Patricia Fuligni）幫忙追查迪吉多與奧爾森（Ken Olson）及杜利奧（George Doriot）之間的原始通聯。

我們的創投同行無論知不知道我們出書了，都對本書有莫大的影響。我們學習過的對象太多了，族繁不及備載，好與壞的教訓都有，但很感謝他們陪我們一路走來，幫忙創辦了很棒的公司。我們都不記得自己是否起過轉行的念頭，因為每天能學的新東西實在太多了。

我們多年來和很多律師合作過，其中不少律師都幫我們上了一課，後來變成本書的內容。我們感謝所有人的幫助、建議、指導，以及款待，尤其

是 Cooley LLP 一直為我們指點談判迷津的詹森（Eric Jensen）和波雷特（Mike Platt）；詹森是在 Cooley LLP 領孟德森入門，也是孟德森傳道授業的導師、老闆兼朋友。

我們要謝謝費爾德的導師之一法斯勒（Len Fassler）催生了這本書；因為他介紹了 John Wiley & Sons 的董事奇斯勒（Matthey Kissner），才有後來兩本書的合約，另一本由費爾德和柯恩合寫的《如虎添翼》（*Do More Faster: TechStars Lessons to Accelerate Your Startup*）雖然先出版，不過原先引起威利興趣的其實是本書的構想。

費爾德很慶幸有佛洛伊德（Pink Floyd）的《月之暗面》（*The Dark Side of the Moon*）與《願你在此》（*Wish You Were Here*）這兩張專輯，讓他撐過了沒完沒了的編輯過程。他也很感激土桑市（Tucson）峽谷牧場（Canyon Ranch）的安靜工作環境，幫他度過了「最後的最後定稿」的最後一週。

孟德森要感謝科羅拉多大學法學院，尤其是波爾薩（Brad Bernthal）與威斯勒（Phil Weiser），讓他能同時為法律及商學院的學生講解了許多本書提到的主題。特別感謝在本書工作過程中提供背景音樂的漢考克（Herbie Hancock）。

不少朋友和同事抓出的初版錯誤，已放在 www.askthevc.com/wp/errata。特別感謝率先抓出各處錯誤的柯恩（David Cohen）、馬沙（Anurag Mehta）、高帝（Tom Godin）、李（Philip Lee）、艾德勒（Tal Adler）與席特斯（Jason Seats）。

最後，我們要感謝所有曾經有機會共事的創業者，少了你們，我們孤掌難鳴；希望我們把與你們的合作經驗中所獲得的智慧放進本書，會讓你們感到自豪。

術語解釋

- Accelerator **加速器**：目的是輔導及加快新創公司成長與成就的計畫。
- Accredited Investor **合格投資人**：依聯邦證券法之規定，允許投資新創公司及其他高風險未上市公司證券的人。
- Acquisition **收購**：兩家公司交易，由一方買下另一方。
- Adverse Change Redemption **不利變動贖回**：贖回權的一種，讓股東有權在情況變得對公司不利之時贖回。
- Adviser **顧問**：給新創公司建言的人，一般他們出力都會拿到某種報酬。
- Analyst **分析師**：創投公司內部的資淺人士，通常是大學剛畢業的社會新鮮人。
- Angel Investor **天使投資人**：提供資金給新創公司的個人，通常財務上獨立，用自己的錢投資。
- Antidilution **反稀釋**：一種保障投資人的價格規定，在公司估值以比前一輪低的募資輪中，將投資人的股份重新訂價至較低的每股價格。
- As-Converted Basis **按轉換基礎**：以所有特別股都已轉換成普通股的角度看待公司的股權結構。
- Associate **副總**：經手交易分析及管理的創投內部人士，位階視公司而異，一般須得到合夥人的奧援。
- At-Will Employee **自願雇員**：指沒有僱用協議，公司得以任何理由解僱的員工。
- Barter Element **互易項**：認股權可行使的價格。
- Basis of Stock Option **認股權的基價**：認股權可行使的價格。
- Best Alternative to Negotiated Agreement, BATNA **次佳替代方案**：雙方未達成協議之時的備案計畫。
- Blended Preferences **混合優先權**：所有類別的特別股遇到清算時，具備同等的支付權利。
- Bridge Loan **過橋貸款**：投資人放給公司的貸款，目的是讓公司撐到下次股權募資。

- Broad-Based Antidilution 廣義反稀釋：加權平均反稀釋經常會以廣義 （broad-based）來形容；區別廣義與一般加權平均是看流通在外普通股的定義。廣義加權平均規定要算入公司流通在外的普通股（含特別股在轉換時發行的所有普通股），以及可以從其他選擇權、權利與證券（含員工認股權）轉換得到的普通股數。一般加權平均規定不含其他可轉換證券，只算當時流通在外的證券。
- Cap 估值上限：在可轉債交易時，提出估值上限。
- Capital Call 繳款通知：創投基金為了做投資、支付開銷或管理費，要求投資人按比例從口袋把錢掏出來。
- Capitalization Table, Cap Table 股權結構表：為一筆交易的經濟面清楚定義的試算表，內容包含公司的股票所有人。
- Carry/Carried Interest 績效費用：創投業者還回投資人的資本後，有權拿走的利潤，一般介於 20% 到 30% 之間。
- Carve-Out〈Equity〉除外（股權）：經股東同意，在同意的股東之前，先給予一筆優先款項（通常是給公司的經營階層與員工），正常來說，這筆錢會用在優先清算權導致公司員工對清算興趣缺缺時。
- Carve-Out〈Merger〉除外（併購）：在併購時，是代管以外會獲補償的特定聲明與保證。
- Clawback 收回：有限合夥協議允許投資人拿回創投業者多拿的利潤分成之規定。
- Commitment Period 承諾期：創投業者必須找到並投資新的公司的時間期限，通常是 5 年。
- Common Stock 普通股：權利、特權及優先權最少的股票種類，正常來說，其股票價格遠不及特別股，因此公司的員工與創辦人持有的是普通股。
- Control 控制權：允許創投業者行使同意或否決控制權的條款。
- Conversion Price Adjustment 轉換價格調整：反稀釋調整運作的機制，允許特別股轉換為多於原本約定的普通股，因而讓特別股在轉換之時擁有更多股票及投票權。
- Convertible Debt 可轉換債：投資人提供公司的債務或貸款工具，有意於稍後轉換成股權，而不是如同銀行貸款般償還。
- Cross-Fund Investment 跨基金投資：創投業者不只營運一支基金，而是將

一支以上的基金投資於同一家公司。

- Director 董事：創投業者內部的資淺合夥人。
- Double-Trigger Acceleration 雙扳機加速：說明某方遇到加快股票授予情況的條款；雙扳機加速是讓兩件事啟動加速授予，例如公司遇併購連同員工之僱用遭終止。
- Down Round 折價募資：公司估值比前一回合低的募資輪。
- Drag-Along Agreement 領售權協議：在特定事項安排股權委託書，跟著其他人投票表決。
- Due Diligence 盡職核實調查：投資人對打算投資的公司的考察流程。
- Earn-Out 或有價金：收購者與目標公司約定，如併購後達到特定績效里程碑，目標公司的前任股東就會拿到的金額。
- Economics 經濟利益條件：影響創投業者對一家公司投資回報的條款。
- Employee Pool 員工池：公司提撥來提供認股權給員工的股份。
- Entrepreneur 創業者：建立新公司（或新創公司）的人。
- Entrepreneur In Residence, EIR 駐點創業者：創投業者內部人士，通常是有經驗的創業者，幫創投業者尋找可投資的案子，或成立下一家創投日後要出資的公司。
- Equity 股權：公司的所有權。
- Escrow 代管：收購公司在併購交易後扣住的對價金額，目的是確認被收購公司做的聲明與保證不假。
- Escrow Cap 代管上限：在併購時，提撥用來彌補違反併購協議情事的額度。
- Executive Managing Director 執行常務董事：創投業者內部的資深合夥人，地位高於常務董事或一般合夥人。
- Executive Summary 執行摘要：簡短摘要的文件，說明公司的重要事實與策略，篇幅正常是 1 到 3 頁。
- Exercise 行使：執行認股權或認股權證來購買股票的行為。
- Fair Market Value 公平市場價格：公開市場上第三方會為某件東西出的價錢。
- Fiduciary Duties 受託人義務：個人對某實體負有的法律或倫理責任。
- Flat Round 平價募資：公司估值和前一回合相同的募資輪。
- Founder 創始人：建立一家新公司（或新創公司）的人。

- Founding General Partner **創始一般合夥人**：創投業者內部身為創辦人的資深合夥人。
- Fully Diluted **全部稀釋**：明白表示全部認購股權的權利，要用於估值計算的條款。
- Game Theory **賽局理論**：闡述一方的行動取決於另一方會不會採取何種行動，以及行動背後的誘因。
- General Partner, GP **一般合夥人**：創投業者的資深合夥人。
- General Partnership, GP **一般合夥**：管理有限合夥關係的實體。
- GP Commitment **一般合夥人承諾**：一般合夥人自掏腰包的金額，通常介於基金的 1% 到 5%。
- Holdback **扣留**：收購公司在併購交易後扣住的對價金額，目的是確認被收購公司做的聲明與保證不假。
- Indemnification **補償**：一方允諾萬一出問題會保障另一方。
- Investment Term **投資期限**：創投基金能主動出手的時間，一般是 10 年，加上兩次的 1 年延期。
- Key Man Clause **關鍵人條款**：有限合夥協議的合約條文，規定特定合夥人離開創投資金時的處理方式。
- Lead Investor **領投人**：在新創公司的創投募資中帶頭主導的投資人。
- Letter of Intent **意向書**：用於併購的投資條件書。
- Light Preferred **輕特別股**：一種簡化、稀釋版的特別股募資。
- Limited Partners, LP **有限合夥人**：創投基金的投資人。
- Limited Partnership, LP **有限合夥**：有限合夥人用來投資創投基金的實體。
- Limited Partnership Agreement, LPA **有限合夥協議**：創投基金與其投資人之間的合約。
- Liquidation Event/Liquidity Event **清算／流動性活動**：公司被賣掉並停止以獨立公司存續的情況。
- Liquidation Preference **優先清算權**：授予一類特別股的權利，允許該股票在清算時先於其他股票類別收到收入。
- Major Investor **主要投資人**：向創投募資會用到的概念，讓公司區分買股多過其他人的股東。
- Management Company **管理公司**：為各檔創投業者募集的基金打理事務的

公司。

- **Management Fee 管理費**：創投基金有權向有限合夥人收取的費用，做為辦理作業營運的費用，和基金的績效無關。
- **Managing Director, MD 常務董事**：創投業者的資深合夥人。
- **Materiality Qualifiers 重大性規定**：在諸如保護性條款之類的字句前面插入「重要的」字眼。
- **Mentor 導師**：給新創公司或經營層建言的人，通常是無給職。
- **Micro VC 微型創投**：募集小型基金、讓專業的投資人入夥的超級天使。
- **Multiply Game 多輪賽局**：賽局理論裡，指本局終了還要繼續保持關係或交手，例如創投募資案成交後，創投業者與創業者雙方還要合作。
- **Nondisclosure Agreement, NDA 保密條款**：一方允諾不會對第三方分享資訊的協議。
- **Operating Partner 營運合夥人**：創投業者內部的職位，低於常務董事、高於主要經理人。
- **Option Budget 選擇權預算**：公司打算在一段時間內，配給員工的認股權額度。
- **Option Pool 認股權池**：公司為提供員工認股權而撥出的股份。
- **Pari Passu 同等權利**：所有特別股類別遇到清算皆享有同等的支付權利。
- **Pay-to-Play 加碼參與權**：強迫創投業者繼續投資公司日後的募資輪，否則本身的所有權狀況將會惡化的條款。
- **Postmoney 募資後估值**：投資人在投資之後對公司的估值。
- **Preferred Stock 特別股**：比起普通股，享有優惠條款、權利、特權的股票類型。
- **Premoney 募資前估值**：投資人在投資之前對公司的估值。
- **Price Per Share 每股價格**：購買一股股票所設定的金額。
- **Principal 主要經理人**：創投業者的資淺生意合夥人。
- **Private Placement Memorandum, PPM 私募備忘錄**：公司自己或公司找銀行和律師做的法律文件，是用來招徠投資人的加長版營運計畫書。
- **Pro Rata Right 比例權**：股東在日後的募資輪購買股份的權利，等於股東在當時持有的百分比。
- **Protective Provisions 保護性條款**：允許特別股持有人對關於公司特定重大

事項投票表決的合約權利。

- Ratchet-Based Antidilution **全制輪式反稀釋**：為投資人先前回合的股份重新定價為本輪支付價格的反稀釋方式，通常是透過轉換價格轉換。

- Representations and Warranties **聲明與保證**：公司在募資時的購買協議或併購協議，是為自己做的特定保證條文。

- Reserves **預留款**：創投業者在帳上提撥金額，以供日後加碼投資手上特定組合持有的公司。

- Reverse Dilution **反向稀釋**：去職的員工將尚未授予的股票返還公司，因而提高公司全體股東實際所有權的情況。

- Right of Rescission **撤銷權**：股東強迫公司買回其股票的權利，通常授予原先依聯邦證券法律不應買股的對象。

- Safe Harbor **安全港**：一方依法履行特定行為，即可於同法免責的法律規定。

- Secondary Sale **次級出售**：創投業者將持股公司的股票，或將全部持有的組合，以未公開的交易出售給外部人士。

- Seed Preferred **種子特別股**：同輕特別股，即簡單的稀釋過的特別股。

- Seed Stage **種子階段**：起始階段的新創公司。

- Series A Financing **A 輪募資**：首次或早期的公司募資輪。

- Series Seed Financing **種子輪募資**：早於 A 輪的小規模募資，往往是公司首度募資。

- Single-Play Game **單輪賽局**：賽局理論裡，指本局終了就不再保持關係的場合或交易。

- Single-Trigger Acceleration **單扳機加速**：用來說明某方遇到加快股票授予的場合（例如在併購時）。

- Stacked Preference **堆疊優先**：某些特別股的類別比其他類別的特別股享有優先支付的權利。

- Stock Option **認股權，又叫選擇權**：購買一家公司股票股份的權利。

- Strike Price **履約價格**：行使認股權的價格。

- Super Angel **超級天使**：非常主動且資深的天使投資人。

- Super Pro Rata Rights **超比例權**：股東在日後的募資輪購買股份的權利，等於股東當時持有百分比的某個倍數。

- Syndicate **投資結盟團隊**：投資新創公司的投資人集團。

- Term Sheet **投資條件書**：為募資交易總結重點條款的文件。
- Valuation **估值**：投資人為公司認定的價值。
- VC Fund **創投基金**：構成創投業者家業的實體。
- Venture Capitalist, VC **創投業者**：投資新創公司的人。
- Venture Partner **創投合夥人**：創投業者內部的職位，地位高於主要經理人，但低於常務董事。
- Warrant **認股權證**：購買公司股權股份的權利。
- Weighted Average Antidilution **加權平均反稀釋**：反稀釋的方式之一。為投資人的持股重新訂價，通常透過轉換價格調整來減低每股價格，但會考慮到本回合募資售股金額的相對效果。
- Zone of Insolvency **破產地帶**：瀕臨無力償債，無資產給付其負債的公司。

英中檢索

中英檢索